培根作品集

PEIGEN ZUOPINJI

【英】培　根 / 著

李　祥 / 译

北方联合出版传媒（集团）股份有限公司

万卷出版公司

图书在版编目（CIP）数据

培根作品集 / (英) 培根著；李祥译. — 沈阳：万卷出版公司, 2015.7（2022.1重印）
（典藏 / 吴昊主编）
ISBN 978-7-5470-3643-3

Ⅰ.①培… Ⅱ.①培… ②李… Ⅲ.①培根，F.（1561～1626）－文集 Ⅳ.①B561.21-53

中国版本图书馆CIP数据核字（2015）第085487号

出版发行：北方联合出版传媒（集团）股份有限公司
万卷出版公司
（地址：沈阳市和平区十一纬路25号 邮编：110003）
印 刷 者：北京一鑫印务有限责任公司
经 销 者：全国新华书店
幅面尺寸：178mm×254mm
字　　数：320千字
印　　张：18
出版时间：2015年7月第1版
印刷时间：2022年1月第2次印刷
责任编辑：张洋洋
封面设计：范 娇
版式设计：范 娇
责任校对：高 辉
ISBN 978-7-5470-3643-3
定　　价：68.00元

联系电话：024-23284090
邮购热线：024-23284050
传真：024-23284521

经典之藏，心灵之旅

读书是一件辛苦的事，读书又是一件愉悦的事。读书是求知的理性选择，同时，读书又是人们内在自发的精神需求。不同的读书者总会有不同的读书体验，但对经典之藏，对精品之选的渴求却永远存在。

传统上，读书是求学的手段，千百年来，人类知识的传承，最重要的总是通过书籍的记载与传述。因为有了书，人类才可以文脉延续，薪火相传。西哲说：书籍是人类进步的阶梯，因而，先贤们都把读书当作高尚而庄重的事情，赋予读书神圣、光荣的使命感。故此，韦编三绝、悬梁刺股，以及凿壁、囊萤、映雪等等，就成了刻苦求学的典型，千百年来成为人们效法的楷模。于是，寒门学子挑灯夜读，富家子弟潜心求学，或诚心拜师，或自学成才，诸如此类的事例，就成了激励学子上进求学的传说故事而广泛流传。

书籍除了自身寓含的教化功能外，还能让人感到身心的愉悦和快乐。在文化生活极度匮乏的年代，人们极力去寻找各种承载文明的载体，来填塞文化需求的饥渴。一本残破小书，可以在上百人的手中传递和阅读，看完后仍意犹未尽，不忍释卷。彼时，人们读书如饥似渴，却并无黄金屋、颜如玉一类的功利目的，有的只是内心的精神需求，读书的愉悦与快乐正在于此。仲春季节，读书间隙，推窗而立，鸟语花香扑面而来，内心深处则有禾苗拔节的哔剥之声回响；炎炎夏日，一卷在手，品茗读书，摇扇驱蚊，自然能感受到心灵的清凉和愉悦；秋风瑟瑟，听窗外传来淅淅沥沥的雨声，啜一口酽茶，想起“风声雨声读书声”的名联，便会发出会心的微笑；数九严冬，寒意砭骨，围炉夜读或雪夜捧卷，书香入腹，情暖人心，又能体验到视通万里、思接千载的悠悠遐思。

无论是求学求知还是寻求精神上的愉悦，读书都是我们的一种心灵之旅，是接受自我内心的召唤和灵魂的导引上路，让自己再次起飞得到新生的力量。变换的风景，奇异的遭遇，萍逢的客人，这一切旅途中可能发生的事件，都会在我们读过的书籍中出现，它们强烈地超出了我们已知的范畴，以一种陌生和挑战的姿态，敦促我们警醒，唤起我们好奇。在我们被琐碎磨损的生命里，张扬起绿色的旗帜；在我们刻板疲惫的生活中，注入新鲜的活力。

正因为读书之益，读书之趣，我们才对书籍本身挑剔起来。试想，灵魂之伴侣如何可以等闲视之呢？一本书的好坏，总会有无数人来品评，既有芸芸众者即兴点评，又有专家学者细心解析，然而，书籍最终的裁定者是历史而不是某一种潮流。随着时光的淘汰，留下来的经典之作渐渐走进更多人的视野，留在人们的案头，成为经典之藏。

“典藏”之作正如伴随我们的益友，多闻、博大、精彩而有趣，这样的益友，需要人们用心地品读，细心地筛选，最终把最好的“朋友”留在自己的身边。我们的“典藏”正是帮助读者挑“益友”的一种尝试，希望能把经典的、有价值的或者有趣的书籍放在读者的案头，让它们像朋友一样陪伴每一位读者走上自己的心灵之旅。

当我们打开书本，走进属于自己的心灵世界，自然能够体验那种君临一切的奇特感觉。此时心如止水，宁静安然，恰如室外无言的星月，美文佳句不期而至时，或击案称绝，或吟哦出声，甘之如饴。愿这“典藏”之作能给我们的心灵留下一块绿荫，助大家在自己的漫漫行旅中搭起一座可供休憩的风雨亭，对抗庞大、芜杂、纷繁的外界侵扰。

培根随笔集

启蒙者与领航者 为你打开新世界之门

弗朗西斯·培根（1561—1626），英国文艺复兴时期最著名的散文家、哲学家，而且在自然科学领域，也取得了重大成就。是中世纪末期的重要启蒙者之一，也是为新时代鸣锣开道的重要领航人。

培根出身贵族家庭，但一生颇多磨难，复杂多变的生活经历丰富了他的阅历，帮助他的思想成熟，言论深邃而富含哲理。他的整个世界观是现实的，而不带有明显的宗教色彩。他是一位理性主义者而不是迷信的崇拜者，是一位经验论者而不是诡辩学者，他勇于突破当时沉重的思想束缚，打破所谓权威的既有结论，努力进行试验，敢于提出新的论断。尽管他的一些论断由于时代的局限，在今天的我们看来并不正确，但他的那种治学精神，却是今天的我们应该认真学习的。

“知识就是力量。”培根的这句名言在人们的学生时代就已经耳熟能详，这句看似非常简单的话语其实有着非常深刻的时代背景，在中世纪末期思想被严重禁锢，科学发展几乎陷入停滞的大背景下，培根勇于打破传统思想的束缚，提出以实验与小心求证的方式，对自然界的事物与客观规律进行严谨而全面的验证与论证，将科学发展推向了一个新高度。“知识就是力量”，其实就是打破传统观念束缚，走向科学发展新时代的宣言，是思想解放先驱者弗朗西斯·培根的重要治学纲领。

培根一生著述颇丰，如今的人们最为熟悉的是培根的《随笔集》，也被称为《培根谈人生》，这本书字数不多，但却面面俱到，涉及政治、经济、宗教、爱情、婚姻、友谊、艺术、教育和伦理等诸多方面，几乎涵盖了人一生当中的所有主要方面。作为一名学识渊博、阅尽沧桑的哲学家和思想家，培根对他谈及的问题都有发人深省的独到之见。

《随笔集》语言简洁，文笔优美，说理透彻，微言大义，不乏名篇警句，几百年来始终深受各国读者欢迎。读《随笔集》就像听一位睿智的老人侃侃而谈。随笔的每一篇文章都短小精悍，不追求抒情效果，不故意卖弄幽默风趣。所以读培根的随笔不是读小品文，也不像是与朋友娓娓谈心，倒像是在听哲人赐教，有高山仰止之感。

除了启迪后学，为无数人答疑解惑的《随笔集》，培根在哲学层面与科学进步方面也居功至伟。在哲学方面，他的最大贡献在于，提出了唯物主义经验论的一系列原则；制定了系统的归纳逻辑方法，强调实验对认识的重要作用。马克思、恩格斯将培根称为“英国唯物主义的第一个创始人”，是“整个实验科学的鼻祖”，这是对培根哲学特点的科学性的高度概括。培根认为，世界是不以人的意志为转移的客观存在，人的知识（认识）只能通过感性经验从客观外界获取。他说：“人是自然界的仆人与解释者，因此他所能做的及所能了解到的，就是他在事实上及思想上，对自然过程所经历及见识的那么多。”他认为，认识的真实性与存在的真实性是一致的，“这之间的差别不过是直接照射的光线与被反射的光线而已”，这是一种相当彻底的的唯物主义反映论。为什么人的认识必须要从经验开始呢？因为培根认为，外界的客观事物只有通过人的感官，才可以被人们所感知。

但培根并没有过分强调人的主观能动性，他只是强调感官是人认识外界的一个必经的通道，并没有认为这种认识就是认识的全部。相反，他认为感官本身有着很大的局限性，因此他说：“断定感官为衡量万物的尺度，是极大的错误。”由此可见，培根确实是一位思想深邃的哲学家。培根认为蜜蜂采蜜，原料源自田间的花丛，蜜蜂采集到花粉后，必须要经过自己的精心加工制作，才可以酿造出最甜蜜可口的蜂蜜。人的认识也是一样，原料只能够通过感官从外界获得，但这还不等于已获得真正的知识，人还必须经过大脑，将这些从外界获得的材料，“加以改变与消化，最终保存在理智里”，这样才成为真正的知识。培根的这些科学与哲学思想，在他的重要著作《新工具论》中有着详细讲解。

尤其为后世所称道的是，培根非常重视科学实验对认识的影响。这和培根同样是一名科学家有着直接关系。他认为，实验和经验是完全不同的两类事物，经验是自然形成的，而实验则是由人们有意识地进行控制的。人通过精心设计的科学实验，往往可以得到依靠经验所无法得到的知识。这种思想对后世的实证哲学与科学发展起到了积极作用。

同时，培根并不是一个死板的人，他有着非常丰富的想象力与政治抱负，这种特性也反映到了他的作品当中。人们往往熟悉托马斯·莫尔的著作《乌托邦》，它描述了一个理想中的国度。其实，培根也同样有着一部描述他心目中的理想国度的著作——《新大西岛》，在这本未完成的著作中，他从全面改造人类知识的理想计划出发，提出了在“新大西岛”上，人们大力提倡科学，提出科学主宰社会的重要思想，在这个故事里，我们能更清晰地窥见培根的政治理想与治学思想之一斑。

培根是那个时代最重要的思想启蒙者与科学领航者，即便是在近500年后的今天，依旧对我们有着重要的启迪意义，帮助我们的心灵与思想飞往更遥远的地方。

目　录

培根随笔集

随笔集

培根的《随笔集》是他现在流传最广、受众最多的一部著作，其中的每一篇文章都是作者自身人生经验的总结，而且是经过他那奇妙的心思精心加工的。

没有一篇文章当中不包含着几句将该篇文章的主旨或结论与作者的生平关联起来的话语。这种关联有时是非常微妙而不明显，有时则是非常明显的。培根的《随笔集》可说是一部极为罕见的“世界书”，这种书不是为一国而写作，乃是为世间万国而作；不是为了一个时代，而是为所有时代所作。在这本书里，极高的智力与变化无穷的兴趣及同情心高度统合在一起，所以世人之中，无论是什么样的类型或脾气，都可以在这部书当中找到一点与他有关联的东西。

培根的《随笔集》乃是世界上一本划时代的名著。因此有不少人受到这本书的熏陶影响。这本书总不免使人拿它与法国蒙田的《随笔集》相比较，因为两书的出版时间只相差 17 年。

蒙田的书对于社会问题的感想比较丰富，对人生观察批评的范围也比较广泛，但是我们在他的文章当中找不到培根所表现出的那种确凿不惑的了解，具有精密思想的“筋骨”，还有对多学科领域的广泛认识，在比拟事物道理方面的那几乎非同凡响的敏锐。在另一方面，培根也缺乏蒙田的轻巧手法与妙笔生花的文笔，用了这种笔调，蒙氏能将老生常谈的道理说得新鲜非凡。同时蒙田却没有培根的直达事物灵魂的那种卓识与极高的推理能力。所以，如果说蒙田是很优秀的文章作家，则培根表现出的是较深刻的道德思考与人生智慧。

绪 论

弗朗西斯·培根于 1561 年 1 月 22 日出生在伦敦斯特朗大街的约克大厦。其父亲是当时英国的掌玺大臣男爵尼古拉·培根。母亲为其继室，共生下两个儿子，弗朗西斯是其次子。

弗朗西斯从小身体就不好，后世为其作传者一般认为这是他少年老成的主要原因。他自幼就喜欢研读超越其年龄阶段的书籍，所以他少年老成的缘故或在于此。

十三岁时，弗朗西斯·培根与年长他两岁的哥哥安东尼一同进入剑桥大学的三一学院，他在那里度过了三年时间。离开时，如麦考莱所说："他是带着这样一种心理离去的：对剑桥的课程抱有极度的轻蔑感；对英国的学校教育制度坚决地予以反对；对亚里士多德学派的学者为所钻研的'学问'皓首穷经，有一种应有的藐视；对当时被奉若神明的亚里士多德本人，也没有多少尊崇之情。"

培根出身于贵族家庭，其父亲与女王伊丽莎白一世关系密切，女王曾多次巡幸来到培根一家的别墅。培根从少年时期开始，就熟悉宫廷礼仪，这从他的《随笔集》初稿当中的两篇文章的题目就可以看出：一篇是《论礼仪》，另一篇则是《论尊荣与名誉》。他的有关身处高位时，对上、对下、对平辈应持何种态度的议论，不但非常公允，而且还称得起是参透世情之作。他认为对于居上位者表示尊敬并不是一种奴性的表现，而是为人处世应尽的一种责任。因为假如我们不这样去做，那么居于我们的下位者又怎么会肯对我们表示尊敬呢？

培根及其哥哥都有志于投身外交事业，为了便于实现理想，他们于 1576 年 6 月加入了葛莱律师公会。1576 年 9 月，培根跟随时任英国驻法大使的包莱男爵前往巴黎。这次旅行可说是他在外交事务方面实际训练的重要开端。他将有关欧陆政治外交的研究结果作为材料，写出一篇《欧洲政情记》。当时法国正值内乱纷繁之时，天主教与新教争斗正酣。有许多残酷的事件使得培根在《论党派》一文当中有了最恰当的议论。下面的文字就是其中的一个经典段落：

“为帝王者务必小心谨慎，不可偏向于任何一方，以致俨然成为某党某派之党徒。国内的党派总是对王权不利的，因为这些党派时常向党员要求某种义务，简直与臣民对君主的义务相去不远，并使君主变为‘我辈中人’：如法兰西的‘神圣同盟’当中就可以发现这种情况。”

培根在巴黎停留的时间并不长，虽然在这一短暂的时期里，他学会了法文。他父亲的突然离世使他匆匆回国。回国之后，他发现他的前程颇为黯淡。他虽然曾向当时的执政者（他的姨父伯莱公爵，当时是首屈一指的权臣）求官，而且以他父亲生前的政绩而论，这种请求也不能说是冒昧，但是他的请求终未起到作用，公爵似乎对他们弟兄怀有嫉妒之情，未予批准。于是培根只好专心攻读法律。结果于 1582 年，他被正式认可为律师，于 1586 年成为葛莱律师公会的首席会员之一。

时光飞逝，培根始终不见重用，也没有人可以帮他的忙。他也曾自己努力，几度入选国会，但是始终不能出头。他在议会中所抱持的政治主张，简单说来，可以说是一种“中庸主义”。他主张在君权与民权之间，特别是在教派的纷争之间，应当采取一种不偏颇、宽容互让的态度。关于自己的政治主张，他曾有两篇文章发表。在这两篇文章当中，他都是主张无论在教义的解释或是刑罚的执行层面，都应当采取伸缩性较大的办法来处理事务。

在这一时期，培根也曾得到两次小小的升擢。他被委任为女王的特别法律顾问之一，又获得了御前会议登记员的候补权。这个候补权是他的“好”亲戚，伯莱公爵厌倦了他不时提出的申请，而为他谋得的。但是这个职位必须要等原来在职的官员死后才能增补。培根等了很多年，才得以实现夙愿。

鉴于培根的父亲生前的名望，有人曾对培根的多年不受重用而表示惊异，认为尽管伯莱公爵对他冷淡，而女王伊丽莎白居然对尼古拉・培根的儿子这样不理不睬，感到很不理解。他们殊不知，培根在担任国会议员期间，曾因拥护民权，攻击王室，强迫下院与上院直接会商筹款等问题，并且曾提出反对增加皇室财政经费的要求。诸如此类的行为在当时是需要极其卑躬屈节的道歉，才可以使君王息怒的。培根似乎从来没有这样做过。同时伯莱公爵又趁机落井下石，坐实了培根“目无朝廷”。结果女王的不悦之情最终竟被煽动成了不息之怒，培根多次提出的给予重用的请求均被漠然搁置或是婉言拒绝。

于是培根决定不再向其亲戚请求帮助，而是转而依附艾塞克斯伯爵。伯爵年少显贵，意气飞扬，深得女王宠信，但后来由于勇而无谋，行同叛逆而被诛杀。培根依附其门下之日，正是伯爵权势最为显赫之时，其影响力不下于伯莱公爵。艾塞克斯与培根之间存在诚挚的友谊，多次亲自向女王请求对培根委以重任，曾先后提议由培根出任法务部长官（或检察长），次官（或辩护长、审判长），以及案卷司长等要职，申请过于频繁，导致女王厌倦，请他“谈别的问题”。

如此屡请不遂之后，伯爵居然出于愧疚，将自己位于特威肯汉姆的价值二千镑的府邸、田产赠予培根。此时二人过从甚密，伯爵的各种交际游乐活动，培根也时常参与，并且写过一本宫剧剧本为宴会助兴。培根对于宴会娱乐过程中的文艺作品表现出特殊的才能。后来曾为葛莱律师公会写过两部戏，一部名为《学问之宫》，一部名为《葛莱历史》，都有着很高的水准。

1599 年，艾塞克斯伯爵领军出征，试图平定爱尔兰泰隆之乱，结果大败而回，立刻受到朝中政敌的群起而攻。结果失权失宠，还被短期拘禁。尽管在第二年就被释放，准其回乡，可是艾塞克斯心中非常愤懑，总以为能够恢复昔日的荣光，谁知又由于某项专卖权请求延期之事，遭到了女王的折辱。于是艾塞克斯伯爵在恼怒中，居然选择暗中勾结苏格兰、爱尔兰的反叛势力，内连失意的教派，如天主教、清教徒等。不久，他就带上少数武装人员直扑伦敦，以清君侧为名，起兵造反。他的造反计划很快就一败涂地，他被捕下狱，于 1601 年 2 月 19 日受审，于 25 日被处决。在他两次受审的过程中，培根都奉王命陪审。

在审判的过程中，培根表现得很积极，并且在艾塞克斯被处以极刑后，他又奉命起草公布伯爵罪状的文书。

从伯爵谋反，到培根起草其罪状公告的时候为止，在这期间，培根与艾塞克斯的关系以及培根个人行事的动机都显得极为微妙而复杂，让后人难下定论。伯爵死后不久，詹姆士一世继位后，培根曾经发表过一篇“自白”，解释他在艾塞克斯案中的行为，但是这份自白并不完全可靠，其中的很多话语备受质疑。不过，有几点是可以基本确定的：

1. 培根自始至终都是忠于女王的。

2. 艾塞克斯失败之后，他在初次受审以及谋反之前失意的那段时间里，培根曾屡次替他向女王求情。

3. 艾塞克斯的谋叛至少在其行动的表面上看来，是证据确凿的。

4. 培根自己当时的处境也相当危险，尽管没人指责他参与谋逆，但他不能不竭力表示忠诚，毕竟他曾经与艾塞克斯非常亲近。因而不得不极为认真地参加对艾塞克斯的审讯，这也是没有问题的。

有一种观点或许更中肯一些，培根的行为展现出他缺乏道义感，这是无法否认的。然而我们现在认为个人友谊的关系应当更重于政治上的关系，这种看法是基于一种日见增强的政情安定感的。这种看法对于培根当时的政局无法适用。在当时，如果可以用武力来否决女王任命大臣的权力（这也正是艾塞克斯案的政治意义）的话，那么英国将陷入无政府状态，整个国家也将会陷入种种祸乱之中。

1607 年，培根写了一篇《论友谊》的文章。其中在开头有这样两句话：“世间有一些人，他们的生活似乎永远是在舞台上面度过的。这种生活对于其他人而言，是被掩饰起来的，唯有自己能够明了。然而永远的掩饰是痛苦的，而一个只想着荣华富贵，不顾天性的人可以算是一个十足的卑躬屈膝的奴才……”这段文章在 1625 年出版的《随笔集》当中是被删去的。这些话不妨认为与艾塞克斯案直接相关。

1597 年，培根《随笔集》的初版成书。该版的卷首有题跋，将这本书献给作者的哥哥安东尼・培根。书中总共收入了十篇文章：论学问、论辞令、论礼仪、论从者与友人、论律师、论消费、论养生、论荣誉与名声、论党派、论交涉。这十篇文章含义极为丰富，文笔精悍，因此这卷文集成为一代经典，广受欢迎。

此时,女王伊丽莎白一世的时代走到了尽头。她的老臣都先她而逝了。伯莱，她最伟大的臣子，卒于 1598 年，其子继任为相。

女王未婚无子，由其侄子苏格兰国王詹姆士六世继位，称詹姆士一世。他的王位还没有坐稳，培根就想尽方法去争得其欢心。结果培根于 1603 年受封男爵，不久又得到了一年六十镑的赏赐。这一笔钱是詹姆士一世为了奖赏培根的哥哥安东尼长期拥护他继承王位的功劳。同时，培根又被委任为皇家法律顾问，年赐赏金四十镑。培根赢得国王欢心的主要方式，是他提出了合并苏格兰、英格兰的主张，这一主张极大迎合了詹姆士一世的想法。他在国会内外，都想尽办法、不遗余力地到处宣扬这种主张。他曾经写过一篇名为《合并论》的文章，在这篇文章里他很巧妙地搜集了很多历史与科学上的事例来证明他的结论，就是“自然的规律与真正的政治规律有着诸多吻合之处。前者是治世之理，后者为治国之道”。后来在 1612 年，培根发表了一篇名为《论邦国的真正伟大之处》的文章，其中的论点和材料多取自《合并论》。詹姆士于 1604 年 10 月上尊号“大不列颠王”，这个尊号是培根提出来的。培根对英格兰、苏格兰合并的论据与论证都非常恰当，所以当时讨论合并事宜的联合委员会几乎是一致通过了“合并”提案。众议院的多数议员也赞同了这一提案。可是国王坚持要将国籍承认权保留在国王手中，导致此事功败垂成。否则英格兰、苏格兰合并之事可以提早 100 年就得以实现了。

1605 年，培根的首部哲学巨著《广学论》得以出版。这本书后来又增添了一些材料，被译成拉丁文。在这部书里，培根评论当时的学术界整体情况，批评其过失，指出许多种所谓的“学问”不过是空虚无聊的东西，并提出学术进步的真正途径。他的《随笔集》中《论狡诈》《论习惯与教育》等几篇文字都可说是广学论当中的题材，不过在那本书中没有进行详细讨论罢了。

在 45 岁时，培根迎娶了艾丽斯・巴南，一位市参事会参政员的女儿为妻。巴南女士带来的陪嫁价值不菲。这对当时债台高筑的培根来说，无疑是雪中送炭的。婚礼颇为盛大，夫妻二人的衣着极其奢华。此后的 15 年中，培根和他的夫人似乎过着相当平静的生活。但在培根失势之后，他们感情破裂，直到培根死时都没恢复。

婚后的 13 个月（1607 年 6 月 25 日），培根终于获得了法务部次官的职位。在此后的两三年间，他始终忙于调停英国的教派之争。当时主要的教派是国家教会派与清教派，二者矛盾重重。培根的主张是双方与国王都应该保持一种宽容的态度，但是他的努力最终归于失败。

当时的英国在政治上也有一种争论，就是所谓的“君权天赋”之争。这场争论（实际上是“君权”与“民权”消长之争）起源于詹姆士一世时朝，最终导致了内战,下一代君主查理一世因此被杀。培根起初的主张是一种“中和主义”，他认为“君权”与“民权”之间应当有一种“中道”，一种对双方都做出一些妥协的折中方案。但是这一场争辩引发的枝节问题太多，结果使培根在不知不觉间改变了他的主张，由一个抱有宽容的“自由主义”思想的人，变为一个比较温和的王权拥护者。他后来的主张可以在其《论王权》一文中窥见一斑。

虽然有这么多的事务让其分心，培根却始终没有怠于文事。只要是不在议院或法院时，他差不多会将每一分钟都花在写作上面。1609 年，他的《论古人的智慧》一书出版。在这本书里,他以解释譬喻的手法说明了古代的寓言及神话。同时，他的《随笔集》也再版了两次：一次在 1607 年，一次在 1612 年。1612 版也被称为修正版,里面的文章有好几篇都曾经被重写过。此外还添了很多新作，总数达到了 38 篇。

培根的表弟罗伯·塞西，被封为萨斯白雷伯爵，突然于 1612 年逝世。在培根的《随笔集》（1612 版）当中有一篇《论残疾人》，据说是对他这位亲戚的人格最生动的素描。萨斯白雷死后，培根曾向国王要求继任其官职，但是没能得到国王的支持。后来他又要求得到另一官职,也未能如愿。可是到了 1613 年，他所期盼多年的法务部长一职终于到手了。培根可说是一个热衷权位，又饱尝仕途之苦的人。在他的《论高位》一文中充分表现了这种浮沉宦海的辛酸。

培根也曾出任一个新设的法院的院长。这个法院叫作“边缘”，他的职责是直接处理伦敦王宫区方圆 12 公里以内的各类犯罪行为。培根在就职时的演讲中，痛斥“决斗”的风俗，称其为流行全国的罪恶。他当了检察长之后，更加雷厉风行地要杜绝这种习气。他建议的办法是任何被卷入到这类案子中的人——无论是挑战的或是接受挑战的人，或是作为“助手”参与的人——都应当永远被排斥到政府与宫廷之外。

1614 年，“混蛋议会”被解散，培根的政治生活也因此受到极大的不利影响。他的主张原本是君主与国会之间应当休戚与共。但是这次议会的解散及下届议会迟迟没能召开，使这种希望成为空中楼阁。《论谋叛与变乱》一文所讨论的各种问题中，就包含这个问题。

这时，詹姆士一世最宠幸的臣子是桑末塞伯爵罗伯特·卡尔。他那时可说是权倾朝野，声势烜赫。但是培根早就看出他的覆亡已经为期不远，所以与之断绝来往，转而与后来被封为白金汉公爵的乔治·威里埃过往甚密。不久，桑末塞伯爵夫妇因谋杀奥勿伯雷爵士而被定罪，从此失势，政治生命就此终结。威里埃随后扶摇直上，其得宠与专权之甚更凌驾于桑末塞伯爵之上。培根对于威里埃的崛起有着突出贡献。有人推测他在《论野心》一文中所说的关于“宠臣”的话，就是指詹姆士一世喜欢蓄养宠臣。但是他为了谄媚，竟不惜拿这样的话为国王文过饰非：

“有些人认为君王宠幸臣子乃是一种缺点，然而扶植宠幸之臣是对有野心的大臣与贵族的最好防御。”

白金汉公爵对培根的帮助也给予了丰厚的回报。他利用他的势力为培根谋求升迁。结果于 1616 年 6 月，培根被委任为枢密会议成员之一。1617 年 3 月，布瑞克莱爵士退休，培根继任掌玺大臣。他在就职典礼当中的演讲词是很典雅堂皇的。1618 年 1 月，他的官职到达了顶峰——出任英格兰最高法院大法官。同时他得到了更多的荣宠。1618 年 7 月，他被封为外如阑男爵。

此时培根收入非常丰厚，他的生活也变得非常惬意。1620 年 1 月，培根度过了 60 寿辰，他很高兴地接受朋友的庆贺。诗人班疆生也曾参与此会，并且写诗为他赞颂。同年 10 月，培根出版了《新工具论》一书，此书得到了全欧洲的学者的肯定，成为培根的代表作之一。1621 年 1 月，培根被封为圣奥本子爵。

至此，培根的名望到达了巅峰，官爵、地位、名望、财富，都已经登峰造极。但是在他得意之中，恐怕也免不了要记起他为获取这些富贵荣华的过程中，有些手段是非常可耻的吧？他受了国王和白金汉的唆使，曾做过好几件昧良丧心的事。例如，赞成对若莱爵士处以极刑；耶外吞检察长（培根的朋友）蒙冤；一方面已主张与荷兰（西班牙的敌对国）签订攻守同盟，且明知英国人民极度憎恶西班牙，而同时又赞同国王与西班牙联盟；又如，允许剥削人民的“专卖权”；听任白金汉公爵肆意干涉司法……这些事情，培根都难辞其咎。在他的《论交涉》一文中有一段话：“同有所需求的人交涉，要比同所需已经被满足的人交涉要好得多……”

这一段文章似乎是故意写得有些晦涩似的。可是其中蕴藏着一种愤懑不平之意，对于自己一生不得不逢迎旨意、奉承权贵之事颇有牢骚，这是毫无疑义的。

但是，清算的日子最终还是来了。从 1614 年到 1621 年，英国议会始终没有召开。但到了 1621 年，国王因为财政困难，不得不再次召开国会。这一届国会的头一件事务就是要求改革“专卖法权”，这一种特权当时是被白金汉公爵及其党羽利用，足以祸国殃民的政策。当时的下议院受到培根敌人科克的鼓动，由这个议案进而发展为对司法界进行批判，并列举出罪状 28 款，弹劾大法官贪赃枉法。这 28 款的影响非常深远。培根自己也非常明白这件事的背景与意义，所以他奏闻国王时，强烈请求国王对议会采取抵制的态度，并指出：“现在要打击你的大法官的人，恐怕将来也要打击你的王冠。”28 年之后，詹姆士一世的儿子查理一世被议会送上了断头台。培根的这句话算得上是很有先见之明。

但是培根的一切努力终归失败。国王可以囚禁科克，而无法援救培根，因为他无法否认自身的罪状。他的受贿确有其事，虽然他不承认是为了枉法而受贿。然而这个贪官却也正是《论司法》一文的作者。这篇文章无疑是他的判词。

培根最终已经看出自己已经无能为力了。他于是写了封信呈交国王，表示愿受贵族院的裁判。这封信的内容极为矛盾而复杂，包含了悲痛与愤怒。一方面表达自己高尚的志愿，要使“公道的泉源”更为纯洁，另一方面却表现出对他的攻讦者的骂詈。写这封信时，培根的心情基本可在他的《论自谋》一文中窥知一二，因为该篇文章其实暗示他与詹姆士一世、白金汉公爵此前的关系，而当时贿赂之风盛行，上自国君，下至小吏，无不纳贿。

詹姆士一世和白金汉公爵都对培根的遭遇坐视不理。结果他受审于贵族院，被判有罪，罚金 4 万镑，被拘禁于伦敦塔中，不过在两个月后就被释放出狱，返回自己的高阑城别墅。此后，罚金也还给了他，不许接近宫廷的禁令也被取消。但是不许再入议会的判决始终未曾改动。

培根陷入了人生的最低谷。但在文学与哲学发展的层面看来，培根的不幸暮年却是他一生中成就最高的时期。“在幸运面前，我们所展现出的美德是节制；在逆境面前，我们所展现出的美德为坚韧，从道德修养的要求来看，在逆境当中可以坚持我们的德行就显得更难能可贵。所以，在《圣经》中，《旧约》将顺境视为神对人的恩赐，而《新约》则将逆境视为神对人的恩眷。因为正是在逆境当中，上帝赐予了我们更深的恩惠以及更为直接的启示。聆听《旧约》诗篇当中的大卫竖琴之声，你所听到的并不仅仅是颂歌，还伴随着同样多的苦难悲声。而圣灵对约伯所受苦难的记载远要比对所罗门财富的刻画更为动人。”

这几句话是培根写于他失意之后的，从这几句话当中，我们能够看出这一场巨大的挫折对于他的影响。凡是研究培根的人，都读过这篇《论困厄》，并为此深受感动。受到身败名裂的刺激之后，培根将注意力转向做学问，这是曾被他的政治生涯所中断的事业。在深奥的学术问题中，他找到了一服镇痛剂。在他的《论人的天性》一文中，他非常优美地展现了他对于这种工作的欢喜。

培根在这一时期中的学术成就简直是一大奇迹。他在遭受挫折后五个月便完成了他的《亨利七世传》一书，这部书曾经得到哥罗歇斯与洛克的高度赞扬，认为是有哲学意味的史学著作之典范。

同时培根又开始撰写《亨利八世传》《大不列颠史》大纲，又为《英国律及苏格兰律提要》做笔记，并且起草了《神圣战争对话》一文。1623 年，《广学论》的拉丁文增译本公开发行，同时又出版了一本未完成的哲学小说——《新大西岛》。这书的内容是一种半现实、半诗意的有关组织一个思想家的团体的。后来的英国皇家学会算是部分实现了他的这种思想。1625 年，《随笔集》的最后修订本出版，内容丰富了不少，共包括 58 篇文章。这是他最后的著作，数月之后他就去世了。

在他逝世之前相当长的一段时期里，培根的健康已经有恶化的表现了，但他仍旧努力不懈。他的死可说是为了科学事业而牺牲。有一天，天气非常寒冷。在回家的路上，他买了一只鸡，把它杀死，亲自用手拿雪塞满了鸡的肚子，希望观察寒冷是否能延迟肉类变质。他刚做完了这件事，就觉得浑身颤抖，这时他简直已经无法回家了，所以就被抬到爱伦德爵士家中养病，一周后他在那里辞世，那一天是 1626 年 4 月 9 日。培根临终前要求将自己葬于圣迈考尔教堂中他母亲的墓旁。

就学术成就而言，培根无疑是伟大的；就道德方面而言，他有着诸多不足与错误。他在多个领域有着不凡的天赋，他是法学家、政治家、科学家、哲学家、历史学家，同时又是散文作家。对于这样繁复的性格与才能，要做一个总的评价是很难的。同时他对于神学与教会中的情况，也是一个非常有兴趣的探讨者。他也曾写过这样一句语意双关的话——“对隐藏的诗人应当厚道些”，这句话使我们怀疑他大概对于作诗也进行了诸多尝试，其诗作或许不只局限于两篇宫剧。

培根的哲学系统与思想，可从《广学论》（英文本及拉丁文本）以及《新工具论》中窥知一二，可以说是主旨在于重新研究、分类并科学化一切的现有知识。他并没有创立一个学派或是提出一个新的哲学系统。一个修建了大门的人不能被认为盖了一座房子。所以尽管他在多个领域都有建树，然而精力太过分散，结果正如他自己那半悲哀、半戏谑的说法：“他不过是摇铃召集学士与人才开会的人。”

现在我们谈一谈他的“随笔”。凡是细心研读他的这些文章的人，都会发现这里的每一篇文章都是作者自己的人生经验的总结，而且是经过他那巧妙的心思精心加工过的。

没有一篇文章当中不包含着几句将该篇文章的主旨或结论与作者的生平关联起来的话。这种关联有时是非常微妙而不明显，有时则是非常明显的。培根的《随笔集》可说是一部极为罕见的“世界书”，这种书不是为一国而写作，乃是为世间万国而作；不是为了一个时代，而是为所有时代所作。在这本书里，极高的智力与变化无穷的兴趣及同情心高度统合在一起，所以世人之中，无论是什么样的类型或脾气，都可以在这部书当中找到一点与他有关联的东西。

我们现在阅读到的培根《随笔集》可以说是经历了三个进化阶段。这三个阶段可由 1597 年、1612 年和 1625 年的三个版本分别作为代表。第一版仅有 10 篇文章，因为内容太少，所以又填补了 1 篇用拉丁文写的《宗教默思》进去。到了 1612 年的版本，文章增加到 38 篇。原先的那 10 篇文章全部进行了大幅度修改，而且有几篇是重新写过的。从那时起直到培根去世为止（最后一版就是如今的通行本，共包括文章 58 篇），作者总是把这本文集带在身边，不断进行增删修改。随着他人生经验的不断积累，他不得不改变其文章，于是也就不得不改变他在文章中所发表的议论。如《论律师》《论党派》《论友谊》3 篇文章在各版都可以看出有重大修改。《论友谊》这一篇，为了最后一版刊行的缘故，曾经彻底重写。

从初次问世之日起，这些文章就广受读者的欢迎。它们的简短使闲暇无多的读者极易接受。这些文章的思想之精密与语句之简洁都是独树一帜的，因为当时的文章大半思想散漫，语句华而不实。就总体而言，培根的文章在辞藻华丽、文风典雅有趣或是结构精悍方面或许不如同时代的一些文学家，但是差不多每篇文章都有着自己的优点，可以算是融汇众长。培根的文章中汇聚了当时文章的各类优点——如辞藻华丽、思想繁复、趣味隽永等。在早期的随笔中，词句干脆而对比强烈，所以含义饱满而行文颇有警策之意，往往一语中的。后来的文章中却又多有典雅从容、着色鲜明之作。前者在《论律师》中最为明显；后者则在《说建筑》《说园林》中最为典型。

培根的《随笔集》乃是世界上一本划时代的名著。因此有不少人受到这本书的熏陶影响。这本书总不免使人拿它与法国蒙田的《随笔集》相比较，因为两书的出版时间只相差 17 年。蒙田的书对于社会问题的感想比较丰富，对人生观察批评的范围也比较广泛，但是我们在他的文章当中找不到培根所表现出的那种确凿不惑的了解，具有精密思想的“筋骨”，还有对多学科领域的广泛认识，在比拟事物道理方面的那几乎非同凡响的敏锐。在另一方面，培根也缺乏蒙田的轻巧手法与妙笔生花的文笔，用了这种笔调，蒙氏能将老生常谈的道理说得新鲜非凡。同时蒙田却没有培根的直达事物灵魂的那种远见卓识与极高的推理能力。所以，如果说蒙田是很优秀的文章作家，培根表现出的则是较深刻的道德思考与人生智慧。

我们综览全集，便可说培根的随笔按照内容，可以分为三个大方面：(1)人与世界及人群间的关系；(2)人与自身的关系；(3)人与上帝之间的关系。这三个题目并非互不相容，因此培根的文章有的也可以同时归入多个类别。但是这互有关联的三大题目逐一分开后，我们便能够对培根的文章分门别类，做比较系统的研究了。

第一类包括的文章最多。属于这一类的文章其论题是人与其周边物质环境，及人与人之间的关系。这后一种就是构成社会的关系。代表此类的文章有《论殖民地》《论父母与子嗣》《说建筑》《说园林》《论司法》《论辞令》《论党派》等。

第二类文章是以个人自身为主题的，内容大多是关于一个人的智力与道德的种种关系。代表文章是《论养生》《论野心》《论自谋》《论伪智》《论困厄》《论尊荣与名誉》《论残疾人》等。

第三类的主题是人与上帝及非感官所触及的世界的关系。代表文章有《论死亡》《论无神论》《论迷信》《论人的天性》《论善与性善》等。

假如他没有留下其他著作，而只有一部《随笔集》传世，他仍然会得到广大读者的感谢。感谢他的读者并不局限于英国人，而是全世界的人类。培根的著作经历了岁月的磨砺，历久弥新，是文学宝库中永远的瑰宝。

献书表

谨以此书敬献于

英格兰海军大将白金汉公爵

公爵阁下：

所罗门王有一句名言："英名自然可以流芳百世。"尊敬的先生，正如此话所说，您的英名必然万古流芳。值此拙作出版之际，请允许我把阁下的尊姓大名冠于书首，以彰盛德，并略表我之诚意。此书乃鄙人平生著作之中，最为大众所欢迎者，其主题都是关于人性以及人生问题的研讨。本书共发行拉丁语与英语两种版本。拉丁语是通行全世界的语言，所以我祝愿阁下的大名也将伴随这一书籍而声名远播。此前，鄙人曾将拙作《伟大的复兴》奉献于英王陛下，把《亨利七世传》（也包含拉丁文版本）以及《自然及实验史》奉献给王子殿下，那么在这里，请允许我把这部作品，奉献给阁下。尊敬的阁下，为了以上几部著作的完成，首先自然应当感谢上帝赐予我的灵感，但鄙人也曾为之付出过辛勤的努力，衷心祝愿上帝保佑您！

您最恭顺的仆人弗朗西斯·圣奥尔本子爵①

① 培根于1621年被授予圣奥尔本子爵的封号。

论真理

善于戏谑的彼拉多曾发出过这样的疑问："真理是什么？"问了之后却并不期待别人能够给出答案。世上总有一些人没有固定的见解，他们将一种固定的信仰视为被套上了枷锁，在思想上与在行为上一味推崇自由。虽然这一哲学流派已成为过去，却仍有一些心智游移者持有同样的观点，只是这些人与古人相比显得底气不足。但是使人们喜欢撒谎的原因，不仅是人们找寻真理时所遭遇的艰难困苦，也不是真理也许会束缚住人们的思想，喜好谎言是人们与生俱来的恶劣本性。希腊晚期哲学学派中，有人曾经研究过这一问题，他不知道为什么人们会如此喜爱谎言，因为谎言既不能像作诗那样引人入胜，又不能像经商那样使人获利。我也不懂得这是什么道理：可是"真理"这件东西可以说是一种无隐无饰的白昼之光，世间的所有歌剧、节目、庆典在这种光之下所显露的，远不如在灯烛之光下所显露出的那样庄严美丽。真理在世人眼中，其价值或许等于一颗珍珠，在日光下看起来是最好的；但是它决够不上那在各种不同的光线下显得最为美丽的钻石与红玉的价值。要是从人们的心中驱赶了虚妄的自以为是，自吹自擂的狂妄，错误的评价，武断的思想，就会使许多人的心变成一种极为可怜的东西，充满着忧郁与疾病，自己看起来也讨厌。对于这一点会有人有所怀疑吗？有一位早期基督教著作家曾经非常严厉地将诗称为“魔鬼的酒”，因为诗可以占据人的想象，然而诗不过是伪说的影子而已。害人的不是那从心中经过的伪说，而是那些沉入心中，牢牢盘踞于内心的伪说。然而这些事情，无论人们是怎样认知它们的，真理（它是只受本身的评判的）却教给我们说研究真理（就是向它求爱求婚），认识真理（就是与之同处），和相信真理（就是享受它）乃是人性中最高的美德。

在上帝创造出宇宙的那几天当中，他所创造的头一件事物就是感官的光明；他所创造的最后一件东西便是理智的光明；从那以后，直到现在，当他工作完毕而进入休息阶段的期间，他的所作所为全是以他的圣灵来昭告世人。最初他在物质或混沌层面上放射光明；然后他由人的面目中吹入光明；到如今，他依旧在他的选民的面前放射着光明。有一派哲学在别的方面与其他派别相比，颇有不足，可是有一位诗人为这一派哲学增光不少。这位诗人曾说过：“站在岸上看船舶在海上颠簸是一件乐事；站在一座堡垒的窗前，眺望下面正进行着的战斗的种种经过是一件赏心乐事；但是没有一件乐事能够比得上站在真理的最高峰（一座高出一切的山峰，那里的空气永远都是极度澄清而宁静的），目睹下面山谷当中的错误、漂泊、迷雾与风雨。”只要看的人对这种光景永远心怀恻隐，而不自满，那么以上的话可以算是说得好极了。当然，一个人的心如果能以仁爱为动机，以天意为归宿，并且以真理为做事的核心目标而不断努力，那这个人的确称得上是身处地上天堂了。

从教义中的真理与哲学当中的真理，再说到世事方面的真理。即使那些在行事方面并不坦白正直的人，也会将坦诚待人当作人性的最高荣耀，而真假混杂，有如金银币当中杂以合金一样，也许能够使那些金银用起来更方便一些，但是却导致它们的品质杂而不纯。因为这些曲曲折折的行为与蛇走行的方法类似，蛇不用脚，而是用很卑贱的方式——以肚子走路的。没有一件恶德能够与被人发现有着虚伪欺诈的一面，而更使人蒙羞的。所以蒙田在他研究为什么说人说谎算是一种极度的羞辱，一种可恨至极的罪责时，说得非常好。他说：“仔细思考起来，某人说谎就等于他对上帝非常大胆，对世人却很怯懦。”因为谎言是直面上帝，而逃避世人的。曾经有这样一个预言，说基督重临的时刻，他将在地上找不到任何诚信；所以谎言可说是请上帝来裁决全体人类的最后钟声。对于虚假与背信的罪恶再没有比这个说法揭露得更彻底与高明了。

论死亡

成人怕死与儿童害怕走进黑暗的地方的原因非常类似；儿童自然而然的恐惧会因故事而增加，成人对于死亡的恐惧也是如此。当然，静观死亡，以之为罪孽的终结，是通往另一世界的必经之路，是虔诚而且合乎宗教教义的；但是恐惧死亡，认为这是我们对自然应作出的贡献，则是愚弱的。

然而在宗教的沉思当中，有时也混杂着虚妄与迷信。在某种苦行僧的自诫书当中，你可以看到 种言辞，说是一个人应当仔细思量，假如他的指尖被压或被砍伤，其痛苦是怎样的；由此再想到那使人全身腐烂溃灭的死亡，其痛苦更应当是怎样的。实则有多次死亡的经历比肢体受刑的痛苦还要轻：因为人体当中最攸关生死的器官并不是感觉最敏锐的器官。以智者和普通人的双重身份表达意见的塞涅卡[①]说得非常好："与死亡俱来的一切，比死亡更加骇人。"呻吟与痉挛，大变的容颜，朋友哭泣，丧服及葬仪，诸如此类，都显露着死亡的可怕。

值得注意的是人心当中的各种情愫，无论多么脆弱，没有一种是无法克服对死亡的恐惧的；既然一个人身旁有如此众多的方法与助力都能打败死亡，可

① 塞涅卡：古罗马政治家、哲学家、悲剧作家、雄辩家、新斯多葛主义的代表。

见死亡不算是非常可怕的敌人。复仇之心胜过了死亡；爱恋之心蔑视死亡；荣誉之心希冀死亡；忧伤之心奔赴死亡；恐怖之心期待死亡；不仅如此，我们在书中还读到奥托大帝[①]临死之时的哀怜之心（感情当中最温柔的部分）使得许多臣下也随之赴死，他们的死是为了对他们的君主的同情，并且要成为最忠心的臣子。

此外，塞涅卡还加上了苛求与厌倦两事。他说："试想你做同样的事已经有多久的时间！不只是勇者与贫困者想死，即使是厌倦无聊者也想要死亡。"一个人虽然既不勇敢，也不贫穷，然而由于厌倦总是做同样的事，也是会去寻死的。同样值得注意的，是死亡来临时，豪杰之士心理所出现的改变是如何得微小，因为这些人即便到了生命的最后一刹那，其心理仍旧依然故我。奥古斯都大帝[②]临死时还在称赞他的皇后："永别了，里维亚，请你终身不要忘记我们婚后生活的那段时光。"提比留斯[③]到临终前依旧在掩饰自己的病情，正如史家塔西佗[④]所说："提比留斯的身体日渐衰弱，但他的思维始终非常敏捷。"维斯帕先[⑤]临死时还在讲笑话；他坐在一个凳子上说："我想我正在变为神灵。"加尔巴[⑥]临死时说出豪言壮语："砍吧！假如这的确是有益于罗马人民。"一边说着，一边从容引颈就戮。

塞纳留斯[⑦]死得相当爽快，依旧不忘工作，他说："假如还有什么我应当去做的事，快点来吧。"诸如此类。那些斯多葛学派[⑧]的哲学家将死的价值抬得太高了，并且由于他们对死亡准备过甚，于是使死在很多人看起来显得更为可怕。

---

① 奥托大帝：罗马帝国将领，暴君尼禄自杀后，加尔巴称帝，奥托首先响应支持，后因对加尔巴的人事安排不满，奥托发动暴动将其杀死，自立为帝。随后，日耳曼军团叛乱，奥托领军与其决战于波河，因指挥失误，战败自杀。

② 奥古斯都大帝：原名盖乌斯·屋大维，古罗马帝国开国皇帝，元首制创始者。

③ 提比留斯：古罗马皇帝。

④ 塔西佗：古罗马著名史学家。

⑤ 维斯帕先：古罗马皇帝。

⑥ 加尔巴：古罗马皇帝，继位七个月后被刺客暗杀。

⑦ 塞纳留斯：古罗马皇帝。

⑧ 斯多葛学派：是希腊化时代一个影响极大的思想派别，也叫画廊学派。斯多葛派认为世界理性决定事物的发展变化。所谓"世界理性"，也就是神性，它是世界的主宰，个人只是神的整体中的一分子。

“他把生命的终结算作是自然的恩惠之一。”说这句话的人是看得非常明白的。死与生都是自然规律的一部分，也许对一个婴儿来说，生与死是一样痛苦的。在某种热烈的行为当中，死了的人有如在血液正热的时候受伤的人一样，当时是感觉不到痛楚的；所以一个坚定的、向善的心是可以免除死亡痛苦的。但是，最为重要的是，请你相信，最甜美的歌就是在一个人已经达到了某种有价值的目的与希望后所吟唱的“如今请你让你的仆人离去”。死还有一个特点：就是它打开了名誉之门，熄灭掉妒忌之心，“生时受人妒羡的人在死后将会受人爱戴。”

论复仇

复仇是一种源自于人类本性的裁决。而人类的天性越是趋向于它，法律就越应当去铲除它。因为首个犯下罪恶的人只是触犯了法律，而针对这一罪恶的报复行为却会导致法律失去效用。毫无疑问，复仇行动会使复仇者与其仇人的水准保持持平，但是假如他可以宽大为怀，那他就要比他的仇人高出一等了：因为原谅仇敌是君王的气度。

正如所罗门所说："有仇不报是宽恕者之荣耀。"过去的事情已经发生，并且无法挽回，现在与将来的事情已经足够我们去忙碌的了，所以那些对过去的事情始终耿耿于怀的人简直就是在枉费心力。世界上并没有为了作恶而去作恶的人，有人作恶是为了要为自己争得利益、乐趣或是荣誉。所以，为什么我要由于某人爱自己胜过爱别人而感到气愤呢？而且，就算有人由于生性邪恶而作恶，那又会怎么样呢？这不过像荆棘一样——荆棘会扎伤人，是因为它们不会做别的事情啊。复仇行动当中最应该被原谅的一种，就是对没有法律能够惩治的那种罪行实施报复，不过即便是在这种情形下，复仇者也应当小心，一定要使自己的报复行为也不会受到法律的惩罚才好；否则复仇者的仇敌依旧占到了便宜，因为二者之间吃亏的比例是二比一。

有些人在复仇时，要让对方清楚这报复是因何而来，由谁发出。这种复仇更为大度，因为复仇的痛快不再会让对方受苦，目的在于使对方悔罪。那些卑怯狡诈的懦夫往往会选择暗中放箭。佛罗伦萨大公科西莫曾经严词谴责朋友之间的背信弃义以及忘恩负义。在他看来，这种罪行都是不可饶恕的。他说："你可以在《圣经》当中读到基督让我们宽恕敌人的话语，但是你绝不会找到基督让我们宽恕朋友的话语。"

不过约伯的精神与思想境界显得略高一筹。他说："我们怎么可能只希冀得到上帝的赐福，而不断抱怨上帝的降祸呢？"将此例推广到朋友的层面，也应当是这个道理。

的确，念念不忘的复仇者，不过是在不断地掀开身上已愈合的伤疤，原本可以愈合的伤口会因此种举动而受创如初。为公仇而进行报复的结果一般较好，如为恺撒大帝复仇、为佩尔蒂那复仇、为法国国王亨利三世复仇等。而报私仇者则往往命运不佳，他们念念不忘郁积在心中的血海深仇，终生过着犹如巫师般的极度阴暗生活，他们生前于人有害，死后于己不利。

论困厄

“幸运固然让人神往，但能够在逆境当中茁壮成长则更加令人钦佩。”这是塞涅卡效仿斯多葛学派所讲出的一句名言。的确，如果奇迹意味着超越寻常，那么在对逆境的征服过程中，在绝望当中寻找希望的过程更有希望出现奇迹。塞涅卡还说过一句更为发人深省的名言：“真正的伟大，就在于克服脆弱的凡人躯体，展现出人身上那近乎于神性而无法战胜的特性。”这一警句立意高远，并考虑到它是出自一位非教会人士之口，它就显得越发非同寻常了。

古代诗人经常有这种超凡脱俗的伟大想象。他们在神话当中曾有过描述：当赫拉克勒斯去解救由于为人类盗取火种而被绑缚在高加索山上的英雄普罗米修斯时,他是乘坐着一个陶瓮渡海前往的。这个故事也正是人类生存状况的象征：每一个基督徒，都是以血肉之躯来作为孤舟，横渡这波涛汹涌、变数颇多的人生之海。

在幸运面前，我们所展现出的美德是节制；在逆境面前，我们所展现出的美德为坚韧，从道德修养的要求来看，在逆境当中可以坚持我们的德行就显得更难能可贵。所以,在《圣经》中,《旧约》将顺境视为神对人的恩赐,而《新约》则将逆境视为神对人的恩眷。因为正是在逆境当中，上帝赐予了我们更深的恩惠以及更为直接的启示。聆听《旧约》诗篇当中的大卫竖琴之声，你所听到的并不仅仅是颂歌，还伴随着同样多的苦难悲声。而圣灵对约伯所受苦难的记载远要比对所罗门财富的刻画更为动人。

幸运并不等于不伴随有诸多恐惧与烦恼；厄运也并不等于不伴随有诸多安慰与希望。最美好的刺绣，是以暗淡的背景来衬托极为明丽的图案，而绝不是依靠将暗淡的花朵镶嵌在明丽的背景上。让我们从这种美景当中去寻找更多启示吧！人的美德犹如最名贵的檀木，只有在烈火的焚烧过程中，才会散发出最为醉人的芳香。恶昭彰于幸运，善凸显于厄运。

论伪装与掩饰

韬光养晦是人们身处劣势时所通常采取的一种策略或是智谋。强者是不需要韬光养晦的，他可以直面现实，直抒胸臆。因此韬光养晦之道，是在政治斗争中防御性的自保之术。

塔西佗曾说："里维亚同时拥有丈夫奥古斯都大帝的谋略与儿子提比留斯的韬晦。"在谈到莫西努斯劝提图斯举兵进攻维特里乌斯[①]的时候，他说："我们现在所面对的敌人，既没有奥古斯都那样明察秋毫的智慧，也没有提比留斯那种含而不露的深沉。"这些特质——权谋或策略、掩饰或隐秘——的确有着不同的习惯与能力，并且是应当予以辨别的。因为假如一个人拥有那种程度的明察秋毫的能力，能够看得出某事应该公开，某事应当秘而不宣，某事应当在半明半暗地微露端倪，并且看得出这事应该对什么人隐瞒或表露（这正是塔西佗所说的治国与处世要术），那么这样的一个人知进退、懂谋略。但是假如一个人没有这种明察的能力，那么他就会选择处处掩饰，从而暴露出其软弱的特性。因为

①莫西努斯：古罗马将军。提图斯：古罗马皇帝。公元69年，罗马帝国陷入了严重内乱之中，一年之内有四人称帝，因此这一年被称为"四帝之年"。这一年的年底，提图斯在莫西努斯的建议下，领军打败维特里乌斯，最终结束了内乱。

一个人遇事无法随机应变而有所选择的话，他就会采取那种看起来最万无一失的安全途径，就好比视力不佳者一定会选择缓步慢行一样。的确，强者一般行事坦荡，但是他们同时也犹如训练有素的骏马一样，极能理解适时收手、及时改变的策略，这样在一些关键的事务上，在他们需要掩饰时，如果他们果然进行了掩饰，由于他们一贯行事坦荡，人们也不会因此对他们抱有怀疑。

韬晦之术具体说来有上中下三策。上策就是不动声色，守口如瓶，这一策略可以让人不明就里，浑然不觉。中策则是施放烟幕，转移他人注意力，就是一个人故意露出某些端倪，让别人错判他的真正为人，以真为假。下策就是散布谣言，故意设置假象，掩饰自己的实际为人或是处世方略。

对于上策而言，守口如瓶是神甫之美德。口风很严的人确实能够听到许多人的忏悔。因为谁肯向一个多嘴多舌的人轻易敞开心扉呢？但是假如一个人口风很严，他就会吸引其他人来向他倾诉，就好像密闭的空气在有机会时，必定会吸收流通的空气一样；在忏悔过程中暴露出一些东西，不是为了得到什么，仅仅是为人们心里痛快，所以，隐秘的人能够获知很多事情；人们大都喜欢宣泄心事而不愿意增加心事。简而言之，守口如瓶者似乎依靠个人品质，就获得了了解他人隐私的特权。另外，过分暴露总是不美的，无论是坦露心事还是赤裸身体都是如此；一个人的行为举止如果能保留几分矜持，不把自己彻底暴露出来，无形中就会平添几分尊严。至于那些喜欢高谈阔论的饶舌之徒，多数是一些虚妄且轻信之辈。来说是非者，必为是非人，真正博闻强识的人，也不免会养成对其所并不熟知的领域夸夸其谈的恶习。所以，不动声色既是策略，又是品行。这句话基本可以视作一条定律。在这一方面，一个人的面容最好不要越俎代庖，代行舌头的职能。因为一个人的面部表情是泄露其心中机密的致命弱点，观察他人表情的收获，常常多过倾听其言语。

关于中策，那就是施放烟幕。有了秘密就要保守，一个人就不得不在某种程度上作为一个掩饰者。因为人都很狡黠，绝不能允许你在坦白与掩饰之间，保留一种中立的态度，不容许你的秘密始终深藏不露。遇到事情，人们一定会用问题来设法引诱他，想尽办法探出底细。所以除非他始终保持沉默，否则他就难免要显露出他是倾向于何方的，或者即使他自己没有表示，那些人也会从他的沉默中推测出来，与他自己说出来没有区别。至于模棱两可、含糊其辞的话语，那是无法持久的。所以没有人可以保守秘密，除非他为自己留一点掩饰的余地；施放烟幕也算是为秘密披上了一层外衣。

至于下策，那便是散布谎言、制造假象。在我看来，除非是为了非常重大的事情，否则这样做与其说是计谋，还不如说是犯罪。一种普遍作伪的习惯是一种不折不扣的恶习。其起因或是由于天性方面的喜伪或多畏，或由于心智有着较大缺陷。这种缺陷由于一个人不得不设法掩盖，于是使他在其他方面也作伪，以免多处出现漏洞。

伪装掩饰有三大好处：一是麻痹对手，然后在适当时机出手，出其不意地赢得胜利。因为一个人的意向假如公开，那就等于是拉响了唤醒敌人的警报。第二是为自己留下一个安全的退路。因为一个人假如明确表明了自己的意图，就有可能束缚住了自己，那样的话，那么他只能一条路走到黑，或者被人打倒。第三是可以有较好的机会来看穿别人的心思。因为一个人一旦暴露了自己，别人是不会公开反对他的；他们会干脆地让他继续这样暴露下去，而把他们自己语言的自由变成内心的放肆。因此西班牙人有一句成语："撒一个小谎，得以了解一件真实的大事。"这是一个非常精辟的谚语。作伪就是发现真情的方法。

公允地说，伪装与掩饰也有着三大害处：第一，说谎者永远都是虚弱的，因为他不得不随时都要提防被揭穿。这种恐惧的态度在任何事件当中，都不免会阻挠其实现目的。第二，伪装与掩饰会迷惑很多本来可以与其合作的朋友，结果作伪者只能孤立无援地去暗中实现自己的目的。第三，最大的一点害处，就是作伪与掩饰会导致人们的不信任。所以，比较明智的办法就是树立真诚坦荡的形象，同时善于运用韬光养晦的技巧，不到万不得已，一定不可以使用欺诈之术。

论父母与子嗣

父母会将他们的各种烦恼以及恐惧都隐藏起来，不向子女透露分毫。他们的快乐必然会表露出来，而他们的烦恼与恐惧则不会说出口。子女可以让父母的劳苦变得微不足道，但也会让他们的不幸变得深重。子女增加了父母的生活负担，但却减轻了他们暗中对死亡的忧惧。动物也可以传宗接代，借此绵延不绝；但仅有人类才能把荣誉、功德与伟业代代流传下来。我们确实看到，一些伟大的功业经常出那些没能留下子嗣的人所开创，这些没有子嗣的人尽管没能复制出一个肉体，却全力以赴地复制出一种伟大的精神。因此这种没有子嗣的人往往更为关心后世。创业者对子女期望总是极大的，因为子女对创业者来说，不但是族类的继承者，又是其所开创事业的一部分。

父母对子女时常会有不合理的溺爱，母亲在这方面表现尤甚。所罗门曾告诫人们："智慧之子让父亲欢乐，愚昧之子让母亲蒙羞。"在家庭当中，最大的孩子容易得到尊重，最小的孩子容易被纵容，而排行居中的子女时常会被轻视或是忘却，但是他们却往往是最有出息的成员。

子女在小时候不应当让他们太过吝啬。否则会让他们变得卑贱，甚至习惯投机取巧，导致堕落，即使长大后拥有财富时，也不会正当利用。聪明的父母对子女在管理方面是非常严格的，而在用钱方面不妨略为宽松，这样做效果往往会更好。

成年人老师（不管是父母、师傅，还是仆役）会鼓励孩子们之间开展竞争，这种做法会逐渐积隙成仇，使孩子们在成年之后依旧失和，从而破坏了家庭的整体和睦。

意大利人将子女与侄甥一视同仁，始终亲密无间。这种做法是可取的。因为这种风俗很符合自然的血统关系。我们看见有时侄子非常像伯父或叔父或某位近亲，却不是很像父亲，这是血缘关系使然。

父母应当尽早考虑孩子们日后的职业方向并加以引导与培养，因为孩子年龄越小，其可塑性就越大。不过也要当心，孩子们儿时所喜欢的，未必就是他们所愿意终生从事的。毫无疑问，假如孩子的才能的确出众，自然应该加以扶植与发展。但对一般人来说，下面这句格言是非常有帮助的："熟能生巧，则万事自易。"我们还要注意到，子女当中没能得到遗产继承权的，往往会依靠自身奋斗获得更好的发展。而坐享其成者，却鲜有可以成就大事业者。

论结婚与独身

妻儿绕膝的人已经向命运之神提交了抵押品，因为妻与子是做大事的阻碍，无论是大善举或是大恶行。无疑地，最好，最有功于公众的事业是源自于无妻或无子的人的；这些人在情感与金钱两方面，都可说是娶了公众，并赐予奁资了。然而按照常理，似乎有子嗣的人应当更加关心将来，他们知道自己一定要把自己最为贵重的保证交予将来。有些人尽管过的是独身生活，他们的思想却只限于自身，把将来看作是无关紧要的。并且有些人将妻与子认为不过是几项开销而已。尤有甚者，有些愚而富的悭吝人竟然以无子嗣而自豪，以为这样则他们在别人眼中就显得更加富有了。或许他们听过这样的话：一人说，“某人是一个大富翁”，而另一人很不同意地表示，“是的，可是他有着很沉重的儿女之累”，似乎儿女就是那人的负债。然而独身生活最基本的优势则是自由，尤其在某种自恋而且任性的人们眼中尤为如此，这些人对于各种约束都非常敏感，所以差不多连腰带、袜带都感觉是存在锁链似的。独身的人是最好的朋友、最好的主人、最好的仆役，但绝非最好的臣民；因为他们非常容易逃跑，差不多所有的逃跑者都是未婚的。独身生活适合僧侣之流，因为慈善之举其限度是有限的，当慈悲之心专注于家人时，就难以再给予其他人，因此独身者的慈悲之心能够给予和影响更多的人。独身对法官与知事没有什么关系，因为假如他们是易欺而贪婪的，则一个仆人的恶行要比一位夫人恶劣五倍。对于军人，将帅激励士卒时，多让他们忆及其妻子儿女；我认为土耳其人不尊重婚姻[①]使普通士兵更为卑微。

妻子和儿女对于人类来说确实是一种训练；而独身的人，虽然他们一般都很慷慨好施，因为他们的钱财不容易被消耗掉，然而在另一方面他们却比较残酷与狠心（做审判官正适合），因为他们缺少运用自己仁慈之心的地方。庄重的人，时常接受风俗引导，因而心志不移，所以一般能成为情爱甚笃的丈夫；如古人评价尤利西斯："他宁要他的老妻而舍弃长生。"贞洁的妇人往往显得桀骜不逊，因为她们是自恃贞节的。假如一个妇人相信她的丈夫是聪慧的，这就是最好的让她保持贞操及温柔的维系关键；然而假如这妇人发现丈夫的妒忌心非常重，她就永远不会以为他是聪慧的了。妻子是青年人的情人，中年人的伴侣，老年人的看护。所以一个人只要他愿意，任何时候都拥有娶妻的理由。

然而有一个人，别人问他，人应当在何时结婚？他答道："年轻人还不应当，年老的人都不应当。"这位也被人们称为智者之一。坏丈夫一般都有很好的妻子，其原因或许是因为这种丈夫的优点和对别人的好在偶尔出现时，显得更加可贵，也许是因为做妻子的因自己的耐心而自豪。但是有一点是永远没错的，就是选择这种坏丈夫必须是妻子不顾亲友的反对，而自己决定要嫁给他的，因此她们就必须要为自己的失策做出补救。

① 土耳其人不尊重婚姻：奥斯曼土耳其帝国军队的中坚——新军士兵是不允许结婚的，目的是保持一种强烈的军团意识。

论嫉妒

爱情与嫉妒是人类的各类情欲当中最能够迷惑人心智的。这两种感情都可以激发出极为强烈的欲望，创造出极难把控的虚幻想象，产生出强烈的蛊惑人心灵的力量——它会让我们感到这世界上确实有巫蛊这种事存在。在《圣经》当中，“嫉妒”被称作“毒眼”，而占星术士则把它称为一颗“灾星”。这就是说，嫉妒可以把凶险与灾难投射到它的目光所注意到的所在。不仅如此，还有人指出，嫉妒之毒眼伤人最痛之时，恰恰是被嫉妒之人感到最为春风得意之时。这一方面是因为春风得意之境况越发激发了嫉妒之心；另一方面是由于在此类情况下，被嫉妒者最容易遭受打击。

让我们来分析一下哪些人最容易嫉妒他人，哪些人容易被别人嫉妒，以及哪些嫉妒属于公众层面的嫉妒，公众的嫉妒与私人间的嫉妒有什么区别。

自身无德者必定会嫉妒那些有德之人。因为人的心灵假如不能从自身的优点当中攫取养料，就必定要找其他人的缺点做养料。而嫉妒者往往是自己既缺少优点，又对别人的优点视而不见，所以他只能依靠贬低别人幸福的办法来宽慰自己。当一个人自身缺乏某种美德时，他就必定要贬低别人所拥有的这种美德，以求实现两者之间的平衡。

嫉妒者必定是喜欢管闲事与喜欢窥探隐私者。他们之所以如此特别关心别人，并不是因为事情与他们的切身利益息息相关，而是为了通过发掘出别人不愉快的事，来使自己得到一种欢愉。

其实每一个为自己的事业而努力的人，是没有时间去嫉妒别人的。因为嫉妒是一种四处游荡的特殊感情，能够享受到它的只能是闲人。所以古话说："好管别人闲事的人一定没安好心。"

一个后起之秀会招人嫉妒，尤其会被那些自命老资格的人嫉妒，因为他们之间的距离被改变了。别人的进步会使得原处于优势地位的人产生一种错觉，使人觉得自己的地位似乎被降低了。

自身有着某种难以克服的缺陷的人——如残疾人、宦官、老年人或是私生子，经常特别容易嫉妒别人。这是因为自己身上的缺陷无法得到补偿，所以需要在损害别人的过程中求得安慰。

只有非常伟大的品格才可以克服这种不足。那种品格可以让一种缺陷转变为荣耀。背负着残疾的屈辱，去完成一项伟大的事业，人们会为他们的努力与成就而感到惊异与敬佩。像历史上的纳西斯、阿盖西劳斯和帖木儿①就曾如此。

经历过巨大的灾祸以及重重磨难的人，也容易产生嫉妒之心。因为这种人喜欢将别人的失败，看作是对自己经历过的痛苦的抵偿。

虚荣心非常强的人，假如他看到别人在某项事业当中总是强过自己，他也会为此产生嫉妒之心。所以非常喜爱艺术的哈德良皇帝②，就极为嫉妒诗人、画家与艺术家，因为他们居然在这些方面胜过自己。

最后，在同事之间，某人的升职也容易引来其他人的嫉妒。因为如果别人由于某种优越表现而得到升职，就等于映衬出其他人在这些方面的无能，从而使得他们萌生嫉妒之心。

同时，彼此越是清楚对方的底细，这种嫉妒心就会变得越强。人可以接受一个陌生人一夜暴富，却不能原谅一个身边的人地位陡升。该隐正是出于这种

① 纳西斯：东罗马帝国名将。阿盖西劳斯：古希腊名将。帖木儿：帖木儿帝国开创者。
② 哈德良皇帝：古罗马皇帝。

嫉妒心理而将自己的亲兄弟亚伯杀死了。

应当注意的是，那种骄傲自满的人物是非常容易招来嫉妒的。这种人总想在所有方面来展示自己的优越：或者大肆铺张地炫耀，或者力图压倒所有竞争者。其实真正的聪明人倒宁可给人类的嫉妒心留下一定的余地，有意让别人在无关紧要的事情上占到一些上风，以平衡对方的心理。

然而另一方面也应当看到，对于享有某种优越地位的人而言，与其狡诈地进行掩饰，莫如坦率诚恳地放开（只是千万不要显露出骄矜与浮夸），这样招来的嫉妒会少一些。因为对于前一种人，似乎更显示出他是毫无价值，因此不配享受那种幸福，他们的作假简直就是在教唆别人来大肆嫉妒自己了。

让我们归纳一下以上所讲的这些事情吧。我们在一开始的时候就已经说过，嫉妒有些接近巫术，是能够蛊惑人心的。那么要防止嫉妒，也就不妨采用一些巫术，就是将那容易招来嫉妒的妖气转嫁到其他人身上。为了达到这一目的，许多明智的大人物总是将抛头露面出风头的事情推诿给别人，让他们作为替身在台前表演，而自己则甘愿躲在幕后。这样一来，群众就将嫉妒的注意力转移到了身处前台的人物身上了。而事实上，愿意这样代替别人来大出风头的傻瓜是从来都不缺的。

现在我们再来谈一谈公众的嫉妒。

公众的嫉妒相对于个人的嫉妒，多少更有一点价值。公妒对于大人物而言，是一种无形的制约，正如古希腊时代的流放惩罚措施一样，公众的嫉妒能够迫使他们循规蹈矩。

所谓“公妒”，其实也就是一种公众性的不满情绪。公众的嫉妒对于一个国家而言，或许会是一种能够蔓延的疾病，人民一旦对其执政者产生了这种高度不满的情绪，他们甚至会反对最为合理的国家行为。因此，已经丧失了民心的统治者就算是在办好事，也不会得到人民的拥护。因为人民将把这看成是一种怯懦，一种对于公众不满的畏惧。这就像是传染病一样，你越怕它，它就越容易找上门来。

这种公妒或者称之为公众的不满，主要是针对高官厚禄者，而并非针对国家本身。但是别忘记：如果公众的这种不满情绪已经扩展到几乎全体大臣身上，那么嫉妒的矛头事实上就已然指向了国家本身。以上所提到的是公众的不满情绪，以及它与私人间的嫉妒的区别。

最后还要补充几句。在人类的所有情欲中，嫉妒之情恐怕算是其中最顽强、最持久的了。所以古人说："嫉妒从来不会休假。"同时还有人会注意到，与其他的感情相比较，只有爱情与嫉妒是最折磨人的情感。没有什么要比爱与妒更拥有持久的消磨人的力量。但是嫉妒终究是一种极为卑劣、堕落的情感，因此它是归属于魔鬼性质的。《圣经》上说，魔鬼就是那趁着黑夜前往麦地里去撒上稗种的嫉妒者，因为他不愿意看到别人取得丰收。的确，犹如毁掉麦子一样，嫉妒这恶魔永远都躲藏在暗中，时刻施展诡计，悄悄毁掉人间的一切美好事物。

论恋爱

爱情在舞台上所表现出来的，要比在现实生活当中表现出来得更加丰富多彩。因为在舞台上面，“爱情”能够表现为喜剧，也可以呈现出悲剧；但在实际生活当中，“爱情”只会招惹来祸患。它有时犹如一位蛊惑人心的魔女，有时犹如一位复仇的女神。

我们可以看到，多数伟大的人物（古往今来，但凡拥有盛名者）都不曾被爱情折磨到疯狂的地步：可见伟大的心灵与伟大的事业确实可以抵御这种柔弱的激情。然而有两个人是例外，一个是曾统治过罗马帝国的马尔库斯·安东尼，另一个是曾担任罗马执政官与立法官的阿皮亚斯·克劳狄乌斯。这两个人当中，前者确实是一位好色无度的人，但是后者却是一个严肃而富于智慧的人。所以好像（虽然这非常少见）爱情不但会进入坦露的心胸，并且也能够进入壁垒森严的心胸当中（假如把守不严的话）。伊壁鸠鲁[①]的那句话说得并不算好——“我们彼此之间就是一幕看不完的戏剧”。

① 伊壁鸠鲁：古希腊哲学家、无神论者，伊壁鸠鲁学派的创始人。

似乎原本生来就应当旷达地与天界及一切高贵生物共存的人类不应该做别的，而只应当跪在一尊小小的偶像前面，将自己变成一个奴隶，虽然这不是为了口舌之欲的奴隶——那样的话就如同禽兽一般——而是眼睛的奴隶（上帝赋予人类以眼睛，原本是为了更加高贵的目的）。这种情感上的放纵，以及它对事物本性乃至价值置若罔闻的程度，是极为不可思议的。所以说，无休止的夸张言辞只适合在爱情中显现，在其他的事情当中总是绝对不适宜的。

不仅言语方面如此，古人说得好，各式各样的谄谀者彼此都明白，最讨自己喜欢的恭维者始终是自己；而毫无疑问，情人之间的话语要比对自身的恭维还要厉害。因为从没有一个骄傲的人会相对于自己所爱的人，而更重视自己。因此古人常说："恋爱与智慧无法兼得。"身处热恋当中的人的这一弱点并不只是旁观者才可以看得出来，其实大多数被爱者也看得极为分明，除非被爱者与热恋者彼此爱恋。因为，爱情的报酬永远是：要么获得对方的爱，要么得到一种深藏在内心深处的轻蔑，这条定理万古不易。

由此可见，人们更应当提防这样的一种情欲，因为它不但让人们失去其他事物，简直连自己都无法保住。至于其他方面的损失，古代诗人的故事表现得非常好。爱上海伦的帕里斯[①]选择放弃赫拉与雅典娜赐予的礼物。因为任何太过看重爱情的人都会放弃财富以及智慧。爱情泛滥之际，正是人最为软弱之时，而这也正是人们鸿运高照或是倒霉的时刻，只不过倒霉的情况很少被人们注意而已。这两个时候全都是燃起爱火并燃烧最为炽烈之时，由此足见爱情真的是愚蠢的源泉。

有些人即便是在心中不能没有爱的时候，依旧可以约束这种情感，并且把它与人生的要务严格分离开来，这些人应当算是把爱情处理得非常妥当了。因

① 帕里斯：特洛伊王子。阿耳戈英雄之一的珀琉斯结婚时，没有邀请不和女神厄里斯，厄里斯决定报复，在婚宴中放了一个刻有"给最美丽的美人"的金苹果。众神当中，天后赫拉、智慧女神雅典娜、爱与美之神阿芙洛狄忒都希望得到这个金苹果。宙斯让帕里斯来做裁决，赫拉许诺给予帕里斯权力，雅典娜许诺给予帕里斯智慧，而阿芙洛狄忒许诺送给他绝世美女。帕里斯为了得到爱情，舍弃了权力与智慧，最终裁决金苹果属于阿芙洛狄忒。帕里斯因此在后来得到了绝世美女海伦，却为此引发了特洛伊战争。最终，帕里斯被毒箭射死，特洛伊也被毁灭。

为爱情如果会干扰到事业，就要损害到人们的福利，并且使他们无法坚持自己的初衷。我不明白为什么军人最容易坠入爱河，我想这或许与他们喜欢喝酒一样。因为危险的职业多需要及时享乐来作为报偿。人性当中有一种隐秘地喜爱他人的倾向与趋势，这种倾向如果不消耗在一个人或是少数人的身上，将非常自然地普及到众人，并使人变得非常仁慈。例如，有时在僧侣之间，我们就可以看到这样的情形。

夫妇之爱使得人类得以繁衍，朋友之爱使得人类趋向于完美，但爱欲无度则会导致人陷入堕落。

论高位

身居高位者是三重意义上的奴仆——君主或国家的奴仆、名声的奴仆、事业的奴仆。因而他们失去了自由，在人身、行动以及时间方面均失去了自由。

为谋得高位或是为谋得治人之权，而丧失自主安排生活的自由，人性的这种欲望实在是匪夷所思！何况获取权势并非是一件容易的事。走上这条路的人必须要忍受诸多痛苦，然而得到的却可能是更深切的痛苦。

为了获得权势，人们常常会选择极为卑劣的手段。但即使得到高位，也往往坐卧不宁，害怕自己一旦倒台就会马上身败名裂。因此，这真的是一件让人唏嘘的事情。正如古语所说："既然已经不复当年之盛，又何必寻找理由来苟且偷生！"然而，识时务者又能有几人？人在官场，身不由己，急流勇退并不是简单的事。

然而迷恋于权势，这也许是由于无法忍受默默无闻的寂寞。正如那些老人，尽管已是风烛残年，却仍然闲坐在热闹的街口，借此追忆自己往昔的峥嵘。有趣的是，身处高位者只能通过别人的眼睛来确认自身的幸福。然而如果根据自身的感觉来进行判断，就很难明白自己到底是否幸福。他们能引以自慰的，仅仅是别人对自己的羡慕与模仿。这使他们倍感骄傲和荣誉，尽管这时他们内心中的感受或许恰恰相反。他们会时常感到忧虑，尽管他们只有在结局到来时，才会真正意识到自己的错误。

一心追逐权位的人，往往没有时间去保持自己的身心健康。塞涅卡说："尽管名满天下，对自己却一无所知，这样死去是非常不幸的。"有权势者，既有机会行善，也有机会为恶，不过作恶会遭受舆论的谴责，所以最好还是不要去做。有行善的意向自然是值得嘉许的，但单纯停留在好的意向上，尽管上帝可以看在眼里，尘世间的人们却无法从中获得好处。许多有利于人类的好事，都需要借助权势来最终完成。

成功与美德是衡量人生事业的两种重要尺度，同时具备这二者的人是幸福的。所以，一个人的行事应当做到即便面对上帝，也不会感到亏心，这样才能获得灵魂上的"安宁"。正如《圣经》的记载："直到上帝见到他所创造的一切都很好，才在第七日停止工作而安心地休息了。"身处高位者，应该以此来作为工作的榜样。此外，还应从过去那些不称职的人身上吸取反面的教训。当然，这样做不应是为了贬低别人，而是为了避免重蹈他人覆辙。同样，如果有所革新，也不应是为了诋毁前人，而是为了给后人开创好的先例。

掌权者应当研究历史。尤其要注意分析好的事物是何时出现以及怎样演变的，同时还应当了解当代与历史的其他时期的不同点。对于历史，应当寻找其中最为优秀的东西。而对于现代，则应当寻找如今最切合实际的东西。应当力求使自己的行动富有规律性，以使人们可以有所遵循，绝不要过于自信甚至自负。当需要变更成规时，应该将这样做的理由对公众解释清楚。

掌权者享有特权，这是他们应该得到的。但对于这种特权，与其炫耀，还不如默默享受，更不要滥用这种特权来干预法律。同时，掌权者也必须妥善地照顾属下的权益。对于属下的事情，只应进行原则性的指导，而不宜对每个事务都插手。

要善于寻求并接受对你有好处的忠告与建议，不要将那些"好管闲事"的热心人挡在门外。

掌权者经常犯以下的四种错误：拖延、受贿、蛮横以及受欺。避免拖延的方法是：信守时间，当断则断，不要将必须处理的事情都积压在一起。矫正收受贿赂的恶习，除了杜绝下属收受不义之财外，也绝不要给那些行贿者以恩惠与利益。不仅不可以受贿，而且不能给人留下你能够被财物所收买的任何疑点。要使人知道你不但反对受贿，而且憎恨所有的行贿者。如果对某件早已决定的事情，没有明显的理由突然改变原则或是意图，那么就可能使周围的人怀疑主管者收受贿赂。因此，在改变一个观点或是做法时，一定要将做出这种改变的目的与理由公布于众。要注意，一个仆人或是一个亲信，由于与有权势者有着极为密切的关系，常常会成为通向贪污受贿之路的秘密渠道。至于蛮横，应当清楚，这比严厉更糟糕，严厉可以产生敬畏，而蛮横却只能引发怨恨。身处高位者，最好不要轻易责骂下属，如果已经到了非责备不可的时候，态度也要庄重而严肃，绝不可以使用讥讽的口气。至于受欺，要比受贿的危害更大。因为贿赂仅仅是偶发事件，而一个掌权者假如易于受欺，那么，他就永远只会不自觉地依照别人的意志去办事。

所罗门王曾说过：“徇私情是没有任何好处的。它使人为了获取面包而破坏法律。”还有一句古话说得非常好，“地位彰显性格”。这就是说，身居高位者的表现会将其个人品格展露无遗。这句话讲得相当有道理。

塔西佗曾经批评卡尔巴：“假如他没有成为皇帝，大家倒会认为他确实有着雄才大略，是治国之才。”而对于菲斯帕斯，他却说：“在其掌权之后，其人格得到了提升。”第一句话是批评卡尔巴由于权势的扩大而显露出的性格层面的缺失，而后一句话则是在赞扬菲斯帕斯的修养。地位越高，修养也越好，这表明他拥有善的品格。

荣誉源自于美德。但许多人往往在未得志之时，还能保有一些美德；而一旦他权势在手，反而失去了这种美德。这和自然界当中物体的运动一样，启动时加速很明显，运动中加速则显得缓慢。

取得权势的道路总是坎坷不平的。在刚走上这条路时，加入某一派别是必由之路。但是一旦拥有一定地位后，就应当退出派别之争，以便寻求权力上的平衡。当权者对前任掌权者的荣誉也必须珍视，要能够公正地处理。否则，当你引退时，别人也可能会以同样的办法来对你实施报复。

对于身边一起共事的人，必须相互关照。宁可在他们不想见面时见到他们，也不要在他们想见面时将他们拒之门外。在见面谈话或是回答下属问题时，一定不可以认为自己是一个身居高位之人，不要摆架子。要尽量给别人以这样一种印象："他在生活中和蔼可亲，在事业上超卓出众。"

论勇气

有人曾问狄摩西尼[①]，对演说家来说什么方面最为重要？他说，动作。其次呢？动作。再次呢？依旧是动作。这是在小学课本当中大家都已经耳熟能详的故事，然而依旧值得我们深省。

说这话的人，对他所说的事情极为精通，而又恰恰在他所极力赞颂的事情上，并没有天生的优势[②]。动作只是一位演说家的外在表现，确切地说，那仅仅是一个演员的优点，然而竟然会被抬到这样的高度，甚至超出题目选择、论辩方式等诸多基本技能。不仅如此，它几乎被看作演说家必备的唯一要素，这真是让人感到惊奇。然而，其理由是非常显而易见的。人性当中经常是愚钝多于聪明，所以那些可以让愚钝者开窍的技能才最有效力。

与上述这一点极为相似，在处理世俗事务的过程中要具有勇气。对于世俗事务来说，最重要的东西是什么？勇气。其次呢？勇气。再其次呢？依旧是勇气。可是勇气仅仅是无知与卑贱的产物，与治国之才根本无法相提并论。尽管如此，

① 狄摩西尼：古希腊著名政治家、演说家和雄辩家，曾任希腊联军统帅。

② 没有天生的优势：狄摩西尼天生有口吃与吐字不清的毛病，根本不适合作演说，但后来经过长期的训练，他终于克服了这一极端不利因素，成为首屈一指的演说家。

它却可以迷惑并控制那些见识浅薄，或是胆量不足的人，而大部分人又恰好都属于这种情况。不但如此，聪明人在一时犯糊涂时，也会受到其诱惑。因此我们常见勇气在民治国家当中曾有奇效，而在有统治阶级或是君主制的国家中则影响力不尽如人意，而且，勇气总是在勇敢的人们初次活动时成效最大，而此后成效就不明显了，因为一时之勇终究无法持久。

正如替人看病有江湖郎中，为国献策之人当中也有些江湖术士，这些人声称采用其良策必有成效，而且确实曾有那么几次会侥幸成功，但是这些策略缺乏真知的支持，所以终究无法持久。那些江湖术士在其事先承诺过的事情归于失败之后，依然（假如他们有着足够的勇气的话）会轻易地放过这种失败，顾左右而言他，再不回头。

毫无疑问，在见识远大的人们看来，蛮勇有着几分荒唐。即便是在平常人看来，蛮勇也是有些可笑的。

因为，假如“荒唐”是引人发笑的一种行为，那么你可以确信胆大包天几乎都是荒唐的。尤其可笑的是，在一个勇夫被人当面拆穿其失败的实质时，因为这样一来，这个人就无法继续蒙混了，这是必然的。因为一般人感到难堪时会感到手足无措，那些胆大妄为者则会因此而变得呆若木鸡，因为他已经无路可走了。

但是这种场面更适合写入讽刺世风的文章而不适合严肃地进行讨论。

应该充分注意的是，勇敢永远都是盲目的。因为它看不见危险与困难。

因此，勇敢对决策是有害的，但对执行决策是有利的。要善用勇敢的人，不要让他们担任统帅，而应当让他们担任副手，并听从他人的指挥。因为在决策时，最好是可以预见到危险，而在执行时最好要对危险视而不见，除非那些危险事关生死存亡。

论善与性善

本人认为善的本质就是造福于人类的愿望。这也就是古希腊人所说的爱人类，或者是现在的人们所说的“人文精神”，但其精确含义还要更加深入一层。而善良，则是善的行为的具体表现。善反映出本质，善良作为现象而呈现于外在。善良，是人类一切精神与道德品格当中最伟大的一种。因为上帝本身就代表着“善良”。如果人失去了这种可贵品格，他就只是既可憎，又可怜的鼠辈。这种行善的品格或许会看错对象，但却永远不会过分。过分的权势曾经让天使堕落为魔鬼。过分的求知欲也曾让人类的祖先不得不远离乐园。但只有善良这种品格，无论对神，还是对人，都永远不会变为过分的东西。

善良的倾向是人的天性的一部分。这种仁爱之心就算不能施予别人，也会施予其他生物。例如，土耳其人尽管被认为是一个野蛮的民族，但他们对狗和鸟等动物非常好。据比斯贝克[①]的记述，有一个欧洲人在伊斯坦布尔时，由于戏弄一只鸟，结果险些被当地人打死。

但人性当中这种仁善倾向，有时也会遭到误解。所以，意大利有一句话嘲

① 比斯贝克：奥地利驻伊斯坦布尔大使，留下了很多关于奥斯曼帝国的记录。

讽说："善良无度，近乎蠢人。"马基雅维利[①]曾经直截了当地写道："基督教的教义使人变为软弱的羔羊，以供那些暴君恣意享用。"他之所以会这样说，是因为的确没有任何其他法律、宗教或是学说，要比基督教更加鼓励对人类的博爱了。要想不变为一个滥施仁爱的傻瓜，我们就应当注意，不要受有些人的假面具以及私欲的欺弄，不要过于轻信别人和软心肠。轻信和软心肠时常会诱使老实人上当。比如，我们就绝不应当将一颗珍珠赠送给《伊索寓言》中的那只公鸡[②]——因为它本来就只配得到一颗麦粒。

《圣经》中曾经提及："天父使太阳照好人，也同样照坏人。降雨给行善的人，也给作恶的人。"但上帝绝不对所有人都平均分配财富、荣誉以及才能。一般的福利应当人人均沾，而特殊的荣耀就必须有所选择。另外还应当小心，我们在做好事时，不要首先毁了自己。神告诉我们：要像别人爱你那样去爱别人——"卖掉你所有的财产，赠送穷人，将财富积存到天上，然后跟我来。"但除非你已决意要与神一起走，否则还是别将你的一切都卖掉。不然你就等于是在竭泉以灌川，泉水很快就会干涸，而河水却没有明显增加。所以人心固然应当善良，而行善却不可以仅凭感情，还需要靠理智的指引。

这世界上不仅有接受真理引导的善性，而且有些人拥有天然向善的倾向，但在另一方面，也有一些人拥有天然向恶的倾向。那种虚荣、急躁、固执的性格还不能算是恶性之中最坏的。最恶的是嫉妒，甚至祸害他人。有一种人专门靠落井下石给别人制造灾祸来谋求生存——他们简直还不如《圣经》当中那条以舔疮为生的恶狗，而更类似于那种依靠吸吮死尸体液为生的苍蝇。这种"憎恨人类者"与雅典的泰门[③]恰好相反——虽然他们的园子当中甚至没有一棵可以

---

① 马基雅维利：意大利政治思想家和历史学家，《君主论》的作者。

②《伊索寓言》中的那只公鸡：一只公鸡在田野当中寻找食物，它发现了一枚珍珠，便对珍珠说："如果是你的主人找到了你，他会非常珍惜地把你捡起来；但你对我毫无用处。珍珠对我来说，还不如一粒麦子。"

③ 雅典的泰门：莎士比亚创作的最后一个悲剧，讲述了雅典的富豪泰门乐善好施，慷慨地赠予周围的人金钱。泰门后来变得一贫如洗，此时那些曾受惠于他的"朋友们"马上与他断绝了往来，债主们却无情地苦苦催逼他还债。从此，泰门离开了城市，躲进荒凉的洞穴之中，风餐露宿。有一天他在森林当中发现了一堆金子，他将这些金子发给乞丐、妓女与窃贼。在他看来，虚伪的"朋友"要比窃贼更卑劣，他恶毒地诅咒人类与黄金，最后在绝望当中孤独死去。

供人上吊的树，他们却也要极力诱惑别人去上吊。这种人或许天生是做政客的材料，他们犹如弯曲的木头能够造船，却无法做栋梁。因为船是注定要在大海当中颠簸的，而栋梁却是必须可以站住脚跟的。

善良的天性有很多种特征。对于一个善人来说，我们可以从此处去认识他。如果一个人对外邦人也能做到温和有礼，我们就可以称其为一个“世界的公民”——他是一个四海为家的人。如果他对其他人的痛苦不幸抱有同情之心，那他的心必定极为美好，犹如那可以流出汁液，为人治疗伤痛的珍贵树木——宁可自己遭受伤害，也要帮助其他人。如果他可以对别人的冒犯既往不咎，就证明他的心灵是超越于一切伤害之上的。如果他并不轻视别人对自己的微小帮助，那就证明他更重视精神而并非钱财。最后，如果一个人可以像《圣经》当中的圣保罗那样，愿意为了兄弟们能够得救，甚至甘心忍受神的诅咒，甘愿被逐出天国，那么就说明他已经超凡脱俗，已经有了基督那样的神圣品格。

论贵族

说到贵族，我们可以先谈论其作为国家当中的一个重要阶层，然后再谈论其作为个人的身份。一个贵族缺少权力的君主国总是一个纯粹而又极端的专制国，如现在的土耳其。因为贵族是可以调剂君权的，贵族将人民的眼光引开，使其不将矛盾与关注度都集中到皇室身上。民主国家是不需要贵族的存在的，并且与有贵族巨室的国家相比，他们往往是较为平和，不易进行叛乱的。因为在民主国家当中，人们的目光集中在事业上，而不在个人上，或者就算是目光放在个人的身上，也是为了事业本身，要问某人是否可以胜任，而不是标榜血统的高低。我们看到瑞士这个国家政治稳定、持久，尽管这个国家中有诸多宗教派别，而且行政区划也不统一：这是因为维系他们在一起组成国家的是实利，而不是对居上位者的个人崇拜与信仰。荷兰共和国的政治稳定：因为在权利平等的国家，政事的商议是重事不重人，并且人民也乐意纳税付捐。一个强有力的贵族阶层能够增强君王的威严，却削弱了君权；贵族能够为国民注入活力与生机，却抑制了人民的福利。比较理想的情况是，贵族不可以凌驾于君权或是国法之上，同时还可以保留尊贵的地位，这样居下位者犯上作乱时，就必须首先与贵族发生冲突，犹如水滴击石，分散其力道，而不会过早触及君主的权威。

贵族人数众多则会导致国家贫困：因为贵族的花销对于国家而言是一种额外的负担，并且贵族当中有许多人会家道中落，这就会导致尊荣与财富之间出现不相称。

从个人身份来看贵族，我们看见一座古堡或是建筑物仍旧完好，或者一棵大树显得坚实而完美时，总觉得那是一种让人肃然起敬的景象。同样，假如见到一个历经岁月沧桑的古老贵族之家，这种敬仰之情更是会增添几分。因为新的贵族是依靠权力得以晋身，而老的贵族则是依靠时间的洗礼，头一个成为贵族阶层的那些人一般都要比其后人才能出众，但不如其纯洁；因为很少有追逐高位者不采用阴谋诡计的。但是这些人留给后代的记忆当中只有长处，而他们的短处则伴随着死亡一起消失了，这也是合理的。身为贵族多半会轻视劳作，而自己不够勤劳的人是会嫉妒那些勤劳的人的。另外,身为贵族就无法再高升了，而自己停留在某个地位而眼看着他人节节高升的人是难免有嫉妒之念的。在另一个方面，贵族身份可以消灭别人对他们的那种消极的嫉妒心理，因为贵族似乎生来就应当享受某种荣华富贵。毫无疑问，身为君主，如果能在贵族当中发现人才并善用之，则他们将轻松自如地处理各种国家大事，因为人民会认为他们生来就有权力发号施令，自然可以心悦诚服地服从他们。

论谋叛与变乱

政治家应该能够察知国内风云变幻的种种迹象，这种变幻在各种力量都处于势均力敌状态时，表现得最明显。就像在自然界当中，春秋分时暴风雨是最剧烈的一样，暴风雨之前总会有潮涨潮涌等诸多迹象，国家政治风云的变幻同样会显露出各种征兆：

太阳经常告诫我们汹涌的暗流，
叛逆与战争正在酝酿。

所以，诸如诽谤以及蔑视法律、煽动叛乱的言论如果公开流传，还有那诸多的不胫而走的政治谣言，特别是当人们无法辨别其真伪而为此津津乐道时——所有的这一切，都可以看作是动乱将要到来的预兆。维吉尔曾经这样描写谣言之神，说她属于巨人之家族，大地之母在对众神的不满中将她生下，她是巨人家族中最小的姐妹。

地母出于对众神的愤恨而生了她——

这巨人族中最后的一名成员——
她是巨人家族中最小的孩子。

看来谣言的确是过去诸神叛乱的产物，然而它的确又是未来动乱的前奏。维吉尔的看法是正确的。从叛乱的煽动到叛乱的最终实行之间的距离甚小，正如兄弟与姐妹、正电与负电的关联一样。谣言足以使得政府所采取的哪怕是最良好的意愿、最优秀的政策篡改得面目全非。正如塔西佗所说的那样："当对政府的厌恶之情不断弥漫时，政府的行为不管好坏都会最终激怒民众。"但是这种情形一旦出现，如果认为通过运用严酷的铁腕手段就可以压制住这些谣言，并且可以防范或根除叛乱，这是错误而且非常危险的。因为这种举措反而有可能成为加速叛乱的致命导火线。在某种意义上来说，冷静处置此类谣言，比设法压制可能更有效果。还要分辨塔西佗所说的那种"服从"，也就是人们表面上似乎已经服从，事实上依旧在指责政府的法令。对来自君主的命令恣意批评指责，这种举动往往演变为叛乱的前奏。其结果必然会导致无政府状态，尤其是当全民大辩论发生时，如果那些拥护政府者不敢于讲话，而反对政府者却能够畅言无忌时，形势就会变得更加险恶。

马基雅维利的观点是对的。他说君主假如不被社会公认为各阶级的共同领袖，而仅仅是被看作某一特殊群体的代理人，那么这个国家就会犹如一艘载重量不均衡的轮船一样即将倾覆。法兰西国王亨利三世[①]时期就曾发生过这种情况。因为当时国王自己也加入了宗教纷争当中的一个派别，并且决心要消灭新的教派。结果最终他曾参加的"神圣同盟"却共同反对他。而这时，他在自己的国家当中竟然从任何一派中都找不到支持者了。历史经验表明，假如君主的权威演变为某一宗派集团达到特殊政治目的的手段，那么这个君主的处境也就变得危险了。

① 亨利三世：法国瓦卢瓦王朝国王。亨利三世在罗马教宗与吉斯派重组的神圣联盟压力下，下令剥夺此前给予胡格诺派的一些特权，导致胡格诺教徒爆发叛乱，国内纷争不休，亨利三世后来死于刺杀。

明目张胆的党同伐异以及钩心斗角是政府已经丧失威望的一种信号，因为它表明人民对政府已经丧失了普遍性信任。一个政府的各部门应当像天空当中的诸行星那样，每个行星既有自转，但也要服从于统一的公转。因此，大臣活动反常，并且有如泰西塔斯所说，“其自由与臣道不相符”时，这就足见天体已然脱离了常轨。因为对君王的尊重，是用来维护君主大权的，而上帝警告他们时，说要解除他们的权柄，指的也就是这一点：“我要放松列王的腰带了。”

宗教、法律、议会与财政是组成一个政府的四大核心部门。当这些部门出现动摇时，国家就有濒临崩溃的危险。下面我们再来讨论酿成叛乱的各类因素、叛乱的动机还有预防叛乱的方法。

关于导致叛乱的因素，值得我们认真地进行研究。因为预防叛乱的最好方式（如果所处的时代允许的话）就是消除导致叛乱的重要因素。只要存在积怨，那就说不定到什么时候，会由于某个火星的迸发，就可以导致燎原之火熊熊燃烧。导致叛乱的主要因素有两个：第一是贫困，第二是民怨。社会当中存在多大数量的破产者，就存在着多少潜在的叛乱者，这是一个不容忽视的铁律。卢卡斯描述罗马内战之前的情形说：

高利贷压迫着人民，
高利贷压迫着人民，
战争的到来也就意味着负债者得到解放，
因而它的出现能够鼓舞人心。

而如果社会中出现了富人破产以及穷人穷困共存的局面，那么形势就会显得越发严峻。饥饿从来都是最大的叛乱煽动者。至于民众的怨恨，它们在社会当中的存在，犹如体液的不平衡一样，也足以导致疾病。身为统治者，千万不可以轻率地认定民众的某种要求是不正当的，因而漠视民众的不满，就会导致潜伏的危险临近爆发的边缘。要知道因为人性愚昧，民众时常难以辨别清楚，究竟什么是对自己真正有益处的事物。有一些不满，产生的原因与其说属于疾苦，不如说是出于恐惧，那么这种不满可能威胁更大。因为正如前人所提及的：“痛苦是有限制的，而恐惧却是无限制的”。任何统治者更不应当看到民怨积蓄已久，却并未导致叛乱，因而就麻痹大意。固然并非每一片乌云都会带来风暴，然而一切风暴，事前却必定存在乌云。所以，要提防那句俗语所说的情形："绷紧的弦最容易断裂。"

一般来说，如下的几方面最容易酿成叛乱。宗教的不满、苛捐杂税、法律或风俗层面的积弊、特权的存在、小人当道、外族入侵、严重饥荒，还有许多其他足以激怒人民，使得人们最终团结起来的事件。下面我们会讨论一下怎样才能消除叛乱。当然，我们只能讨论某些一般性的措施。至于专门的措施，应依据不同的实际情况予以分析。而这就已经不再是单纯的理论性问题了。第一种方法，就是要尽可能消除以上足以引发叛乱的因素。而在上述的各个因素中，威胁性最大的就是国家的贫穷。因此，政府应当发展商业、扶植工业、减少失业与无业游民、振兴农业、平抑物价、减少税收等。就一般而论，应当事先注意使国内人口（尤其是处于和平时期的人口）不可以超过国内资源的供养能力。同时还要看到，人口不应只是单纯从数量层面进行估算，因为一个绝对数量不足、但国民消费水平大于财富生产速度的国家，比一个数量虽大、但国民消费水平小于财富增长速度的国家要贫困得多。所以，如果食利性的贵族还有官僚阶层的人数增长过快，超过国家财富的增长速度，那么这个国家就有可能陷入濒于贫困的境地。教士阶层的数量过大也会带来同样的问题。因为这几个阶层都属于不从事生产活动的阶层。

我们知道，贸易可以促进一个国家绝对财富的增加。通常人们清楚有三种东西是能够用于外贸的：一是天然物产，二是本国制造业的产品，三是商船队伍。因此，如果这三者都可以保持正常运作，那么财富就将不断从国外流入国内。而更重要的一点却罕有人知晓：劳务也可以创造财富。荷兰就是一个非常明显的例子。他们国家缺少地下矿藏，但他们的劳务支出能力却不亚于任何拥有储量庞大的矿藏的国家。作为统治者，应当防止国内财富被少数人所垄断与操控。否则，一个国家就算拥有再多的财富，大部分人民仍将面临饥寒的窘境。金钱犹如化肥，如果没有用来培育庄稼，本身就一无是处。而要使财富得到均匀分配，就必须采用严厉的法律措施对高利贷、商业垄断、地产垄断等行为与现象加以限制。

如果民怨沸腾怎么办？我们知道，任何国家都拥有两个阶层——贵族阶层与平民阶层。如果仅仅是其中一个阶层心怀不满，这对国家的威胁还不算大。因为假如没有贵族阶层的幕后操控，平民阶层的骚乱终究有限。而贵族阶层假如得不到群众支持，也是缺少影响力的。但是如果不满的上层阶级与民众得以联手，就将对君主构成极为巨大的威胁。古罗马神话当中曾说，有一次诸神想要将众神之王朱庇特给捆绑起来，而这一阴谋被朱庇特知悉了。于是他采纳了智慧女神密涅瓦提出的计谋，招来百臂之神布瑞欧斯，结果击败了众神。这个寓言告诉我们：如果君主可以得到民众的支持，那么他的地位就会是稳固的。

聪明的统治者清楚，给予人民一定程度的言论自由，可以让他们的痛苦与怨恨拥有发泄的途径，这也是确保国家安全的重要方法之一。医学方面的例子可以用来说明这一道理：如果病人体内有脓液，但是我们却有意阻遏脓液外流，这种做法对于人体显然是有害无益的。

古希腊神话当中有一个故事对理解这个问题很有帮助：当无数的痛苦与灾难从潘多拉的魔盒中纷纷飞出时，潘多拉惊恐地关上了盒盖，但她唯独把智慧女神留下的“希望”关在了箱子中。在政治上，努力为人们保留最后一丝“希望”，并且引导人们从一个希望走向另外一个希望，这是平息民怨的一种最为积极有效的方法。政治上的一个重要技巧，就是无论面对多么困难的局面，统治者都要让人民坚信希望永远存在。

除此之外，还要尤为注意提防那些有可能成为反对派领袖的人物。这种人物的威望越高，他们的危险性也就越大。即便我们无法争取到这种人物为政府服务，我们起码可以设法打击他的威望。通常来说，分裂那些可能对政府不利的派别，使之陷入内部的纷争当中，也是维持统治的一种重要方法。

君主应该出言谨慎，不要随意地说那种自以为机智、实际上却十分草率的话。恺撒曾说：“苏拉肚内空空，所以不适合出任独裁者。”结果他为这句话竟然付出了生命的代价。因为这句话使那些不希望他成为终身独裁者的人们绝望了。加尔巴说：“我不会去收买士兵，而只准备征用士兵。”结果这句话也导致了他的毁灭。因为这句话使那些希望拿到优厚赏金的士兵绝望了。普罗巴斯说：

“只要我还活着，罗马帝国就不再需要士兵。”这句话导致了那些职业军人的绝望，结果导致了他的遇害。因此，作为君主，在重大的问题上必须出言谨慎。尤其是这种太过显露锋芒的话，它们会在一夜之间传遍所有地方，并且将会被人们看作是君主的真实意图，其危害绝对不容小视。

最后，身为统治者，应当可以培养一两位有勇有谋的重臣在自己身边辅佐。否则，一旦出现变乱，朝野震动，就可能无人足以承担大任。正如塔西佗所说：“敢为祸首者寡，盲目参与者众，几乎所有人都会对动乱的时局保持沉默。”当然，如果用人不当，治病良药将比疾病本身更致命。

论迷信

对于神，与其陷入一种错误的信仰当中，倒还不如没有信仰。因为后者仅仅是对神的无知，而前者却是在亵渎神灵。对于神的迷信实质上就等同于亵渎神。普鲁塔克[①]说得好："我宁愿人们说世上根本不存在普鲁塔克这个人，却不愿人们说曾存在过一个叫普鲁塔克的人，其儿女刚生下来就被他吃掉了。"就像诗人描述大地之神萨图尔努斯[②]的说法一样。

无神论将人类付诸理性，付诸哲学，付诸世俗的骨肉亲情，付诸法律，付诸名利之心等。而所有的这一切，如果世界上没有宗教，也足以引导人类趋向于完善。但是迷信却恰恰相反，它否定这一切，却在人类的心灵当中建立起一种非理性的专制暴政。

从历史层面来看，扰乱国政的并非是无神论。因为无神论可以使人类重视

① 普鲁塔克：罗马帝国时代的希腊作家。

② 萨图尔努斯：古罗马人信奉的大地之神、农业之神。萨图尔努斯本来是古罗马最古老的神祇之一，但从公元前3世纪开始，他被与古希腊神话中的克罗诺斯混同。有关克罗诺斯的一些神话，如吞食亲生子女、后来被子女所推翻等，被加到有关萨图尔努斯的神话里。萨图尔努斯的儿子就是古罗马神话当中的主神朱庇特（相当于古希腊神话里的宙斯）。

现实的生活，使人类除了关心自身的福祉，就没有其他的顾虑。试看历史上那些更倾向于无神论的时代（例如奥古斯都大帝时代），往往是天下太平的时代。但是迷信却曾使许多国家毁于一旦。

迷信将人类托付给来自九霄云外的神秘者统治，而这种莫名其妙的统治却足以否定人间极为重要的法制思想。迷信总是具有群众性。而在这个迷信盛行的时代，即便有少数智者，也不得不向愚妄的群氓屈服。在这种时代，理论的假设不是服从于世界，而是世界必然服从于理论的假设。在一次圣教会议当中，有教士曾意味深长地说，经院哲学家好比天文学家。天文学家为了解释天体的运行，假设了离心圆、本轮以及与此类似的轨道存在，虽然他们明明清楚宇宙当中其实是并不存在这一切的。同样，经院哲学家也编造出很多奥妙复杂的原理与定律来解释一些问题，虽然他们也很清楚，这一套故弄玄虚的东西其实并不存在。

使人类陷入迷信的办法有很多种：利用炫人耳目的仪式制造出一副虔诚的样子，利用人们对传统的盲目崇拜与信服，以及利用其他各种由教士发明与设计的迷信圈套。教士们谈到所谓的“虔诚的善意”，却不惜让这种“善意”将人类引导向地狱。最后，迷信还利用历史上曾经出现过的那些野蛮时代，尤其是灾祸横生的厄运时代。

愚妄的迷信是非常残酷而且丑恶的，迷信并不是宗教。假如有一只猿猴，其外表长得和人类相似，那将是极为令人厌恶的，因为这是对人类的一种嘲讽。而一种迷信，假如以一种虔诚仪式出现，那么会更令人厌恶。物腐生蛆，某种起初非常神圣的宗教仪式，经过漫长的演变，也可能会腐化成烦琐的形式，并且让信徒们付出极为巨大的代价。但是在另一方面，当人们憎恨一种旧的迷信时，往往容易矫枉过正，其结果却是陷入了一种与此相反的新迷信。所以在反对一种迷信时，应当慎重，不要走向另一个极端。

论游历

游历是对年轻人进行教育的重要手段；对于成年人而言，游历是其人生经历的重要组成部分。不懂某国语言时，前往某国进行游历顺便算是去学习。年轻人应当追随导师或其他可靠的人外出游历，只要那导师或跟随者懂得所要前往的国家的语言，最好他曾到过那里，这样他就能够告诉同去的年轻人所去的国家的风土人情、历史掌故。如果没有熟悉这些情况的人陪同，年轻人将会茫然不知所措，没有可能认识到任何东西。在航海时，除去天海，一无所有，然而人们却依旧坚持写航海日志；在陆地上旅行时，人们可以看到许多东西，而人们却时常忘了还要写日记，好像偶然见到的事物要比专心去观察事物更值得记载似的，这是非常奇怪的现象。所以日记是应当随时记录的。

在游历过程中，应当注意考察如下的事物：君主的朝堂，特别是当他们接见外国使臣及开庭问案时；还有宗教法庭、教堂及修道院和其中遗留的纪念品，城市的墙垣与堡垒，商埠与港湾，古物与遗迹，图书馆、学院、辩论会、演讲场所（如果有的话），航运与海军，大城市周围壮丽的建筑与花园；兵工厂，国家仓库，交易所，货运站，马术、剑术、军事训练以及诸如此类的事物；上流人士常去的戏院，珠玉衣服的珍藏，木器与珍玩，还有任何当地值得人们去记忆的其他事物。

对于这一切,人们应当进行仔细地寻访,至于盛典、宫廷剧、宴会、婚礼、出殡、杀人等景象，倒是无须刻意记忆，不过最好也别完全忽略掉。假如你希望年轻人在一个地方游历之后能有所收获的话，他就一定要这样做。第一，如上所述，在他去之前。他一定要学会一些所去国家的语言。同时，他也最好能跟随一个熟悉当地情形的仆从或老师。他最好可以随身带上一些讲述这些国家基本情况的地图或是书籍，这些对于他的游览或观察将起到一种良好的指导作用。他还应当每天都记日记。

他在同一个城市不可以居住过久，停留时间的长短要根据那个地方的价值而定，总之不可以过长。不但如此，当他居住在一个城市中时，他应当在这个城市的不同地方都要居住一段时间，这样就能够认识尽可能多的人。他应当与自己本国人分开居住，不要总是和他们混在一起，他还应当找机会与所在国家的上流人士共同进餐。在他从一处赶往另一处时，他应当在离开之前设法取得熟人介绍，以便在到达所去的地方后，可以得到最方便的帮助。这样他就能够缩短游历的时间，获得更大的好处。

至于在游历过程中结下的友谊，最有益处的是与各国使节的书记或是私人秘书交际，这样，游历者能够增加关于其他国家的更多知识。在外游历的人也应该去会见各界的名流巨子，通过交往就能够看出这些人的真正为人，以及他们的声名有多少相符合之处。在游历的过程中，一定要谨慎地避免介入本地人之间的争斗。争斗的原因一般是为了情人、饮宴祝词、座次还有言语。一个人应当注意怎样与善怒喜争之人交往，因为这些人会将他卷入争斗中。

一个旅行者返回本国后，不要将曾游历的国家完全抛之脑后，而应当与他所结交的富有价值的异国朋友继续进行通信。再者，他的游历最好的展现形式是在他的谈话当中出现的，而不要在他的服装与举止当中出现；在他的谈话中，也最好是审慎地进行答问，而不要争先叙述其经历。他应当让人家看到，他并不是在用外国的习惯来取代本国的习惯，而仅仅是将他从国外学来的某种最好的事物移植到本国的风俗当中而已。

论王权

帝王的内心深处往往对世界无所欲望，而多感恐惧，这真的是一种非常可悲的心境。他们高踞于万民之上，至尊至贵，当然对生活没有渴望与需求。但是，他们正因此而倍感烦恼，因为他们不得不时刻提防各种可能出现的阴谋和背叛。所以《圣经》当中提及："君王之心，深不可测。"当人心中除了猜疑、恐惧，便再也容不下其他事物时，这种心灵自然是无从测度的！

为了逃避这样一种极为可悲的心态，明智的帝王往往会没事找事来做。例如，设计一座楼宇，组织一个社团，选拔一个臣僚，练习某种技术等。譬如，尼罗王喜欢弹奏竖琴，达密王擅长射箭，哥莫达王喜好剑术，卡拉卡王喜欢骑马等。这在有些人看来似乎非常奇怪，因为他们不能理解。为什么君王不去关心国家大事，却爱好这些无用小道呢？我们在历史当中还了解到，有些帝王早年英姿天纵、英明果敢，到了晚年却陷入刚愎自用、迷信忧郁当中，亚历山大大帝与德奥克里王①都是如此。时代稍晚的查理五世②也是如此。这是因为一个早已习

① 亚历山大：马其顿国王，亚历山大帝国开创者。德奥克里：古罗马皇帝。

② 查理五世：神圣罗马帝国皇帝，晚年笃信宗教，受戒苦行。

惯叱咤风云生涯的人，一旦陷入无事寂寞之境，就难免会变得颓废。

现在再来谈谈帝王的威严。善于保持威信者，是那些懂得恩威并施这种高端驾驭之术的人。这意味着必须能很好地在两个极端之间掌握好平衡，这绝非是一件非常容易的事。维斯帕思曾询问阿波洛尼亚："是什么原因导致了尼罗王的失败？"阿波洛尼亚认为："尼罗王尽管是一位高明的琴师，但在政治方面却显然不精于此道。他有时将弦绷得过紧，而有时又将弦放得太松。"毫无疑义，宽严两误是导致政治失败的重要原因。

近代论权术者，所关注的重点，常常是放在如何处置危机而并非是如何才能防止危机，这就未免有些舍本逐末了。一方面固然不可因小失大——这也就是所谓的"明察秋毫之末而不见舆薪"。

但另一方面也不可以见大失小，否则必然会留下隐患，任何帝王也难免存在一些政治上的对手，但最可怕的对手却藏在他们自己的心灵当中。据塔西佗说，帝王不但多疑，而且愿望往往彼此矛盾。而权力之所以会腐蚀人心，也正是因为它提供了肆行无忌的各种可能性，使帝王不但可以为所欲为，而且可以做到不择手段。

对于帝王而言，他的敌人似乎无处不在——无论是邻国、妻子、儿女、教士、贵族、绅士、盲人、平民，还是士兵，稍有不慎，都可能成为致命的仇敌。先说邻国吧！与邻国的关系随形势而不断变化，但无论怎样改变，却总有一条是永恒不变的，这就是要自强不懈，警惕你的邻国在领土、经济或者军事上强于你。

因此在历史进程当中，英王亨利八世、法王弗朗索瓦一世和神圣罗马帝国皇帝查理五世，曾经建立起一种三头联盟。每当其中的一位强过其他人时，另两位就会联合在一起抑制与反对他，如那不勒斯的裴迪南王、佛罗伦萨的美迪奇王与米兰的斯福查王所组建的联盟。经院哲学家认为，假如一国没有去侵犯另外一国，就不应当进行战争。这种说法是不可信的。因为先期打击潜在对手，正是预防被别人侵略的方法之一。至于谈到帝王及其后妃，历史上是存在过悲惨事例的。里维亚王后毒死了其夫君奥古斯都大帝。土耳其王苏里曼一世的宠妃洛克莎娜，为了能让自己的儿子成为太子，于是暗杀了皇太子穆斯塔法，扰乱了继承的顺序。而英王爱德华二世[①]的皇后，就是迫使其退位的阴谋主使者，也是最终暗杀他的凶手。这些悲惨事件之所以会发生，不是因为储君的废立，就是因为后妃们有了私情。

至于帝王的子嗣，给他们带来的苦恼也分毫不少。一般来说，身为帝王的父亲对儿子们很少有不暗中怀有猜忌的。

像前面已经提及的那个土耳其的事例，就导致苏里曼大帝之后的土耳其君统，一直都有非嫡派子孙的嫌疑。甚至有人认为梭利门二世或许是皇妃与其他人的私生子。自从君士坦丁大帝杀掉了他那禀性纯良的王子克里普斯后，他的家室就再无宁日。太子君士坦丁与另外两个儿子康斯坦斯、康斯坦修斯后来相继死于争夺储位的内讧中。马其顿王菲力普二世的太子狄修斯，受他的兄弟诬陷而被赐死。当菲力普发觉真相后，结果悔恨而死。类似的事例在历史上实在是不胜枚举。但大多数帝王对其子嗣的防范，事实上却很少有充足理由的。当然，历史上也不乏与此相反的例子，如背叛了苏里曼的王子巴加札特，以及背叛了亨利二世的那三个王子等。

再来谈一谈帝王与宗教领袖之间的关系。如果宗教的势力过大，那对帝王的统治也会形成极为可怕的威胁。例如，历史上的坎特伯雷大主教[②]安萨姆与贝克勒，都曾经试图将教权与王权集于一身。他们以手中的权杖来对抗君主的剑，如果不是遭遇到极为强有力的对手，他们几乎已经得手了。教权的危险，并非源自于宗教本身，而是源自于与世俗政治势力的勾结——尤其是如果有国家外部势力的支持，或者主教的出任并非源自于帝王的授权，而是源自于民众自发拥戴时。

对于贵族们，帝王应当与他们保持一定的距离。但如果过度压制他们，这尽管有助于加强中央集权，但也可能导致政治上的危险。有关这一点，我在《亨利七世传》当中曾进行过专门讨论。由于亨利七世始终与贵族阶级对立，因此在他那个时代里，王权始终都面临着重重危机。贵族们对他虽然保持着表面上

① 爱德华二世：英国金雀花王朝国王，后来由于王后伊莎贝拉另有新欢而被废黜，后来被王后派人杀害，据说死状极惨。

② 坎特伯雷大主教：也叫坎特伯雷圣座，是全英格兰的首席主教。

的恭顺，在事实上却始终不肯与他合作，使他的处境极为孤立。

社会上的士绅阶层，对王权的威胁相对而言要小得多。不妨让他们高谈阔论，但却不可以让他们结党。他们可以制约贵族势力，而且由于他们与平民关系较为密切，也可以利用他们调和帝王与百姓的关系。

对于国家当中的富人阶级，他们犹如社会的血脉。如果他们不够繁荣，那么一个国家就可能因此营养不良，不可能变得强壮。

因此帝王不应当试图用高税率去压榨他们，这也许能带来短暂的好处，但从长远来看，商业不发达最终会导致国库财富的来源趋于枯竭。

至于国家当中的平民，需要关注他们当中的那种精英人物。若没有这种人的发动与引导，只要君王不对百姓的生活、风俗、宗教信仰进行太过粗暴的干涉，那么人们是不会去闹事的。

最后再来谈一谈军队。这是一个极为危险的团体，尤其当他们产生了强烈的物质欲望时。这方面的例子，我们可以来回顾一下历史上土耳其御林军以及罗马近卫军的叛乱。最适宜的防范办法是分而治之，并且时常调换其军官，更不要轻易使用赏赐来刺激他们的物欲。

帝王犹如天上的行星，他们的行为决定了人间的季节变换，尽管受到世人的普遍崇拜，却周天运行无法休止。以上关于帝王之术的全部论述，最终可以归纳为以下的两句话：

第一，“请不要忘记帝王同样是凡人。”

第二，“但也要注意，帝王既是人间的神，又是神之意志的具体体现。”

第一句话所要告诫帝王的，是其能力同样有着局限。而第二句话所要提醒他们的，是其必须肩负的责任和使命。

论进言

人与人之间最大的信任就是关于进谏的信任。因为在其他托付之中，人们只是将生活的一部分委托给别人，如田地、产业、子女、信用、某项事务等；但对那些他们认为可以堪称言官或诤友的人，他们是将生活当中的全部都委托给了对方。由此可见，这些有言责的人更应该严守信实与坚贞。聪明的君主也不必觉得言论有损其伟名。

就连伟大的上帝都认同进言，他将进言这件事确定为后世对其的尊号之一，就是“进言者”或“规劝者”。所罗门曾说过：“有忠言才有安全。”所罗门的儿子发现了言论的巨大力量，就如同他父亲发觉了言论的必要性一样。因为上帝最为宠爱的那个国家是第一个被邪说所分裂破坏的。这邪说有两个主要特点，这两个特点可以说是天意所赋予它的，以教训世人如何能够永远看出邪恶的言论。这种言论，在人的这方面，就是年轻人的言论；在事务方面，是主张暴力的言论。

帝王与言论的一体相关而不可分离性，以及帝王应当如何善用言论之道，这两者都是由古人用譬喻来概括的。其一，古人说宙斯曾迎娶墨提斯，这位墨提斯暗指的就是言论，古人借这一寓言来表示君权是与言论一体的。其二，就是这故事的下文，古人说宙斯与墨提斯结婚之后，她怀孕了。但是宙斯在她还没有将孩子生出来之时候，就把她吞入腹内，因此他自己居然怀孕在身，后来就由头中生出了全副武装的雅典娜。这个看似荒诞的故事其实暗寓了君主的秘密，告诫我们君主应当怎样利用朝中的言论。第一，身为君主应当将事务交付朝议，这就犹如受胎怀孕一样；但是当这些事务在议论的腹中已经得到捏搓，基本成形之后，那时身为帝王者，就不让朝议去决断并支配这些事务，似乎非倚仗他们不可；反之，却要将事务重新掌控到自己的手里，并且要使世人看来那号令还有最后的决断（这些号令与决断，因为它们发出时是审慎而有力的，因此就可以被譬喻是全副武装的雅典娜）是他们自己做出的，并且不但是依靠他们的威权，而且是依靠他们的脑筋与智谋得来的（这样就可以进一步抬高其名望了）。

现在谈一谈言论的害处及相关的补救办法。求言与用言的害处有三点：第一，事务为人们所熟知，机密于是就不是秘密。第二，君主的威权减弱，好像他们做事无法全倚仗自己似的。第三，是奸言的危险，所说的话对进言者来说，比纳言者更加有利。因为这三种害处，所以意大利的理论和法兰西的实行（在某几位君王时期）曾创造出密议或“内阁会议”制度，成为一种比疾病本身更坏的治疗方法。

说到秘密，君主不必一定要将所有的事情通知每一个言事之臣；反之，他是能够选择的。并且，那询问他应当怎样办理的人也不一定要告诉他将会怎么办。然而身为君主者却必须仔细提防，不可让事机泄露，出自他们本身。至于那些秘密会议，下面这句话可以作为其座右铭，就是“我满是漏洞”。一个喋喋不休、以告密为荣的人，其为害之烈，虽然有许多懂得保密责任的人也是无从挽救的。有些事件需要极度地保密，除了君主本人，不应该超过两个人知道，的确是这样。即便是这一两个人的言论也不见得有好处。因为，在保守秘密之外，还需要这些言论可以继续遵照同一方针进行而不受扰乱。而要达到这种境界，帝王就必须做一位明主，一位自己拥有力量办事的君主。那些参与机密的议事官也必须是明智之人，尤其必须是忠于君主者才行。英王亨利七世在面临重大事件时，从来都不会把秘密告诉任何人，除非是摩托与福克斯，这就是一个典型例子。

至于说权威方面的减弱，上边的例子已经表明了重要的补救之道。不仅如此，帝王参与议论不但不会消减其尊严，反而会提升其尊严，而且，我们也从来没有见到过君主因为接受言论而失去身边臣仆的，除非某一个言事的人升职过快，或某几个言事的人组织太过严密，而这种情况应当算是例外，而且这些情形比较容易发觉并加予以补救。

再讲一个进言过程当中所存在的危害，那就是人们会存有私心而进言。毫无疑问，“他在地面上将无法找到忠诚”这句话意在形容一个时代而不是指所有的人。有一些天性就是忠实、诚恳、质朴、爽直而不狡猾的人，身为君主者应当首先把有这种天性的人吸引到身边来。再者，言官并非全都是团结一致的；正相反，他们时常互相监视。因此，如果有一个人的言论是由于党争或私心而引发的，这种情形多半会流传到君主的耳朵里。但是最好的救治之道就是君主应当了解言官，正如言官了解君主：“君主之至德在于知人。”

而在另一方面，言官也不能太过喜欢察究其终的君主。一个进言者应该通晓其主人的事务而不是熟悉他的性格；因为这样他就会劝导君主而不是迎合君主。身为君主，假如在听取其议事诸臣的意见时，可以听取个人的私下意见，又可以听取当众的意见，那将是非常有益处的。因为私下里的意见是比较自由的，而当众的意见是比较慎重的。在私下里，人们比较勇于表达自己的好恶；在公众面前，人们比较容易受到别人好恶的影响，因此两种意见都采纳是非常好的，并且在听取地位比较低的人们的意见时，最好是在私下里进行，为的是可以让他们得以畅所欲言；在听取地位较尊贵的人们的意见时，最好是在公开场合进行，为的是可以使他们能够慎重。身为君主者如果仅为事求言，而不为人求言，那么这种求言的举动本身就是虚妄的。因为如果这样做，一切的事务就犹如没有生命的图像一般了，而办理事务的那种生气则完全依赖于挑选合适的人员。要用人而征求意见时，如果仅依阶级为标准，以求其人品与性格，就好像在研究一种观念或是一道数学题时进行分门别类一样，那是绝对不够的。因为大错的铸成，或大识见的凸显，都在于用人是否得当。古人说：“已经死去的人是最好的进言人。”这话说得没错：当活着的有言责者畏缩不前时，书籍是最敢直言进谏的。因此最好熟读书籍，尤其是那些曾身临其境的人所写的书。

今日各处的议事大多数只是一种平常的会议，在这种会议上各种事务仅仅被谈论到，而并没有进行辩论，并且他们全都是草草地由议事机关的命令或决议进行处理的。而在重大事件上，最好提前一天提出，而次日再进行讨论为宜，“黑夜带来良言”。苏格兰合并问题议事会上就是这样进行的，那是一个慎重而有序的会议机关。我主张应有一定的日期专门讨论请愿的事，因为这种办法既能够使请愿者对于他们的请求能受注意一事比较有把握，又可以使会议机关有时间来讨论国家大事，这样就可以处理当前的种种紧急事件。在选任委员会为总议事机关准备一切时，任用那些没有成见的人们要比任用正反两面成见都非常深的人而造成一种均衡中立之势的办法要好很多。我也赞成永久委员会制度，例如与贸易、财政、军事、诉讼还有关于某项特殊事务都是如此，因为如果有许多特殊的小议事机关，却只有一个国家的议事机关（例如，在西班牙就是如此），那实际上他们就等同于永久委员会，不过他们的权力更大一些罢了。凡是由他们的特殊职业而对议事机关有所报告或是陈述的人们（如律师、海员、铸钱者等）应当首先前往各委员会报告，然后等到适宜的时机再呈报议事机关，并且他们不可以结群而来，也不可以带着一种傲慢不逊的态度。因为那样就等同于对议事机关进行咆哮示威，而不是陈述事情了。一条长桌或是一张方桌，或是依墙排列的一些座位，这看起来都似乎是形式上的事情，而其实是非常实质的事情，因为在一条长桌的旁边，在上面端坐的少数人就能够指挥一切；但是在其他坐法中，那坐在下位的议事人的意见就能够多被采纳了。一位君主，当他主持会议时，应当要注意，不可以在其言辞中过多泄露自身意向，否则那些言官就会见风使舵，不能自由自主地贡献出意见，而要给他唱一曲“吾将荣耀我主”的颂歌了。

论幸运

幸运好比市场上的货物，稍有耽搁，价格就可能发生变化。它又如那位西比拉的预言书，如果能买到时却没有及时买，那么等你发现了它的价值再想要去买时，书却无法找到了。所以古谚说得非常好：幸运老人先给你送上他的头发，如果你一下子没能抓住，再抓时就只能触摸到它的秃头了。或者说它先给你一个可以用来抓住的瓶颈，你没能及时抓住，再抓到的就是一个抓不稳的瓶子了。

所以，善于在做一件事的开端就分辨清楚时机，这实在是一种极为难得的智慧。例如，在一些紧要关头，看来吓人的危险总是要比真正会压倒人的危险多很多。只要可以挺过那段最难熬的时间，接下来的危险就显得不那么可怕了。因此，当危险逼近时，善于抓住时机迎头痛击，绝对要比犹豫不决，试图规避更为有利。因为犹豫的结果恰恰是错过了克服困难的最佳机会。但也要注意警惕那样的一种幻觉，不要认为敌人真像它在月光下的阴影那般高大，因而在时机不到时就过早出击，结果反而丧失了获胜的机会。

总而言之，擅长识别与把握时机是非常重要的，在一切大事上，人在开始处理之前，要像千眼神那样甄别时机，而在进行时要犹如千手神那样准确抓住时机。特别是对于政治家而言，秘密地策划与果断地行动的重要性就等同于冥王普鲁托[①]的隐身盔。果断与迅速是最好的保密方法——就像疾掠空中的子弹一样，当秘密传开的时候，事情已经成功了。

---

① 冥王普鲁托：古罗马神话中的冥界之神，对应古希腊神话中的冥王哈迪斯。神话中，普鲁托利用隐身盔潜入敌人阵营，毁掉了敌人的武器，帮助己方取得了决定性的胜利。这里用冥王普鲁托的隐身盔来比喻策划与果断行动所起到的决定性作用。

论狡诈

我认为狡诈就是一种阴险而又邪恶的小聪明。一个狡诈之人与一个聪明之人，的确有着非常大的差异，这差异不但是在诚实层面上的，而且还表现在才能上。有些人会配牌，可是打得并不算好；同样的，有的人在营求结党方面非常能干，而在其他方面则是无能之辈。懂得人的性格习惯是一回事，而真正明白事理又是另外一回事，因为有许多善于揣摩他人脾气、处世十分周到的人在真正办事上，却并不突出，一个研究人性远比研究书籍成功的人，就是如此。这样的人比较适合搞阴谋而不适宜进行议论，而且他们唯有在他们熟悉的领域是好的，让他们转而对付新的人物就不再那么有把握了，因此那条辨别智愚的准则——“把他们两个都赤裸裸地派到生人跟前去，你就能够看得出了”——对于他们是并不非常适用的。再者，因为这些狡诈的人犹如小贩一样，所以我们不妨将他们的商品一一列举出来。

狡诈之术，其一是在与人谈话时要使用你的眼睛去观察那个人，就如同耶稣会的训练当中所教的一样，因为世上有很多聪明人都有着隐秘的心、显露的脸。然而这种观察做起来有时需要恭顺地自敛其目，耶稣会中人的做法也正是如此。

还有一术是，当你有紧急事务需要马上办理时，你要用其他言语娱乐你与之交涉之人，使他不至于太过清醒而对你的诉求加以反对。我知道有一位执掌议事与秘书的官员，他来请求伊丽莎白女王批准任何文件时，没有一次不首先引诱女王来谈论国事的。他的用意是：如此一来，她就会不是特别关心那些文件了。

同样，出其不意的举动就是当某人迫不及待、无法停下仔细考虑所提交的事件时，向他提议某事。

一个人假如想要阻挠一种他估计别人将会漂亮有效地提出的事件的话，他最好装出非常赞同这件事的样子，而自己将它提出来，但是他提出的方式却是要与目的相反，正是为了防止这事被通过。

欲言又止，这足以使那与你交谈的人兴趣陡增，更想知道你所要说的事情。

当人家认为某种话是从你那里被问出来的，而不是你自己心甘情愿地说出来时，这种话是比较可靠的。因此，你可以为他人的问题设下钓饵，其方法就是装出一副与平日不同的脸色，目的是为了好让别人有机会问你这种改变的根源所在，就如同尼希米的所作所为："我向来在王面前不会展露愁容。"

在难言与不快的事件当中，最好是让那言语没有多大价值的人首先开口，然后再让那有权威的人装作偶然插进来的样子，如此可使君主对别人所说的事件朝他发问。例如，那西撒司要向克劳的亚斯报告梅沙利娜与西利亚斯的结婚事宜时，就是这样做的。

在某些事件上，假如有一个人不愿意将自己卷入里边的话，一种比较狡猾的办法就是借用世人的名义，譬如"别人都说……"或"外界有一种传说……"我知道有一个人在他写信时，他总要将最为要紧的事情写在附言当中，好像那是一件附带的事。

我还认识一个人，在他说话时，总要省略他心中最想说的话而先说别的话题，再说回来，说到他想说的事情就好像是一件他几乎已经忘记的事一样。

有些人想算计某人，他们就在这人出来时，故作惊慌，好像那人的出现是意料之外的，并且故意手里拿一封信或是做某种他们不经常做的事，为的是让那人询问他们，然后他们就可以将自己心里想说的话都说出来了。

还有一种狡诈之术，就是自己说出某种话，这种话是让别人学会并应用的，然后再借此为理由去陷害对方。我知道有两个人在女王伊丽莎白在位期间都在争取部长的位置，然而他们依然关系良好，并且时常互相商量这事。其中的一个就说，在王权衰落的时代担任部长是一件相当不容易的事，所以他并不怎么想要这个位置。那另外的一个马上就学会了这些话，并且向他的许多朋友谈论这件事，说他在王权日渐衰落的今天并不迫切希望出任部长。第一个说这话的人抓住了这句话，设法使女王得知此事。女王一听“王权衰落”之语，甚感不悦，就再也不考虑让那个人出任部长了。

有一种狡诈，英国人称之为“锅里翻猫”，含义是甲对乙所说过的话，甲却宣称是乙对他说的。

有些人有一种办法，就是用否认的口吻自我解释，从而影射他人，如同说“我是不干这个的”。例如，梯盖利纳斯对布斯的所作所为，“他并无二心，而只以皇帝的安全为念”。

有的人经常事先准备好许多故事，所以无论他们要暗示什么事情，他们都能将它用一个故事包裹好。这种办法既可以保护自己，又可以让别人乐于传播你的话。

把自己想要得到的答复先用自己的话语说出一个概况来，是狡猾的上策之一。因为这样就可以让交谈的人少为难一些。

有些人在想说某种话之前，其等待之久、迂回之远、所谈的其他事之多是因人而异的。这是一种很需要耐心的办法，然而用处也不小。

一个突然而大胆的、出人意料的问题确实常常能使人大吃一惊，并且能够让他坦露出心中之事。这就好像有人改换姓名在圣保罗教堂中走来走去，而另外一个人突然来到他背后，以其真实姓名呼唤他，那时他马上就会回头去看一样。

狡诈的把戏是无穷无尽的，而将它们列举出来同样也是一件好事，因为一国之中再没有比以狡诈冒充明智危害更大的了。

但是，世间确实有些人，他们懂得事务的起因与终结，而无法深入其核心，就好像一栋房子有非常方便的楼梯与门户，而没有一间好卧室一样。所以你可以看见他们在事件的决议当中，找出许多能够取巧的漏洞来，而完全无法审察或处理事务。然而他们通常却利用自己的缺陷，要令人相信他们是可以发号施令、善于为别人作决断，而不是善于与人议论的人。有些人做事基本是在欺骗他人方面玩花样，而不在乎他们自身处理事务是否真的做到坚实可靠。然而所罗门说过，“智者慎重地走好属于自己的每一步，愚者转而去欺骗他人”。

论自谋

蚂蚁是一种非常善于为自己谋划的聪明动物，但是在果园或是花园当中，它就是一种害虫了。那深爱自身的人确实是有害于公众的。所以一个人应当将利己之心与为人之心理智地加以区分，对自己应当忠实的同时，要做到无欺于人，而对君主与国家也是如此。完全将个人的私利作为其行动的核心是非常不好的。对一切事物都以自己为标准，这对于君主而言，是可以宽恕的，因为君主代表的不只是个人；正相反，他们的善恶是公众安危之所系。但是这种情形假如在一位君主的臣仆身上或是在一个共和国的公民身上，则是一件非常糟糕的事。

因为无论是什么事情，如果到了这样的一个人手中，他一定会将那些事为自己的私利来加以扭曲，而这种行为时常与他的君主或国家的利益彼此违背。因此，君主或是主政者应当选择没有这种性情或是习惯的臣仆，除非他们原本就是要这种人办理具体事务，仅作为工具来使用，这种情况又是另当别论了。为私的最大弊端在于使事情不合法度。先顾臣仆之利，后及君主之利，这已经是非常错误的了，然而有时竟以臣仆之小利而罔顾君主之大利，这就会为害更烈。而这种情形正是不良的官员、财吏、使节以及将帅，乃至其他奸臣污吏之所为，这种善于自谋的情形使他们取利不正，只遵循自己的小利与私怨，而破坏君主的大业。然而就大多数情况来说，为臣者以这种情况所获得的好处不过是与他们个人的幸运相当，但是他们为这一点好处所付出的代价，其弊害却与他们的君主的祸福相当了，“拆房烧火仅仅是为了烤熟自己手里的鸡蛋”，极端自私的人的天性就是如此。然而这样的人往往会获得主上的信任，因为他们关注的就是如何揣摩与逢迎主人，而肥一己之私，而这两者之中的任何一种最终都有可能将主人的利益弃之不顾。

只谋求私利的小聪明，大多是一种卑污的聪明，它是那种房屋倒塌之前一定会抢先离开的老鼠的聪明。它是那种驱逐为它掘穴造屋的鼹鼠的狐狸般的聪明。它是那种在准备吞噬他物时落泪的鳄鱼的聪明。但是特别要注意的，是那些“爱自己胜过爱任何人的人”（西塞罗评论庞培的话），他们往往是不幸的。虽然他们永远都会为了自己而去牺牲他人，但是命运之神却经常让他们最终成为变化无常的世事的牺牲品，尽管他们自以为已经掌控了命运，其实不过是自欺欺人而已。

论革新

刚刚出现的事物通常是不完美的，甚至是丑陋的，正处于改革期的事物也同样如此。因为革新是时间之母所培育出来的婴儿。

然而，创业难，且比守成还要难，好的开端能够为后继者提供榜样。就人性而言，恶似乎存在一种天然的强大动力，在发展过程当中不断增强自身，而善却似乎缺乏这样的一种原动力，它们仅仅是在开始时显得很强势。不断革新就是驱除这种“恶”的良药。有病而拒绝服药只会导致病情恶化，因为事物终究是要随时间而变化的。时间是世界上最大的改革家。如果时间已经使事物腐败，而人却没有智慧通过革新来将其驱除，那么其结局最终就只有毁灭。

既成的事物，即便并不优良，也会由于习惯、人们的适应而被不断坚持。而新生的事物，就算更加优良，也会由于不适应于旧的习惯而遭到人们的抵制。相对于旧习俗，新事物犹如陌生的不速之客，它很容易引发人们的惊异与争议，却很难得到人们的接受与欢迎。

然而，历史的大趋势是勇往直前的。如果不能因时变法而一味恪守陈规，这本身就是致乱之源。顽固坚持旧传统者也难免成为笑柄。有志改革者，最好是以时间为榜样。时间之流在运行当中会逐渐更新世上的一切事物，表面上却似乎一切都未改变。假如不是这样，新生事物出现得太突然，就难免会遭遇极强大的反对力量。

社会改革难免与既得利益者发生摩擦，有些人会受益。受益者固然欢欣，而受害者则必然会诅咒那些改革的发起者，所以实行改革必须极为谨慎。每一次改革都必须确实有实效而并非只是空洞地标新立异，从事改革更不可以轻率从事。要注意到，即使有很多人赞同，它依旧充满危险！正如《圣经》中的忠告：“你们应当站在路上察看，访求古道。那是善道，便行在其间。这样，你们灵魂才得以安息。”

论迅速

追求迅速是做事过程当中的一大危险。它犹如医生所说的“前消化”或是过速消化，会导致人体当中满含酸液与各种难以觉察的病根。因此，不可将做事的时间的多寡来作为迅速的标准，而应当将事业稳步进展的程度来作为标准。比如，在赛跑过程中，速度并不是以步幅的大小与抬脚的高低来决定的。因此，在事业方面，达到迅速的方法在于专心处理工作，而不在于一次包揽许多事情。有些人一心想要向别人表明自己可以在非常短的时间内做出许多事情，有时他们就会将还未办完的事设法掩饰成已完成的样了，以便在表面上显得他们做事利落。然而以紧密的手段缩短做事的时间是一种情况，以省略的手段刻意压缩做事的时间又是另外一回事了。同样，需要多次进行商榷的事情就得往返多次，并不能一次草率地得出结论了事。我认识一位智者，他在看见别人急欲达到某项决议时就时常引用一句话：“欲速则不达，慢即是快。”

而在另一方面，真正的迅速是一件非常有价值的事情。

因为时间是衡量效率的最高标准，正如金钱是衡量货物价值的标准一样，所以在做事不够迅速时，事业的代价一定是非常高的。斯巴达人与西班牙人都曾以迟缓而著称，以至于出现了一句谚语：“让我的死亡从西班牙而来”，因为如果是这样的话，那我的死亡一定是来得非常缓慢的。

对于那些报告事情的人应当仔细听取其发言，如有指示应当在报告之前说明，而不要在他们说话的过程中插嘴，因为被人搅乱自己说话次序的人将难免要反复地说，并且在追忆欲说而被人打断话头时，要比他能沿着自己的路子说下去时，将显得更加冗长可厌，但有时常常见到抑制他人发言的人要比发言者本身更加可厌。

重复说话多半是一种时间层面上的损失。但是再没有比重复重点更加节省时间的方法了，因为这种办法能够将许多空虚无关的话语在表述时完全抛开。冗长而太过细致的言辞对于迅速而言，就如同宽袍长裙对于赛跑的阻碍。序文、套话、自我解释的话语还有其他有关一个人自身的言语，都是太过浪费时间的东西，它们虽然似乎是出自谦虚，其实是空架子，乱讲排场。然而在他人有阻挠或是反对时却要留神，不要太过直截了当，因为心怀先入为主的意见时，总是要先以宽容、包容的话语提出意见。

最要紧的，次序、分配与选择是迅速的重点所在，只是分析得不要太过细致就可以。那些不善于分析的人永远不会做事，而分析过细的人则永远无法把事情办得清楚。选择时机就等同于节省时间，而不合时宜的举动则会扰乱氛围。

做事一共有三个部分：准备、讨论（或是审察）与完成。如果你希望处理事情够迅速的话，在这三项当中，唯有中间的一项可以成为多数人的工作，而前一项与最后一项则应当是少数人的工作。把要讨论的事务先写一个概要，然后按照这个概要进行商议，这样有助于迅速办理。因为即便所写的那些意见或是计划最终被彻底抛弃了，然而有所否定的决议总要比漫无定见的谈论更容易为人们所理解，正如柴灰要比尘埃对肥田更有利。

论伪智

有一种说法，认为法兰西人的聪明表现在内在，西班牙人的聪明则表现在外在。前者是真聪明，后者则是假聪明。不论这两国人是否的确如此，这两种情况都是值得我们去深思的。

圣保罗曾说："只有虔诚的外表，却忘记了还必须有虔诚的内心。"与此相似，生活当中的许多人徒然拥有一副聪明的外貌，却并没有聪明的实质——"看似聪明，实质上着实糊涂"。

冷眼看看这种人是怎样机关算尽，却最终办出一件件蠢事，就会觉得令人好笑。例如，有些人似乎是那样善于保密，而保密的原则其实只是因为他们的货色不在阴暗当中就拿不出手。有的人喜欢故弄玄虚，说起话来总是藏头露尾，其实是因为他们对事情除了一点皮毛之外，一无所知。有的人是如此喜欢装腔作势，就犹如西塞罗嘲讽的那位先生一样，"将一条眉毛挑上额角，另一条眉毛则垂到了下巴"。

有人说话专门喜欢挑选华丽的辞藻，对任何不了解的事物都胆敢恣意议论，似乎这样就可以证明自己的高明。有的人藐视一切他们不清楚的事物，以轻蔑来掩饰自身的无知。还有的人对一切问题都永远故意表达出与别人不同的见解，专挑剔皮毛之处，以抹杀其本质，以此来标榜自己拥有独立的判断力。其实这种人就像盖留斯所说的："一种疯子，完全依靠诡辩来败事。"柏拉图在《智术之师》一文中所刻画的普罗太戈拉，可以算作是这种以诡辩空论来误人子弟的典型。让他来进行一次讲演，他可以从头到尾都词不达意，离题千里，却通篇都在批评别人与他的观点存在分歧。这种人总是否定多过肯定，批评多于建树。之所以会这样，正是因为有所建树要比批评困难得多！这种假聪明的人是为了骗取富有才干的虚名，简直比没落富家子弟还要想方设法摆阔更可耻。但是这种人，在任何事业上都会是言过其实、不堪大用的。因为没有比这种假聪明更耽误大事的了！

论友谊

“喜欢独处的人不是野兽，就是神灵[①]。”说这句话的人是希望在寥寥数语当中，将真理与邪说放在一起，这是非常困难的。因为，假如说一个人心中有了一种天生的、隐秘的对于社会的憎恨与嫌恶，则那个人难免带有一些野兽的性质，这是非常真实的。然而要说这样的一个人竟然有任何神灵的性质，则是非常不真实的。只有一点是例外，那就是这种憎恨社会的心理并非是出于对孤独的喜好，而是出于一种希望让自己退出社会以追求更崇高的生活，这样的人在异教徒当中我们曾发现过，如克瑞蒂人埃辟曼尼的斯[②]、罗马人努曼[③]、西西里人安辟道克利斯[④]与蒂安那人阿波郎尼亚斯[⑤]，而基督教会当中很多隐者与长老则的确如此。但是一般人并不大清楚什么是孤独、还有孤独的范围。因为在没有“仁爱”之地，一群人并不能算是一个团体，许多的面目也只是一幅图画，而交谈则是杂乱的

① 语出亚里士多德《政治学》。

② 埃辟曼尼的斯：古希腊哲学家，曾隐居山洞中 57 年。

③ 努曼：古罗马哲学家。

④ 安辟道克利斯：古罗马哲学家。

⑤ 阿波郎尼亚斯：古罗马哲学家。

声响而已。有句拉丁成语略微可以形容这种情形："一座大城市也就等同于一片大荒野。"因为在一座大城市当中，朋友们是散居各处的，所以就其大概情形而言，不像在较小的城镇里有着更亲近的交情。但是我们不妨更进一步，并且非常真实地断言：缺乏真正的朋友是最为纯粹、最为可怜的孤独，没有友谊则此生此世都不过是一片荒野。我们还可以用这个意义来论说"孤独"，凡是天性不配交友的人，其性情可以说是源自于禽兽，而并非来自人类。

友谊的主要作用之一就在让人心当中的愤懑抑郁之气得到充分地宣泄释放，这些不平之气是各种情感都能够引起的。闭塞之症对人的身体危害最大，也最为凶险，这是我们都知道的，在人的精神方面也是如此。你可以服萨尔沙来疏肝，服磁铁粉以通脾，服杏仁以通肺，服海狸胶以通脑，然而除去一位真心的朋友之外，没有一种药剂是能够通心的。对一个真心的朋友你能够传达你的忧愁、喜悦、恐惧、希望、疑忌、谏诤，以及任何能够压在你心上的事情，犹如一种教堂之外的忏悔。

很多伟大的君主帝王对我们所说的友谊的作用的重视程度，是超乎我们想象的。他们极度重视友谊，甚至经常不顾自己的安全与尊荣来追求这种可贵的事务。因为身为君主，由于他们与臣民之间地位方面的差距的缘故，是无法享受友谊的——除非他们（为了能让自己享受友谊）将某人擢升到他们的伴侣或是相近的地位，然而这样做的结果往往是隐患重重的。现代词语当中将这样的人称为"宠臣"或"弄臣"，似乎他们之所以会得到这种地位，仅仅是因为主上的恩惠或是君臣之间的亲密关系。然而罗马语当中的字眼才能算是将这种人的真正用途还有擢升之由彻底表达出来了，罗马语将这种人称为"君主的分忧者"，因为真能让君臣之间结成友谊的，正是处理这样的事情。我们又能够看到诸如这种事情并不局限于那些懦弱、感情用事的君主，即使是那些有勇有谋、颇多建树的贤君，也时常与臣下中某人结交，呼之为友，为了维持这种关系，他们需要尽量地忘记自己高贵的身份。

苏拉，当他担任罗马的独裁者时，将庞培（即后来人称"伟大的"庞培）提拔到很高的地位，以致庞培认为自己的权位已经超过了苏拉。因为有一次，庞培支持他的一位朋友出任执政官，与苏拉所推举的人竞选，最终获胜。在苏拉对此表示不满，而开始与其争吵时，庞培选择反唇相向，叫他不要多说，“因为参拜朝阳的人要远多过参拜夕阳的人”。在恺撒掌权时，则有马可斯·布鲁图斯，其影响力之大，居然使得恺撒在遗嘱当中立他为第二顺位继承人。而这人也有能力诱使恺撒自投罗网、死于非命。恺撒由于一些不祥的预兆，特别是妻子的一场噩梦的缘故，而准备让参议院先行散会、改期再重开会议时，马可斯·布鲁图斯拉着他的胳膊，轻轻地将他从椅子上面拉起来，并告诉他，他希望恺撒不要让参议院散会，随后不久恺撒就被刺杀了，而布鲁图斯是刺客之一。安东尼在一封信（这封信在西塞罗的攻击演说当中曾经一字不改地引用过）里曾将马可斯·布鲁图斯称为“妖人”，似乎他用邪术蛊惑了恺撒，他的得宠之深由此可见一斑。

阿格里巴尽管出身微贱，但是奥古斯都却把他提拔到非常高的地位，奥古斯都甚至将自己的侄女嫁给了他，但他后来却抛弃了她。当提比留斯皇帝统治罗马帝国时，曾对他的部下斯杰纳委以重任。在一封信中，他竟然表示：“我和你之间不存在任何需要保密的事情。”为了纪念他们彼此间的友谊，元老院还特意修建了一座祭坛来表示祝福。另一位罗马君王塞纳留斯与其部下普罗丁之间的友谊更加密切，不但与他成为儿女亲家，而且还在写给元老院的诏书中提出：“我推荐他，并祝福他可以死在我之后。”假如这些人是类似图拉真或奥瑞留斯[①]这一类型的君主，那么可以将上述行为解释成多情或善良。但事实上，这些人都有着刚强的意志与好强的性格。然而在他们的生活当中，友谊仍旧是不可或缺的，尽管他们有着妻子儿女以及各类亲属，却仍然无法替代朋友间的这种真情。

法兰西历史学家科梅尼曾经深入观察过其主人查理公爵。他说查理公爵从来都不愿将重大事件与他人进行商讨，而这种独往独来的性格对他的事业显然是有百害而无一利的。如果科梅尼有勇气评论他后来服侍的另一位主人路易十一的话，我们就会清楚，在这一点上，路易十一与查理公爵相比是有过之而无不及的。这种孤独、缺少伴侣的状态对路易十一的一生都产生了不利影响。

毕达哥拉斯[②]曾说过一句非常神秘的格言：“不要吃掉自己的心。”如果将这

① 图拉真或奥瑞留斯：这两位都是古罗马皇帝，以贤能著称。

② 毕达哥拉斯：古希腊著名数学家、唯心主义哲学家。

个比喻讲得更加明白一些，就是那些没有朋友的人，其实是在不断啃噬自己的心灵。不得不承认，友谊的创造性作用非常奇特：如果你将快乐告诉朋友，你将可以得到双份快乐；而如果你将忧愁向一个朋友倾诉，你将只剩下一半的忧愁。所以友谊对于人生，就犹如炼金术士所要搜寻的那种“点金石”。它可以让黄金价值加倍，又可以使黑铁化金。实际上，这也是一种普遍的自然规律。在自然界当中，物质能够通过结合得到增强。而人与人之间的关系不也是如此吗?

以上所说的内容都是为了证实友谊的第一种作用——可以调剂人的情感，而友谊的另外一种作用却可以增进人的智慧。因为友谊不但可以使人摆脱犹如阴雨连绵般的烦躁，而走向那阳光明媚的晴空，而且可以使人摆脱陷入黑暗而混乱的思想，走向光明理智的思考模式，这不仅是由于一个朋友可以为你提出忠告，而且任何一种平心静气的讨论都可以将你犹如一团乱麻的思绪，整理得井然有序。当人们将一种设想用语言明确表达出来时，他也就逐渐看到了它们有可能招来的后果。有人曾告诉波斯王：“思想是卷起的绣毯，而语言则是铺展开的绣毯。”所以有时与朋友进行一小时的促膝交谈，要比一整天的深思默想更能让人的思维变得豁然开朗。其实即使是没有一个可以对你提出忠告的朋友，人也能够通过语言的彼此交流来增长见识。讨论犹如砺石，思想好比刀刃，互相砥砺将会让思想变得更加锐利。对于一个人而言，与其将一种想法紧锁在心底，倒不如将它倾吐给一座雕像，那要比闷在心里更好。

赫拉克利特曾说：“初始之光最为灿烂。”但实际上，一个人自己所发出的理智之光，往往会被感情、习惯、偏见所影响，而显得并不那么明亮。俗话说：“人总是乐于将最大的奉承留给自己。”确实如此，但友人的逆耳忠言却恰好能够治疗这一毛病。朋友之间可以从两个方面提出切实的忠告，一是有关品行的，一是有关事业的。最能让人心灵健全的莫过于来自朋友的金玉良言。阅读伦理的教条难免让人感到枯燥。以他人的过失作为鉴戒，有时也未必就符合自身的实际情况。自我改善的最好办法莫过于来自于朋友的告诫。事实上许多人（包括很多伟人）之所以会做出令其终身悔恨的事，就是由于他们身边缺少益友。所以正如圣雅各[①]所说："尽管照了镜子，却依旧看不清自己的嘴脸。"

就事务而言，有人觉得两双眼睛所见到的未必要比一双眼睛所见到得更多，或者认为一个发怒的人未必要比一个沉默的人聪明，或者认为枪支无论是放在某个人的肩上，还是支在一个支架上，都可以打得一样准——总之，这种观点认为是否有别人的帮助，其结果都是一样的。这其实是一种极为傲慢而又愚蠢的说法。最有益于事业的莫过于忠告。在听取意见时，有人喜欢一会儿去询问这个人，一会儿又询问那个人。这当然比什么人都不问要好。但也要注意，在这种情况下会出现两种危险。一是这种零敲碎打得来的意见或许是一些不负责任的看法，因为最好的忠告往往源自于诚实而公正的友人。另外，这些不同来源的意见还可能彼此存在矛盾，使你不知所措。比如，你有病求医，一位医生尽管会治这种病，却并不了解你身体的具体情况，服了他的药虽然这种病被治好了，却可能从另外的层面损害到了你的健康，治了病却也伤了人。所以最为可靠的忠告，只可能来自于最了解你事业情况的友人。友谊对于人们来说，除了以上所说的这些好处以外，还有许多其他方面的好处，犹如石榴上的果仁，难以逐一细数。如果一定要说的话，只能这样来看：只要你思考一下，一个人一生当中有多少事情是无法靠自己独立去完成的，就可以知道友谊有多少好处了。因此古人说，朋友就是人生当中的第二个"我"。但这句话的分量似乎还不足，因为朋友并不光是另一个自我。

人的生命是非常有限的。有很多事情还没来得及做完就会死去了。但假如有一位知心挚友，人生就算是圆满了，因为他将能继承你未完的事业。因此一个好朋友从某种意义上来说，可以让你获得新的生命。人生当中有着许多事，是不方便自己去办的。比如，人为了避免自夸的嫌疑，很难由自己来讲述自身功绩，可怕的自尊心又让人在许多情况下无法仰首去恳求别人。但是如果能有一个忠实而又可靠的朋友，这些事就都可以轻易办到了。又比如，在儿子的面前，你要保持父亲的威严；在妻子面前，你要考虑身为男子汉的体面；在仇敌面前，你必须维护自己的尊严。但如果有一个知心朋友，就能够全然不计较这些，他

① 圣雅各：耶稣最早的信徒之一。

会实事求是地为你出面主持公道。

由此可见，友谊在人生的历程当中有着何等重要的地位。它的好处是无穷无尽的。总而言之，当一个人面对危难时，如果他平生又没有任何能够信任的朋友，那么我只能告诉他——自认倒霉吧！

论消费

金钱是用于消费的，而消费应当是以荣誉或行善为目的。因此，各种消费由于其目的不同而存在高下之分。如果是为了国家利益，就值得为之倾家荡产。正如虔诚的信徒为了升入天国，就需要献出所有的一切。

但是，日常的消费应当以个人的财力为限，支出绝不应当超过收入。要管理得当，谨防被家仆所蒙骗。同时力求以低于预计的支出，得到高于它的收益。毫无疑问，要想让自己收支得以平衡，应当将一般的花费控制在收入的半数以下。而如果想变得富有，那就只应当消费总收入的三分之一以下。

即便你是一个身份不凡的人物，自己动手打理财产也并不会有失身份。有些人不愿意这样去做。也许未必是不将财产放在心上，倒可能是因为害怕检视它而发现自己已经破产，引来无穷的烦恼。然而你如果不去把伤口找出来，又如何能医治呢？不会当家的人必须雇一位得力的帮手，并且最好时常更换，因为新人一般比较谨慎。过问家计不多的人，至少应对财产的收支大体情况做出总的计划与安排。

一个人在某一方面的开销过大，就必须在另一方面有一定的节制。比如，在吃喝上方面耗费多，就应当在衣着方面节省，在住房上面讲究就应当减少在马厩方面的花费。处处都显得大手大脚，将难免陷入窘境。

偿还债务的时候，不要着急马上还清，否则与久欠不还有着同样的坏处。一次还清债务的人有可能会重走借贷的老路。因为一旦他们发觉自己能够轻易摆脱债务的烦扰，难免不久又旧病复发。而一点一点地逐渐偿还债务，会让人养成节俭的好习惯，这无论是对他们的心灵，还是财产积累都会有很大的益处。要维护自己的尊严就不要计较小节。减少自己零星的花销要比低三下四地谋求小利更加体面。对自己的经济开支应当始终小心翼翼，但对那些一次性的开销倒是可以大方些。

论强国之道

在一次宴会当中，有人希望邀请雅典人塞米斯托克里演奏竖琴。他回答：“我不会弄琴，但是却懂得如何将一个小城邦变成一个大国。”这句话因为显得太过夸夸其谈，所以感觉有些桀骜不驯，如果这句话确实可以用作评价政治家的尺度。这句话（再用比喻的说法来引申一下）可以将治国者所具备的两种不同的才能表现出来。因为，如果仔细地观察一下议事与执政的各种官员，我们或许就可以发现几个尽管稀有，但可以使小国变为大邦，而不会弹琴的人。同时，在另一方面，却可以发现很多善于弄琴者不但无法使小国变为大邦，他们可能会将一个伟大而又兴盛的国家引向衰败凋零的地步。有许多尊享高官厚禄者，媚上欺下，只不过精通一些雕虫小技，却对兴国利民一无所长。这种治国者，被恰如其分地称之为“弄琴者”。他们虽然善于在大庭广众下哗众取宠，但是对于治国经邦，却毫无建树。还有一种政治家，守成有余，却不能创业，这种平庸之辈也是不足称道的。就一般而言，官员应当勤勉而清廉，善于为君主补缺拾遗，然而仅仅依靠这种勤政之法，仍旧无法领导一个国家走向真正的伟大富强。我们所应当进行探讨的，是任何伟大的政治家都无法忽视的强国之道。对于雄才大略的英主而言，这一问题是最值得去认真思考的——怎样才能做到既不好大喜功，又不会无所作为呢?

每个国家的疆域都非常有限，它的财政收入也是极为有限的。它的人口可以依靠数字来进行统计，城镇能够在地图上显现。然而尽管如此，在政治当中最难以进行的计算，却正是对一个国家综合实力的估算。我们知道，基督并没有将天国譬喻为一个巨大的果实，却只是譬喻为一粒微小的芥籽。然而就是这样一粒不凡的芥籽，一旦播种就可以大量繁殖，最后会带来满仓的收获。

同样，对一个国家的实力也能够用这种观点去譬喻。有些国家看似庞大，其实内部已经彻底衰朽。有些国家貌似很弱小。却正在不断发展壮大。国家的强弱，并不仅仅取决于拥有多少高墙、坚垒、大炮、弹药、战车还有骏马。从根本上说，只有民风强悍英武，国势才可以强盛不衰。否则，尽管有着强大的武力，也不过是金玉其外、败絮其中而已。罗马诗人维吉尔曾说："狼从不在意它所面对的羊究竟是一只，还是一群。"在阿比拉之战当中，马其顿亚历山大大帝面对的波斯军队漫山遍野，以致连他手下的战将也倍感惊惶，因此建议将作战计划改成夜袭。但是，亚历山大却说："我从来不依靠偷偷摸摸的方法来取得胜利。"结果他纵兵冲锋，竟以人数居于劣势的精兵击败了数量庞大的乌合之众。

而与之相反的事情是，亚美尼亚国王提格尼斯与罗马军团对峙，当他发现对手仅有 1.4 万人，而自己却拥有大军 40 万时，不免骄傲地恣意夸口："这么一点敌人，作为一个前来求降的使团未免太多，但是作为一支前来交战的军队，又未免太少。"然而战斗还没有持续到日落，他就发现自己已经大败亏输了。在历史上，这类事例举不胜举。由此我们可以得出这样的结论：军事的强大，绝不取决于数量，而取决于质量。首先依靠的是民心与士气。有一句俗话："金钱是战争的肌肉。"但如果这些肌肉并非生长在一个很健康的人体上，那也不过是一堆烂肉而已。

当吕底亚国王克里沙斯向梭伦[①]夸耀其所拥有的财富时，梭伦说出了一句名言："陛下，这些财富从来都没有主人。它们在将来只会归属于强者。"所以当权者应当懂得，数量庞大的军队与财富都不足恃。至于那些雇佣军，就更不值

① 梭伦：古希腊著名的政治改革家和诗人。

一哂了。

一个国家的民众如果负担着太过沉重的苛捐杂税，那么这个国家的民风就无法勇敢尚武。负重的驴子怎么可能与剽悍的雄狮等同呢。但是，人民自愿捐纳所得税的国家不在此列，荷兰与英国就属于这一类国家。但尽管如此，军费负担太过沉重的国家，也是不会很强大的。

要想让国力变得强盛，还应当抑制贵族与商人的发展，不能让这两个阶级太过强大。否则，就会出现本末倒置的情况，农民与工匠的劳动成果，都将被他们逐步蚕食并消耗掉，这也正像树林当中的情况一样，那种高大的乔木下面，是只能出现灌木的。例如，英国与法国的对比，就土地与人口数量而言，英国都不如法国。但在历次战争当中，英国的战绩都好于法国。原因在于英国人民的素质要远高于法国，英国士兵主要来自自由的中产阶级，而法国士兵则主要来自贫贱的农奴阶层。就这一点来说，我们应当感谢英王亨利七世所施行的那种富有远见的政策（详细内容，请参看我的著作《亨利七世传》）。他实行了限田与均田的农业政策，限制了地主对土地的兼并，使豪强难以过度发展，两极分化矛盾不会过分尖锐，从而达到了古代诗人维吉尔所形容的那种理想境界："田地丰饶，士卒善战。"

此外，还有一点也是绝对不容忽略的（这种情况据我所知只存在于英国，此外或许还有波兰），就是我们的国家没有奴隶制。就连贵族的仆役也是享有绝对自由权的公民。由他们来组成的军队，战斗意志——也就是捍卫自由的意志是极为强烈的。据说巴比伦王尼布甲曾经梦见过一棵大树，此树根脉极为强壮，以至枝叶无论长得多大，都仍然能够支撑。这是一个非常好的梦境，它的寓意是，就算是一个小国，假如具有开放的心态以及兼容并蓄的国策，善于不断从外部吸收人才与文化层面上的精英，那么也一定能够发展成一个一流强国。反之，就很难得到生存与发展。斯巴达人对于外邦人加入本国国籍控制得最严，因此他们能把这块小小的城邦坚守得非常牢固。然而一旦他们面临必须向外扩张的局面，就会很快分崩离析了。

历史上最热衷于向世界开放的城邦莫过于罗马。他们愿意将公民权授予所有愿意归顺并定居在罗马城的人，而根本不考虑他们过去是归属于哪个国度的。

不仅如此，他们还允许那些外籍公民享有与罗马人完全平等的权利[①]——不但包括贸易权、婚嫁权、继承权，同时还享有非常重要的选举权与担任公职权。罗马人不仅把这种权利授予个人，还同时授予家族、城郊甚至是一个国家。同时，罗马人将自身看作是世界公民，他们不断向外扩张、拓展以及移民。于是罗马开始不断朝着世界化发展——一方面是罗马不断走向世界，另一方面也是全世界走进了罗马。这也正是罗马能够从初期的一个不起眼的小邦，迅速成长为称霸地中海的世界性强国的原因。近代历史当中也有着类似的事例，我常常感到惊诧，人口那么少的西班牙为何能够获得如此庞大的海外殖民地呢？这种局面又是怎样形成的呢？我想他们可能正是吸取了罗马人的相关经验。虽然他们没有允许外邦人自由加入国籍的政策，但在他们的军团当中，外籍士兵的待遇却与本国人毫无区别。而且他们不但使用外籍士兵，也聘用一些外籍军人出任高级将领。这样他们就可以改善由于本国人力资源不足所带来的问题。制作工场当中的生产和劳作，与军事活动的性质是完全不同的。那些尚武好战的民族，往往在生产方面比较懒惰——他们不喜欢从事劳动，却酷爱冒险。因此，古代的斯巴达、雅典、罗马等国家，都会蓄养奴隶来从事劳作。但奴隶制是违背基督教的基本精神的，因此这种制度如今已不再推行。取而代之的方法，就是将原本由奴隶们负责的工作交付给那些用钱招募来的外籍工人。特别是如下几类非常繁重低下的工作——耕作、仆役还有铁匠活、泥瓦匠活及木匠活等。这样，武士就能够成为专门的职业了。一个国家假如想真正变得强大起来，就必须依靠最大的力量来加强国防与军备建设。其实我此前所讨论的，都不过是所需的条件与准备而已。因为假如没有目的与行动，条件与准备又有何用处呢？据说罗马城的始祖罗慕洛临终前留给罗马人的遗言便是：不断增强实力，营建一个世界性的帝国。

善战的斯巴达的全部国家组织结构也都体现出一个总体的霸权目标（尽管组织并不完善）。在一段较短的时期内，波斯国与马其顿也曾经成为军事霸主。

①与罗马人完全平等的权利：罗马帝国的公民权具体包括选举权、被选举任官权、婚娶权、财产权。享有这四种完整权利者才算是罗马正式公民。这种公民权在罗马帝国后期得到广泛普及。

高卢人、日耳曼人、哥特人、撒克逊人、诺曼人也都曾有过相似的梦想。土耳其人至今依旧拥有这种梦想，只是实力不足罢了。欧洲今天的各个基督教国度中，实行这种军国政策的仅有西班牙一国。想要发展武力成为强国的，一旦武力衰退，国势必然衰落。与此相关的另一点是，假如发动战争，必须在宪法与政策上有正当依据。人性当中天然具有的正义感与同情心，使人们只愿意支持与参加那种有合理目标的战争（假如缺少正当的理由，至少也应当找一个适当的借口）。土耳其人对外连年发动战争，就时常以传布其所信仰的宗教为借口，罗马不断对外实施领土扩张，但他们却从来不以侵占领土来当作战争的借口。就发动战争的理由来说，像本国的领土遭受威胁，商人或使节遭受不公正待遇等都可以作为借口。此外，同盟国遭到侵犯或威胁，也可以作为开战的借口。罗马人就曾经这样干过。他们很乐于援助那些曾经与他们订盟的国家，并且从不让其他盟友有抢先出兵的机会。

但是对其他国家内部的党派争斗实施武力干涉，这绝对算不上是正当的理由。例如，罗马人为了支援希腊殖民地的独立，而对希腊人发动的战争；斯巴达人与雅典人为了在希腊抢先实施寡头政治或是民主政治而发动的战争等。一个人假如不经常从事运动，身体不可能会健壮。同样，无论是君主国还是民主国，师出有名的体面战争无疑是最好的锤炼。但并不包括内战。内战等同于大耗元气的热病，而对外战争才是真正有益于国家强大的运动。为了准备这一运动，应当时常鼓励人民养成尚武精神。此外，还应当维持一支强大的、随时都能够投入战斗的常备军。西班牙人就是这样做的。他们的那支训练有素的军队，常备不懈已有120年之久了。

能否获得海上的霸权地位，是决定一个世界性帝国能否建立的关键所在。古代西塞罗在写给亚提科斯的信当中，论述庞培与恺撒作战时的战略：“庞培的政策就是当年雅典击败波斯的战略，他清楚谁掌握了制海权，谁也就掌握了全世界！”毫无疑问，假如庞培不是太过自信与轻敌的话，那么采用这种战略，他的确是可以击败恺撒的。众所周知，奥古斯都与安东尼在亚克兴角的一场海战[①]，决定了罗马帝国第一王朝的最终归属。1571 年勒班陀海战[②]，土耳其舰队覆灭，导致这个骄横帝国走向了衰落。历史当中的许多次战争都是以陆战开始，而以海战终结。这是一个非常重要的教训：谁控制了海洋，谁就可以控制世界！至于内陆的霸权，局面终究有限。就当代而言，英格兰如今已经赢得了海上优势，这就使我们不但可以通过海岸交通线来控制整个欧洲，而且可以朝富饶的西印度群岛做进一步扩张。

与古代那些威武雄壮的战争相比，近代的战争都显得黯然失色。这完全与现代那些荣誉勋章的泛滥有关。他们往往不加区别地将勋章授予军人，甚至是一些非军人。但是在古代就完全不同了，国家更珍惜战争所带来的荣誉。所以，在战场上刻石立碑，为烈士建立纪念碑，授予英雄以统帅[③]之桂冠，以英雄的名字命名城市，举行大规模、成套的凯旋仪式，给复员的战士慷慨的赏赐，还有给予伤残者优厚的抚恤等，这些明智的政策与措施，巧妙地激励并鼓舞了全民族的尚武精神与斗志。

当年罗马人最为重视的大事就是战争胜利之后举行的凯旋仪式。举行这种仪式不但是为了炫耀胜利，而且还包含了三重意义：把荣誉给予将帅；将战利品献交国库；并把赏赐颁发给士兵。但是，如果是君主御驾亲征，那么君主就应当将胜利的荣誉授予全体人民。

最后，我们可以进行如下的总结：强身无术，但强国有道。对于前者，可以说人的体格形态很大程度上取决于先天因素，所以人无论使用什么方法也无法控制自身的身高与体质。但是国家层面就不同了，每个统治者都能够通过推行适宜的政策与法令，达到改良风俗、增强国力的目的，造就富强之势。但让人遗憾的是，这一点迄今为止还不能让所有的治国者都能够理解。

---

①罗马共和国的马克·安东尼与古埃及托勒密王朝法老克利奥帕特拉七世联军，与恺撒养子屋大维之间进行的一场决定性战役。地点为希腊亚克兴角附近的海域。最终，屋大维的军队获胜，安东尼与克利奥帕特拉七世先后自杀，这一战奠定了罗马帝国的根基。

②勒班陀海战：欧洲基督教国家联合海军与奥斯曼帝国海军在希腊勒班陀近海展开的一场海战。最终，奥斯曼帝国惨败，从此逐渐丧失其在地中海地区的海上霸权。

③统帅：出自拉丁文，后引申为皇帝。

论养生

人应当善于鉴别哪些食物是对人体有益的，哪些食物是有害的。这种善于自我观察的智慧，是最好的保健药物。对于一种欲望，如果人们可以断定“它对健康是不利的，我应当舍弃它”，肯定比断定“它对我似乎并没有害处，放纵它也无所谓”要安全得多。要知道人在血气方刚的青少年时代所养成的不良嗜好，到了晚年是要一起结算的。年纪是无法用来作为赌注的。人要意识到自己年龄是不断增长的，不要认为自己永远都能做与过去同样的事情，因为岁月不饶人。如果需要改变某一种饮食习惯，那么最好可以全面重新调整。因为大自然当中似乎存在一条规律，就是改革一部分不如改革整体那样好。如果你一旦发现某种嗜好对身体有害无益，你就应当设法戒除它。但是，假如身体无法立即适应，就不应该操之过急。要经常保持心胸坦然，精神愉快，这是延年益寿的重要秘诀之一。人必须克服嫉妒、暴躁还有焦虑、抑郁、怒气、苦闷、烦躁等诸多情绪。

人心当中应当时常充满希望、信心、愉快，最好经常发笑，但不可以过度狂喜。要多欣赏自然景物，进行对身心有益的学问的研究与思考——例如，阅读历史、格言书籍或是观察自然现象。无病时不可以滥用药物，否则一旦疾病降临，药物可能就无法生效了。但也不要忽视身体当中的一些不太起眼的小毛病，应当防微杜渐。生病时，要努力使自己恢复健康；健康时应当经常锻炼。很多体力劳动者在生病时可以较快地恢复健康，说明锻炼对增强体质是极为重要的。古人认为增强体质的好办法之一，是设法适应两种完全相反的生活习惯。但我认为最好还是增强那种对生命有益的习惯——例如，禁食与饱食，还是应当吃饱为好；失眠与睡眠，还是要睡眠充足为好；静止与运动，还是运动为好。当然古人的说法也是有一定道理的，因为进行广泛的锻炼确实可以改善人的适应能力。

有些医生非常放纵病人，而有些医生则要求病人必须绝对服从自己。这两者都不是好办法。在选择医生时，还应当注意，医生的名望固然非常重要，但一个了解你身体情况的医生或许会更好一些。

论猜疑

猜疑之心犹如蝙蝠，它总是在黑暗当中飞起。这种心理能够迷惑人的心智。它能够使你陷入迷惘当中，混淆敌友，从而破坏你的事业、家庭乃至整个人生。猜疑容易导致君王变得暴戾，使为人夫者心生嫉妒，使智者陷入困惑之中。猜疑者未必是因为怯懦，而往往是因为缺乏判断力。所以一个非常果敢的人有时也有可能会坠入这种情感中，如亨利七世就是这种情况。世间很少有像他那样果敢的人，但也很少有像他那般多疑的人。但正由于他所具备这种特质，所以猜疑对他危害并不大。因为当他产生了疑忌时，并不会贸然相信这种疑忌。对一个胆怯的庸人，这种猜疑则有可能立即阻滞他的行动。猜疑的根源是因为对事物缺乏足够的认识，所以多了解情况是去除疑心的有效办法。

其实人们又在希求些什么呢？难道他们认为与他们打交道全都应该是圣人吗？难道他们认为人应该杜绝所有为自己谋算的私心吗？当你产生猜疑时，你最好还是应当有所警惕，但又不要轻易表露在外。这样，当这种猜疑有一定道理时，你已经预先做好了避免受害的准备；当这种猜疑最终被推翻时，你又可以避免因此而错怪好人。人特别是要警惕从别人那里得到的猜疑，因为这很可能是一根有毒的挑拨之刺。假如有可能的话，最好能对你有所怀疑的对象开诚布公地进行谈话，以便从此解除或是证实你的猜疑。但是对于那些卑劣的小人，这种方法是必然行不通的，因为他们一旦发现自己正在被你怀疑，就可能会制造更多的骗局出来，以便继续蒙骗你。意大利人有一句谚语："受猜疑者不必忠实。"认为一旦遭受猜疑，就不必继续保持忠实。但其实假如遭受了猜疑，人就更应当忠于职守，以此来证明自身的清白与无辜。

论辞令

有些人讲话只是为了博得机敏的虚名，却从来不关心讲话是否是对真理的探讨，仿佛语言的形式要比思想的实质更有价值。有些人津津乐道于某一种陈词滥调，而其意态却显得盛气凌人。这种人一旦被识破，就难免沦为笑柄。真正擅长谈话艺术的，是那些善于引导话题的人。同时又是那种擅长让无意义的谈话转变方向的人。这种人可以算作是社交谈话当中的指挥官了。单调无聊的谈话会让人生厌，因此，善谈者必定擅长幽默。但这种幽默，并不意味着所有事物都能够拿来打趣。例如，有关宗教、政治、伟人以及别人的让人同情的苦恼等，绝不应当作为话题来加以取笑。在有些人看来，假如说话不够刻薄，便不足以显示自己的聪明才智，其实这种习惯应该予以杜绝。正如古人对于骑术要领的概括：“要拉紧缰绳，但要少抽鞭子。”

那些喜欢出口伤人的人，恐怕是往往过低估计了被伤害者的记忆力与报复心。谈话中善于提问，必能多有受益。而所提到的问题，如果又恰是被问者的特长，那就比直言恭维他还有利。这不仅能让听者获益，也能让被请教者心中愉快。但提问应当掌握好分寸，以免让询问演变为盘问，使被问者感到很难堪。作为客厅中的主人，应当让在座的每个人都有分享与发表意见的机会，以免让有些人产生被冷落的感觉。遇到有人独占谈局，主人就应当设法把话题转移开。还要记住，善于保持沉默同样是谈话的一种艺术。因为如果你对于你了解的话题能够不动声色，那么下次遇到你并不懂得的话题时保持沉默，人们也不会认为你无知。而有关自己的话题还是应当尽量少讲，至少不要讲得很不得当。我有一位朋友，他总是用这样的话去讽刺一位自吹自擂的人，说："这家伙实在是太聪明了，因为他居然对自己事无巨细，无所不知。"人只有在这样的一种形式下宣扬自己，才能够不招致别人反感。这就是以赞扬他人优点的形式，来间接衬托自身优点。谈话的范围应当尽量广泛，犹如一片原野，每个人行走在其中，都可以左右逢源。而不要使其演变成一条单行道，只可以容纳自己。谈话时切忌出口伤人。我有两位贵族出身的朋友，其中一位豪爽好客，但就是喜欢骂人。于是另一位就时常这样询问那些曾参加过他家宴会的人，"请说实话，这次席上难道没人挨骂吗？"等客人谈完，这位贵族就会微笑着说："我早猜到他的那张嘴，能让一切好菜都改变味道。"

有关谈话的艺术，我们还应当注意：温和的语言，其力量远超雄辩。不善答问者是非常笨拙的，但没有原则的诡辩却是极为轻浮的。讲话绕弯子太多必然会让人厌烦，但太过直截了当又显得唐突。只有能掌握适当分寸的人，才算是精通谈话艺术的人。

论殖民地

殖民地是远古时代民族英雄的工作场所。当人类文明还处在早期时，当世界年轻的时候，能够养育众多人口，如今老了，可以养育的人口自然就少了。因此我不妨说新的殖民地就是旧有国家的子女。我认为一个殖民地最好是在一片处女地上建立起来的，那就是说，在那个地方开始殖民，不用因为需要培新而除旧。因为那样就不算是殖民，反而演变成灭民了。培植一个新国家犹如造林：必须首先有起先折本二十年的觉悟与准备，到末期才会获利。大多数的殖民地之所以会毁灭，其主要原因就是在殖民事业的早期，行为上充满了卑污，而且急于取利。当然，如果利润能迅速地与殖民地的利益相符，那自然是不可忽视的，但应以此为限，不可多求。

急功近利，则是很多殖民行为之所以会失败的原因。当然，假如可以兼顾长远利益与眼前利益，那是最为理想的一种状态。将本土的罪犯或是其他的社会渣滓送去进行垦拓事业，是危险而且非常不道德的。移民应当优先选拔那些有专长的人，如农艺家、工人、铁匠、木匠、渔夫、猎人，还应当配备有医生、厨师。在有待垦辟的土地上，应当充分利用其固有的天然资源，如那些土特产，栗子、核桃、菠萝、橄榄、枣、樱桃、草莓、蜂蜜等。此外还应当注意栽植那些生活当中所必需的食物，如蔬菜、玉米等，至于大麦、小麦这一类作物，由于费工费事，暂时可以不考虑，不妨先种豆类，既能够作为主食，也可以当作副食。但是，考虑到第一年的种植未必能够获得理想的收成，因此在筹备殖民之前多预备食物是极为必要的，至于牲畜与禽类，应当选择那种繁殖快而又不易得病的，如猪、山羊、鸡、鸭、鹅等。

在殖民的初期阶段，对于食物应当像战争期间的围城时期一样，实行极为严格的食物定量配给制度。在分配土地时期，要将最平坦的肥沃土地，作为公田，将收获征入公共仓库作为储备粮。将小块的零碎土地分配给个人作为园圃。要及时发展殖民地的土特产品，以便可以输出到国外，换取必需的各种补给品。例如，美洲的烟草种植就是这样发展起来的。森林也是极为宝贵的资源，要善于开发与利用。矿产更是如此。此外，在气候相对适宜的海岸区域，还可以制造食盐，制取麻类、采集药材、香料、皂类等。这些都是有利可图的事业，但在殖民地草创之初，却不可以将主要人力都集中于此，从而忽视了食物的生产，导致饥荒。在政治方面，最好能够实行集中管理制度，但是要配备一个比较好的顾问团。必要时能够有限制地发布戒严令。不可以忽略宗教的作用，它可以让人们在寂寞、孤独与荒凉当中具有精神的依托与支柱。政府中也不可以有太多的冗员。议会成员应当选拔贵族、名流出任，最好不要选择商人。在殖民事业的基础尚未完全巩固之前，不要对进出口征收太高的关税。最好能够免税，并且鼓励出口。还要注意保持人口方面的平衡，以免增加殖民地的负担。殖民地点如果太过靠近潮湿的海滨，会引发一些疾病。因此住宅区应当选择在地势较高的地方。但是应当注意，河、海同时也是有利于交通运输的。移民区应当储备充足的食盐，这不但有益卫生，而且能够利用它来延长食物的贮藏期。要善于搞好与当地原住民的关系。不仅可以时常赠送些礼物来表示友谊，更重要的是，在日常相处中，要坚持平等互利的原则，当他们遭受外敌攻击时，还应当帮助他们进行抗击。要吸引他们前来移民区参观，使他们拓展眼界，了解世界上还存在着比他们的生活习惯更美好的方式。在经济基础得以巩固后，就可以接纳妇女，使移民得以传宗接代。作为宗主国，假如只是将人民送去垦荒，然后将他们抛弃不管，那不但是一个国家的耻辱，而且也是一件严重的罪行。

论财富

我将财富看作是德行的负累，除此之外，再也没有更加合适的词去形容它了。在拉丁语当中，财富与辎重、行李、包袱都是同一个词，这一点很值得深思。在军事上，辎重是不可或缺的，但同时也是一种累赘。军队往往为保护它们而导致打败仗。事实上，过多的财富是完全无用的。因为一个人的物质需求是有限的，超过这种需求的钱财，就是多余之物。所罗门曾经说过："财富多者诱人渔猎，而对于人生而言，除了一饱眼福之外，又有何用？"一个人的财产在积累到某种限度后，就会难以消受。他可以储藏财富，也能够分配或是赠送他人，或者用它来换取富翁的名声。但对他本人而言，这些财产仅仅是身外之物，没有什么益处。试想，有很多人为了购买一些美丽而不实用的石头，竟然肯付出巨额财富，不正说明了这一点吗？再看看有人为了得到巨大的资源，并使其能够派上用场，花费了多少莫名其妙的心思？或许有人说，财富能够在一切场合打通各个关节，救人于危难之中。而所罗门却认为："在世人的想象当中，财富似乎就是一座堡垒。"这话说得非常妙，确实只有在幻想中才会如此。因为在历史的长河中，不知道曾经有多少人因富有而招致祸端啊！因财富而被毁掉的人多如恒河沙数，远比被财富救助的人数量庞大。不要总是梦想着发横财。财富应当用正当的手段去谋求，应当非常慎重地使用，同时还要慷慨地用其济世，并且到临死时，应当毫无留恋地与之分手。然而也不必因此蔑视财富。西塞罗评论罗马贵族波斯玛斯时曾说："他追求财富，但并非是为了满足私欲，而是要得到一种借以行善的工具。"这是一句非常好的箴言。而所罗门的告诫也是非常值得深思的："欲一夜暴富者将不免坠入不义。"

在神话当中，当财富之神普卢塔斯接受朱庇特的派遣时，他会显得步履蹒跚、动作迟缓。但是当他接受死神普卢陶的派遣时，却跑得飞快。这个故事说明信徒通过正当的方法获得的财富，是来之不易的。但是以别人的死亡为代价所获得的财富（包括遗产在内）尽管是快速的，而同时也是危险的。致富之术非常多，而其中大多数手段都是卑污的。节俭是其中最纯洁的一种方式。虽然实际上这也是有些不道德的，因为悭吝者必定不肯帮助穷人。最自然的致富方法是来自土地，大地是人类最伟大的母亲——给人以诸多恩惠。但如果只靠耕种致富，就未免太慢了。如果将财产广泛地投资于地产与矿产，财富倒能够得到迅猛的增值。我认识一位贵族，他是当今世界最富有的人，因为他的产业遍布草原、牧场、森林、煤矿、铁矿与其他诸多领域。对于他而言，大地就仿佛是一条绵延不绝的财富之河。

有人认为，赚小钱难，挣大钱却很容易。这种观点是有一定道理的。增值财富需要本钱，本钱愈大，获利愈多，所以富者能够愈富。但一般人只会规规矩矩地赚钱，一要靠勤俭，二要靠公平交易来获得正直无欺的声望。依靠卑劣手段得来的财富无疑是肮脏的。

高利贷也是牟取暴利的常见捷径之一，但也是最为卑劣的方法。它是将自己的财富堆积在别人的血泪上的。甚至连安息日也要计算利息，为了钱，可以不惜冒犯戒律。但是放债者同时也冒着陷入他人圈套的危险，结果不但没能得到利息，还有可能蚀掉本钱。还有操控着某种技术上的专利，抓住机会，有时也会使人暴富，如那位获取加那利群岛上制糖专利的企业家。

因此，一个富有聪明才智，又善于判断时机的哲学大家，也拥有发财的机会。依靠固定收入的人很难致富，而轻率地拿全部财产进行投机生意的人，往往要冒着倾家荡产的危险。最好的途径就是，既保持一种比较稳定的收入方式，又能够大胆从事某些冒险的投资。这样就算失败了，也还有退路可走。取得专利或是垄断权，也是一种非常好的致富之术。尤其是当这种垄断产品在市场上有着很大需求时，替人做事赚酬金固然是正当途径的，但所做的事千万不能涉及卑劣之事才好。例如，为了谋夺遗产而参与了某项阴谋，以图分利，就是极度卑鄙的。不要信任那些标榜蔑视财富的人。他们之所以会标榜自己蔑视财富，也许只是因为他们缺少财富，假若他们一旦拥有大量钱财的话，恐怕没有人会比他们更加敬奉财神了。不要吝惜小钱，钱财是拥有翅膀的，有时它自己会飞走，有时你必须将它主动放飞，这样才能招来更多的钱财。人在弥留之际，如果不将钱财遗留给亲属，就只能留给社会。但所留遗产的数量应该适中。给子女留下一份家业，未必就是对他们的爱。如果他们年轻而又见识不足的话，那么这家业会招来很多鹰隼环绕在他们身边，把他们当作猎物。同样，为了虚荣心而捐赠大笔款项等，正如不撒盐的祭品，保存不了太久，还有可能变为一座粉饰的坟墓，外表好看而内部却滋生腐败。遗产的馈赠，最好是在生前，而不要等到死去后，因为生前赠人礼物是一种恩惠，而死后留给旁人的财富，只是自己已经不能享用的东西。

论预言

这里进行讨论的预言，并不是神灵的启示，或是人们的妄语，也并非指神秘的征兆，而是那些貌似有所依据，其实却由来不明的所谓“预言”。例如，《圣经》当中的女巫曾对以色列王扫罗做出过如下预言：“明日你与你的子民将和我同归。”暗示以色列的衰落。《荷马史诗》当中也有一个预言：“伊里亚斯族将会统治全部的海岸，并世代承袭。”这似乎预言了罗马帝国的兴盛。

悲剧作家塞涅卡做出过如下预言：

大海敞开其衣襟，
呈现出宽广的胸膛。
狄菲斯①将发现全新的天地，
特勒②再不是最遥远的海疆。

这似乎是对于日后发现新大陆的一种预言。波利克拉特斯③的女儿在梦中见到丘比特为父亲洗澡，阿波罗在他的身上涂油。不久波利克拉特斯果然被钉

① 狄菲斯：古希腊航海家。

② 特勒：古代欧洲人认为的大地边缘。

③ 波利克拉特斯：公元前6世纪时，希腊小国萨木斯君主，于公元前522年被钉死在十字架上。

死在十字架上面，太阳让他遍体流汗，风雨冲刷着他的尸体。马其顿国王菲力梦到妻子的肚子被泥封住。起初他认为这是妻子无法生育的预兆。但是预言者却告诉他，她应该怀孕了。因为人类是不会将空罐用泥封住的。后来她果然怀孕，并生下了亚历山大大帝。布鲁图斯杀害恺撒后，在他的屋中出现了一个鬼影，对他说："你在菲力帕[①]还会再次遇见我。"提比留斯曾向加尔巴做出预言："加尔巴，你早晚会品尝到帝国的滋味。[②]"罗马时代在东方曾经流传过一种预言，说救世主即将诞生。塔西佗认为这个预言是指奥斯帕斯，结果应验在耶稣的身上。以上的预言后来都最终成真了。

罗马皇帝多密汀在遇刺前夕，曾梦到自己的脖子上面长出了一个黄金头颅——后来他的继承人果然开辟了一个黄金时代。英王亨利六世曾对送水的幼童预言："他日后将得到我们正在争夺的这顶王冠。"结果这个孩子果然继位，即亨利七世。法国的费纳特士曾派人隐瞒了国王的身份，告知算命者国王的生辰，让其算命，算命者预言这个人将会死于决斗。王后认为这太过荒谬，因为她认为没有人会向国王提出决斗。可是，她的丈夫后来死于一场马上射击比赛过程中发生的意外。在我还年幼时，也就是伊丽莎白女王还很年轻的时代，曾有一个流传甚广的预言，说：

"当麻织成线，英格兰就将终结（When hempe is sponne，England is donne）。"

把英国之前几位君主名字的头一个字母排列起来，就有了预言当中的"hempe"这个字，当时的人们认为，这预言似乎是在说，等到这几位君主，亨利七世（Henry Ⅷ）、爱德华六世（Edward Ⅵ）、玛丽一世（Mary Ⅰ）、菲力普二世（Philip Ⅱ）与伊丽莎白一世（Elizabeth Ⅰ）的时代结束过后，英国即将天下大乱。感谢上帝，这个预言并没能实现。但它却在英国的国号上得到了证实。因为我们现在的国号已经不再是"英格兰"，而是"大不列颠"[③]了。在1588年之前，

① 布鲁图斯刺杀恺撒后，与恺撒旧部在菲力帕决战，兵败被杀。

② 加尔巴于公元68年成为罗马帝国皇帝。

③ 不再是"英格兰"，而是"大不列颠"：伊丽莎白一世去世后，詹姆士一世继位，因为他兼任英格兰国王与苏格兰国王，于是自称"大不列颠国王"。

还曾流行过一个预言，当时我们并没有弄懂它的意思：

有一天将会看见，
在巴与迈之间，
挪威的黑色舰队。
在它毁灭了之后，
英国啊，大兴土木吧，
因为此后不会再有战争。

直到 1588 年，西班牙无敌舰队被我国海军彻底击败后，我们才终于理解，原来这个预言是针对西班牙人的。因为西班牙国王的姓正是挪威。当时还流传过一个占星术方面的预言："1588 年，一个奇迹出现的年头。"恐怕也是针对西班牙舰队的预言。这个舰队，即便不能算是有史以来最为庞大的，也应当算是武力最强的。至于雅典人克利昂的梦，看起来似乎是个玩笑，梦见自己被一条龙给吞掉了。后来他遇见了一个制作腊肠的人在背地里给他惹各种麻烦，便有人解释这个做腊肠的人，便是那条龙。类似的事不胜枚举。如果将梦兆与占星术方面的预言都进行一下计算的话，其数目恐怕会更大。但我认为，这些预言并不值得太过重视，虽然它们可以作为冬夜炉旁闲谈的绝佳话题。我所说的不值得重视，是说它们没有凭据。但在另一方面，假如社会上都在广泛流传这种东西，政治家就不应当忽视。因为谣言的蜂起曾经在历史上酿成过许多祸乱。因此许多国家制定了极为严厉的法律去禁止它们。人们之所以喜欢传布与相信这类预言，有三个原因：第一是人们只关注那些最终应验了的预言，而对数量极为庞大的未应验预言视而不见，对于梦兆也是如此。第二是预言的内容大多数是显得模棱两可的，这样就给人们进行各种推测与解释保留了很大的余地，可以与很多事件挂钩。正像前面所谈的塞涅卡的诗句那样。显而易见，地球在大西洋以西可能还会有很广阔的天地，这些地方未必总是一片汪洋。再加上柏拉图曾留下的那个"大西洲"的传说，更足以鼓励人将这种说法解释为一种预言了。第三点，也是最重要的一点，很可能大多数这类预言，其实不过是一种骗术，是一些穷极无聊的人在事后才编造出来的。

论野心

野心犹如人体当中的激素，是一种促人奋发行动的体液。但是当它遭受阻挠而无法实现时，它就将成为一种能够让人变得恶毒的东西了。因此，当怀有某种野心的人感到事业有希望得到成功时，与其说他们属于危险的人物，还不如说是极度忙碌的人物。但是，当他们的抱负被压抑而心怀积愤时，他们就将使用那种“凶恶的眼神”去看人了。这时，他们将变为幸灾乐祸、唯恐天下不乱的人,只能从别人的挫折当中感受愉快。我们必须善于驾驭这种野心勃勃的人，如果君主任用这种人是极为危险的，他需要不断提拔他们而不要让他们感觉失望。否则，他们就可能将自己连同其所承担的事业一起毁掉。如果这一点都很难做到，那就最好还是别去任用他们。但在有些情况下，我们却又不得不倚仗这种人。

比如说，在战争当中必须挑选有将才者，这时我们就不可以顾忌他们是否怀着某种野心了，而且没有野心的武将就犹如没有鞭策的马，是不可能奋勇向前的。

政治层面的野心家也非常有用处。他们可以作为君主的必要屏障，也可以当作权力斗争的工具。所以提比略皇帝就曾经任用野心勃勃的麦克罗去颠覆其政敌西亚诺斯。

我们再来讨论应当如何驾驭野心家。

由于每个人的气质都不同，所以不同类型的野心家的危险程度也不完全相同：出身卑微的人要比名门世家出身的人危险性更小，直率粗鲁者要比阴柔隐忍者的危险程度小，暴发户要比苦心经营者的危害程度小。君主控制野心家可以采用分化法，比如重用新的野心家来抗衡现有的野心家。但是这种办法只能在特定的情况下才可以使用，这种情况就是朝廷当中还有一批立场公正的大臣可以超然于党争之上。这些大臣的作用犹如船上面的压舱石，可以防止船只在波浪滔天的情况下倾覆。至于暗中设置某种监视与控制的机制使野心家时刻感到压力的这种办法，或许能够威慑那些性格较为怯懦者，但对于性格刚毅者，不但无法奏效，反而可能激生动乱。对于这种人，君主应该采用恩威并施的方式，利用羁縻之术。至于其他的方面，那种将注意力集中到一种事业上的野心家要比无事不想占先的野心家要好一些，忙于事务的野心家要比谋求获取人心的野心家要好一些，富有竞争精神、喜欢挑选难题处理的野心家，对社会或许还是有益处的。至于那种希望把一切他人全部抹掉，只有自己生存的野心家，则是最为狠毒可怕的。

一个一心希望爬上高位的人，或许怀有三种不同的动机：一是做一番有利于社会的事业，二是获得权势，三是攫取荣华富贵。怀有第一种抱负的人属于明哲的君子，能够识别并提拔这种人的君王，无疑是伟大而贤明的。所以君主在选择官员时，应当重用那种将责任感看得比权位更重的人，并且应当善于识别区分怀有济世救民的抱负的人与怀揣自私自利野心的人。

论宫剧与盛会

与本书的其他严肃论题相比，这个问题具有一定的游戏性。但对于君主们而言，这种玩意儿却似乎是不可缺少的。因此，这个话题就值得来讨论一下，如何让宫廷舞会显得趣味高雅而又不至于太过铺张。不过，我所说的是演戏而并非跳舞（因为那是一种卑下而又凡俗的举动），对话的声音也应当强健，富于男子气概（要一个低音与一个高音，不要最高音），歌词应当显得高雅悲壮，而不应当太过细致绮丽。好几个歌咏队，位于彼此相对的地方，并且此起彼伏地接续着歌唱，如唱圣诗一般，是非常能让人快乐的。

歌舞应当是非常美妙的艺术形式，这就要极为巧妙地配合音乐、歌唱以及舞蹈。唱法应当显得庄重，而歌词应高雅。采用轮唱与换唱的表演形式，就犹如唱颂赞美诗那样，应该是动人心弦的。至于舞法，应当讲究而不流于庸俗，要感人但不可以刻意哗众取宠。在舞台布置方面，应当优美而富有变化，最好是有多彩的灯光加以配合。音乐与歌声要显得嘹亮高亢。就服装的色彩而言，在烛光下，白色最为醒目，其次是粉色与浅绿色。表演者的衣服上可以装饰一些金属片，它们闪耀华丽而又廉价。至于舞蹈者的装束，则应兼顾他们在剧中的社会地位。演剧中的插曲不要太长。用作调节的小节目应该诙谐一些，使用诸如小丑、林神、黑人、侏儒、傻子之类的角色，但是庄严的人物不可以作为打趣的对象。比如，让天使与小丑一同上场，就会显得非常不伦不类。丑恶可憎的事物例如魔鬼，也不宜作为笑料。音乐应当轻松而多变。演出者要注意男演员与女演员的彼此合作。

舞台应当干净、整洁而又气氛融洽。至于比武竞赛之类的游乐，主要是将开幕式与入场式搞得辉煌一些。例如，可以使用狮子、熊、骆驼组成的队伍，并且为其装备盔甲、仪仗以及饰物，这就足够了。关于这些小玩意我讲得或许太细了。

剧景的变换，只要是做得极为安静无华就很美，而且能够引起人们的兴趣，就能使场景的变换美妙养眼，让观看者避免长期注视一物而导致疲劳。布景应当明亮，染有特殊而多样的颜色，并且剧中的演员或是任何将要从台上下来的人，最好在下来之前先在台上做一些动作，因为这种动作非常能够吸引人的注意。

要使这些剧中的音乐能够娱人而且有新奇的变化才好。在人群中如果忽来几阵香风而不见任何水珠下坠的话，那是很使人生愉快新鲜之感的东西。双宫剧，一组男的，一组女的，能添加庄严与新颖。但是演出的房屋如不保持干净整齐，则一切都等于没有。

论人的天性

人的天性虽然说是藏而不露的，但却很难被完全压抑，更罕有能被完全压抑者。即使勉强进行压抑，只会使它在压力解除后更加猛烈地爆发出来。甚至道德与教育的力量也难以完全约束它，只有长期养成的习惯才可以或多或少地改变人的天生气质与性格。

假如你希望改变自己的某一种天性，那么你开始时树立的目标既不可以太大，也不要太小，目标太大会导致受挫而灰心丧气，目标太小则会因为收效缓慢而泄气。在努力中不妨进行一些可以鼓励自己情绪的事情，就跟初学游泳者需要借助漂筏一样。在取得成效之后，就要从严、从难地克制自己，这一步好比练功的人腿绑重物走路一样。其实苦练要比实用更难，但其效果因此会更好。如果某种天性太过顽固，太难以克服，那么可以考虑采取以下的办法：

一是要长时间地不断严格约束自己。每当发怒时，就在心中暗诵二十六个字母来平息怒火。

二是从一点一滴做起。例如，在戒酒时，就采用每天都比前一天少喝一些的办法，直到最后彻底戒掉。

当然，如果一个人拥有足够的毅力与决心，能够瞬间下定决心，强制自己彻底与不良习性说再见，那是最令人感到钦佩的——“灵魂最为自由的人，就是那种能够瞬间挣断锁链的人”。

此外，古人还认为，矫枉不妨过正，用相反的习惯去改造天性，这也是非常不错的。只是应当注意，走向的另一个极端不要成为另一种不良习惯就好。

在树立某一种良好习惯的过程中，不要太过紧张，给自己留下一些机会与时间去回顾一下努力过程中的成绩和失误。人不能太相信对天性的克制。因为天性是非常狡猾的，它会在你警惕时悄然潜伏下来，当你放松时就会再次溜回来。就像《伊索寓言》当中的那只猫一样，虽然变成一个女人，能够安安静静地坐在餐桌前面，但当一只老鼠在它身边爬过时，她还是会情不自禁地扑上去。对于一个人来说，或者有自知之明地竭力避免这种打回原形的机会，或者干脆保持高度警惕，多用这种机会来考验自己。

为人应当慎独。在只面对自己时，人的真实性情是最容易显露出来的，因为这时人是最不需要掩饰的。在激动的情况下，也容易暴露出天性，因为激动会使人忘记自制。另外，在脱离了所习惯的环境而处于一种还不适应的全新境遇时，人的真实本性也可能显露出来。

有的人天性与其职业要求相适应，这自然是非常幸福的事。但是，那些能强迫自己做与其天性不符合的事业的人，则更需要毅力。因为在此时，“我的灵魂与我的存在彼此分离”。因此，在治学方面，对于最难的书应该订一个时间表，以强制自己按规定的时间与进度去阅读。当然，对于所爱好的学科就没有必要如此了，因为思想会自然而然地带着你向前奔跑。天性好比种子，它既可以长成香花，也能够长成毒草。人应当经常审视自己的天性，以培养前者而拔除后者。

论习惯与教育

人们的思想一般会取决于他们的意志，他们的谈论与言语一般是依从于他们的学问与从外界社会得来的见解，但是其行为却会取决于他们平日的习惯。所以马基雅维利说得非常好（虽然他所谈论的只是一些丑恶的事情），天性的力量与言语的动人，如果没有习惯的支撑，都是极不可靠的。他所谈到的事情是，为了实现一件用心极为险恶的阴谋，一个人不可以由于某人天性的凶狠，或誓言的坚决就去相信他，他应当任用过去曾狠下毒手，手上沾染过他人鲜血的人。尽管马基雅维利忘记了克雷姆、瑞瓦雷克、约尔基与杰尔德，这几个人都个是这种人①，然而他的定律却依然是举世通用的，这条定律就是：天性与誓言的约束力都比不上习惯。只是有一点，现在迷信非常盛行，以致初次为迷信杀人的人简直是与职业屠夫一样有着绝对坚定的信心，誓言的坚定也与习惯一样顽强，甚至在流血事件当中也是如此。在迷信之外的事情当中，处处可以发现习惯凌驾于一切之上，尽管人们不断赌咒发誓，进行自白、抗辩，允诺一定会克服习惯，但到了最后，依然一如既往地按照习惯继续做事，好像他们根本就是全无生命

① 这四位都是13世纪至14世纪的人，克雷姆刺杀法王亨利三世；瑞瓦雷克刺杀法王亨利四世；约尔基刺杀荷兰国父威廉一世，未成功，后来杰尔德继续行刺，终于得手。

的偶像，或是被习惯的齿轮来转动着的机械似的，这种情形实在使人惊讶。

我们也可以见到习惯的统治或是专制，能够看出它到底是怎么回事。印度人（其中的一派哲人）会静静地躺到一堆柴草上，然后以火自焚直至死去。不但如此，他的妻子还要争着与丈夫一起被烧死。在古代，斯巴达的青年们经常乐于在狄亚那的祭坛上接受笞刑，一动也不动。我还记得在女王伊丽莎白登基初年的英国，有一个被判处死刑的爱尔兰叛党曾提交书信给总督，请求用鞭笞而不用绞索来处死自己，因为按照惯例，过去的叛党都是采用鞭刑处死的。在俄罗斯有些僧人为了能够赎罪，会在寒冷的屋外的水盆当中坐上一夜，直到被坚冰冻住才罢手。

习惯对于人的精神与肉体两方面的巨大影响力,还可以举出很多例子。所以，既然习惯是人生的重要主宰力量，人们就应当努力求取好的习惯。习惯如果是在幼年时期就开始形成，那这一定是最为完美的习惯，我们称之为教育。

教育其实是一种从早年就开始逐渐养成的习惯。所以我们时常会发现，在语言方面，幼年是一生当中舌头最为灵活，能够学习一切语法及声音的时期。而且幼年时，人的四肢关节也最为灵活，适宜进行各种竞技和运动。而年纪已长的人就很难像从小学起的人那样屈伸如意，的确是这样。除非有人从来不固定自身心志，反而开放心志，并做好准备接受不间断的改良，而这只能算是万中无一的例外，极为罕见。

但是假如个人的习惯只是对自己影响很大，其整体力量不强的话，那么所有人联合起来的习惯，其力量也就庞大得多了。因为在这种地方，他人的例子可以作为我之教训，他人的陪伴可作为我之援助，争胜之心让我感到刺激，光荣使我得意，所以在这种地方，习惯的力量可谓登峰造极。天性中美德的繁衍要靠秩序井然、纪律良好的社会，这是无疑的。因为国家与政府只能滋养已经长成的美德，而不能帮助播撒美德的种子。可悲的是，最有效的工具，目前却正被用来做不堪的事情。

论幸运

无可否认，偶然性时常会影响到一个人终生的命运——例如长得美丽、机缘凑巧、某人的去世，以及偶然间得到施展才能的机会等。但是在另一方面，人的命运也往往是依靠自己来创造的。正如古代诗人所说的那样："每个人都是自身的设计师。"

有些时候，一个人的愚蠢恰恰成就了另一个人的幸运，一方的错误恰好为另一方制造了机会。正如古谚所说："蛇吞蛇，化为龙。"展示自身的才干固然令人赞美，而深藏不露的才干则可以带来幸运，这需要一种难以言表的自制与自信。西班牙人将这种本领称作"潜能"。一个人拥有优良的素质，可以在必要时发挥这种素质，从而推动幸运的车轮进行转动，这就称为"潜能"。

历史学家李维曾经这样形容老加图[①]说："他的精神与体力都是如此美好充沛。因此无论他出身于何种家庭，都一定能为自己开辟出一条新的道路。"——因为加图拥有多方面的才能。这句话说明，只要对一个人能够做到深入观察，是能够发现对他是否能够期待遭际幸运的。因为幸运之神尽管盲目[②]，但却并非

① 李维：古罗马著名史学家，代表作《罗马史》。老加图：古罗马政治家。

② 幸运之神尽管盲目：欧洲传说当中的幸运女神，是蒙着双眼在人间飞翔的。

无形。

幸运的机会犹如银河当中的众星，作为个体它们并不显眼，但作为整体，它们却显得光辉灿烂。同样的，一个人也可以通过不断得到细微的力量来达到幸福的目的，这就是不断增进自身美德。意大利人在评论真正聪慧的人时，除了夸赞他的其他优点之外，有时会说他表面上带有一些“傻”气。是的，带有一点傻气，但并非呆气，再没有比这对一个人来说更加幸运的了。然而，一个民族至上或君主至上主义者将会是非常不幸的。因为他们将思考权交托给他人，就无法走自己的路了。

意外的幸运会使人变得冒失、狂妄，然而来之不易的幸运却能够使人成才。命运之神值得我们去全心全意地崇敬，至少这是为了她的两个女儿——一位名叫自信，一位名叫光荣。她们都是由幸运产生的。前者诞生在自我的内心里，后者降生在他人的心目当中。

智者并不夸耀自己的成功。他们将光荣归功于“命运之赐”。——事实上，也唯有伟大人物才可以得到命运的护佑。恺撒对暴风雨当中的水手说：“放心吧，有恺撒在你的船上！”苏拉则不敢自称“伟人”，只称自己是“幸运的”。从历史的进程中可以看到，凡是将成功完全归于自身的人，往往结局都不尽如人意。例如，雅典人泰摩索斯①将其成就归结于：“这绝非幸运所赐。”结果他此后一事无成。世间确实有一些人，他们的幸运流畅得犹如荷马的诗句。例如，普鲁塔克就曾以泰摩列昂的好运与阿盖西劳斯、埃帕米农达②的运气相对比。但这种幸运的原因还是能够从他们的性格中得到发现。

① 泰摩索斯：古罗马将领。

② 普鲁塔克：古希腊传记作家、散文家，代表作有《列传》。泰摩列昂：古希腊将领。阿盖西劳斯：斯巴达国王。埃帕米农达：古希腊将领。

论放债

许多人都曾经巧妙地说过诅咒放贷者的话。他们说，人类应奉献给上帝的是每人收入的十分之一，而如今这上帝应得的一部分居然被魔鬼所侵占了，这真是一件非常可悲的事情。他们还说，放贷的人是破坏安息日的最大罪人，因为他的犁耙是每个安息日都在那里工作的。又说放贷的人简直就是维吉尔所说的雄蜂。他们应当将那些雄蜂（一群偷懒的东西）从蜂房当中驱逐出去。又说放贷的人将人类离开乐园以后的第一条戒律给破坏了。这第一条戒律便是“你将汗流满面，然后得食”，而放贷的人却是“借他人脸上的汗而得食”。又说钱生钱是有悖于天道的，诸如此类。而我只能这样说，放贷是“由于人心太硬而始蒙上帝所允许的一种事情”。因为既然借与贷是无法避免的，而且人的心肠是硬得不愿意白借钱给人的，那么放贷的事便不可避免了。又有些人也曾经关于银行及财产呈报，以及其他方面提出过多样而巧妙的建议，但是很少就关于放贷这件事说过有用的话。将放贷的利与害列举在眼前，以便我们能够酌量采择其利，并且小心处理，以便我们在走向改良之途时，不要遇见比现在更糟糕的事情，这样做是最好的。

放贷的害处：第一种它使得商人的数目有所减少。因为假如没有放贷这种极为懒惰的生意，金钱是不会停止流通的；反之，大部分的金钱将会被应用在商业上，而商业是国家财富的“动脉”。第二，放贷让商人的性质变得恶劣。因为一个农民假如他居住在一个租价很高的田地上，他就无法好好地经营土地；同样地，假如一个商人不得不依靠高利贷维持生计的话，他就无法好好地经营他的生意。第三种害处是附加于以上的两种害处的，那就是国家的税收随之减少，税收原本是随着贸易而涨落的。第四种害处是放贷将一国的财富全都聚集在少数人手上。因为放贷的人是稳赚不赔，而其他商人是盈亏不定的，所以渐渐地，大多数的财富都落入以放贷为生的人的箱子里了。然而，一个国家总是在财富分配较为平均的时候才最为兴盛。第五种害处是放贷之举导致土地的价值被贬低了。因为金钱的用处，主要是商业用途或是购置田产，而放贷却将这两种事业都给劫持了。第六种害处是放贷使得一切工业、改良以及新的发明都遭受挫折与压抑，因为假如没有放贷这种行当进行阻挠的话，上述的种种事业自然会有金钱支持其活动的。最后的第七种害处是放贷是蠹害众多人财产的东西，而这种行为经过了相当长的时间之后，将会引起普遍性的贫困。

凡事都有利有弊，放贷也有好处：第一种好处是，虽然放贷之举在某种程度上会阻挠商业发展，在另外一方面，它却是对商业发展有促进作用的。因为商业的最大组成部分是由年轻的商人凭借有利息的债务来经营的，这是毫无疑问的。如果放贷的人将他的钱收回或是不再放出去，马上就会导致商业的巨大停滞。第二种好处是，假如这样容易地使用以利息借债的办法，人们的需要将会使他们骤然陷入没落。因为他们将被迫卖掉他们赖以生存的资产（无论是田产或是货物），而且卖得的价值远低于这些资产的真实价值。所以，放贷的行为固然是在侵蚀这些人，但是若没有放贷的行为，则坏的市场环境将把他们整个吞噬。至于抵押或是典当之举，那也是于事无补的。因为不是人们不愿意无利息地收受抵押与典当，如果他们愿意这样做，他们必定会眼睛专注在没收那些资产上面。记得有一位乡下的狠心富翁，他常说，“魔鬼将放贷这种行为掠走才好，它使得我无法没收那些作为抵押的产业与证券”。最后的第三种好处是，设想可以存在不带利息的一般借贷是极为虚妄的，并且如果借贷之事受到约束，将出现的不便之处多如繁星。因此要废止放贷行为不过是空话。所有的国家都曾有过这种生意，存在差异的地方只是借贷的种类与利率而已。所以这种意见只好存在于乌托邦里了。

现在谈一谈如何改良并管理商业放贷活动，如何能够避免其害处，而保留其益处。从放贷业的利害关系来看，有两件事是应当予以调和的：一件是，放贷的牙齿应当磨得钝一些，使它不至于咬人咬得太过厉害；另一件是应当广开渠道，可以鼓励有钱人尽量放贷给商家，以便商业活动得以持续并保持活跃。要注意，假如利率过低，那么贷款的人就会大幅增多，商人就不容易从中赚钱了。同时我们还要注意，由于贸易是有较高利润可图的，所以商人比较能承担得起高利率，而一般人则不大负担得起同等的利率。为此可以设置两类贷款，实施两种利率。一种是自由而且公开的；另一种则是受控制的，只在特定的地区与范围内实行，例如，只借贷给有执照的商人。具体地说，应当让普通利率在5%以下。这种贷款应当得到国家的保证，由政府自由发放贷款。这种贷款能够解决急需用钱者的困难。例如，它能够鼓励地价适度地上涨。因为土地与其他产业的年增益利率在6%左右，这种低利率的贷款，可以鼓励人们积极进行产业投资。而另一方面，假如产业的利润超过5%，那么投资者就会乐于把资金投入到产业上，而并非用来放债了。第一，政府应当给予一些人特权，允许他们以高利率的借贷方式借贷给大商人。但是，以下几点应予注意：这种利率的标准也必须有限度，至少不可以高于商业的最高利润率。第二，应当禁止银行或其他专设金融机构从事高利贷放贷工作。这并非是由于我对银行心存偏见，而是因为银行业存在着种种欺诈行为[①]。对于那些被特许从事此项放款者，国家应当为他们设立一种征税制度而且这些放贷者只应当集中与限制在几个重点商业城市当中。或许有人会对我的建议提出异议：国家不应当将过去只能在暗中进行的放贷活动，更改为合法经营。那么我的回答是，公开承认并予以有效管理，要比让它在暗中发展却得不到有效约束好得多！

① 在培根所处的时代，银行业刚刚起步，还很不规范，乱象丛生，因此培根这样认为。

论青年与老年

一个人的年纪不大也可以经验极为丰富，只要他不曾虚度年华，不过这毕竟是比较罕见的事情。一般来说，青年人擅长“直觉”，而老年人则善于“深思”。这两种特点在深刻与正确性方面有着非常显著的差别。

青年的特点是富有创造性，想象力也比较纯粹而灵活。这似乎是得之于神助。然而，炽热而敏感的人往往要在中年之后才能成大器，恺撒和塞维拉斯就是最为明显的例证。曾有人评论塞维拉斯：“他曾经度过了一个荒谬的——甚至可以堪称是疯狂的青年时代。”然而，他被后世誉为罗马帝国皇帝当中相当杰出的一位。少年老成、性格稳健的人则容易在青年时代就可成大器，奥古斯都大帝、卡斯曼斯大公、卡斯顿勋爵就是这方面的代表。

另一方面，对于老人来讲，保持既往的热情与活力则是非常难能可贵的。青年擅长创造而短于思考，长于猛干而短于议论，长于革新而短于守成。老年人的经验，引导他们能够熟悉并控制好旧事物、旧局势，却同时也会蒙蔽他们，使其无视新情况。青年人相对而言显得敏锐果敢，但行事轻率却有可能破坏大局。青年的性格犹如狂放不羁的野马，藐视既往，目空一切，容易走极端。勇于革新而不去考量实际的条件与可行性，结果时常因浮躁而改革失败，同时招致意外的麻烦。

老年人则刚好相反。他们时常满足于困守已成之局，思考多过行动，议论多过决断。为了事后不会后悔，宁肯事先决定不冒险。

因此，最好的方法是将青年人的特点与老年人的特点在事业上彼此结合在一起。这样，他们各自的优点恰好可以弥补对方的缺点。从现今的角度来说，他们的所长能够互补他们各自的所短。从发展的角度来看，青年人可以从老年人身上学到他们所不具备的经验。而从社会的角度来看，有经验的老人做事更令人放心，而青年人的干劲则能够鼓舞士气。但是，如果说老年人的经验可谓可贵，那么青年人的纯真则堪称崇高。《圣经》当中说："你们中的年轻人将会见到天国，而你们当中的老人则只能做梦。"有一位犹太牧师解释这句话说：上帝认为青年人要比老年人更接近他，因为希望总是比幻梦更切实一些。要知道，世情如酒，越浓就越醉人——年龄越大，则在阅历增长的同时，愈会丧失最正直纯真的感情，早熟的人往往凋谢得也更早。以下的三种人不足为训：

第一种是智力开发太早的人。古人早有观点认为：小时了了，大未必佳。例如，修辞学家赫摩格尼斯就是其中的典型。他少年时就能够写出惊才绝艳的著作，但在中年以后却泯然众人。第二种是那种毕生都脱不了稚气的老顽童。正如西塞罗批评赫腾修斯时所说的那样，他早就应该成熟却始终幼稚。第三种则是志大才疏的人。年轻时抱负很远大，晚年却不足为训，如普布利乌斯·西庇阿[①]就是如此。所以历史学家李维批评他："一生事业不过是虎头蛇尾。"

① 普布利乌斯·西庇阿：古罗马名将。

说　美

才德犹如宝石，最好是用素净的东西加以镶嵌。毫无疑问，才德如果是在一个容貌虽然算不上姣丽，但是形体娴雅、气概庄严的身体当中，那是最好的。同时，很美的人在其他方面未必有突出的才德，似乎造物者在它的工作当中但求无过，不求绝对的完美。因此，那些很美的人们多半容颜出众，但胸无大志，他们所追求的也多半是仪容举止而并非才德。但是这句话也并不永远都是对的，因为奥古斯都大帝、菲斯帕斯、腓力四世、爱德华四世、阿尔西巴阿的斯、伊斯迈耳[①]都是志向远大的人，然而同时也是那个时代最负盛名的美男子。讲到美，容貌之美胜过颜色之美，而得体优雅的动作之美又强过容貌之美。最高的美是画家无法在画布上表现出来的，因为它并非是能够靠人力创造出来的。这是一种极为奇妙的美。曾经有两位画家——阿波雷斯与阿尔布雷特·丢勒[②]滑稽地认为，能够依照几何比例，或者通过摄取不同的人身上最美的特点，用画笔进行整合，最后集中到一张画上，成为一张最完美的人物画像。其实按照这种方法

①奥古斯都大帝、菲斯帕斯：均为古罗马皇帝。腓力四世：法国国王，有“美男子腓力”的称号。爱德华四世：英国国王。阿尔西巴阿的斯：古希腊著名美男子。伊斯迈耳：波斯国王。

②阿波雷斯：古希腊画家。阿尔布雷特·丢勒：德国画家、雕塑家。

画出来的美人，恐怕只表现出画家本人的某些偏好。美是很难制定出具体的规范的（音乐也是如此），创造它的往往是机遇，而不是公式。有许多脸型，就单独一部分看来并不优美，但作为整体却很动人。

有些老人也会显得极为可爱，因为他们的作风是那样优雅而练达。正如一句拉丁谚语说的那样：“四季之美尽在晚秋。”而尽管有些年轻人容貌俊秀，却因为缺乏优美的举止及修养，而不配得到赞美。美犹如盛夏的果实，极易腐败而难以保持。世上有很多美人，他们曾有过放荡的青春时光，却必然要忍受愧悔的晚年。因此，应该将美的形貌与美的品行结合起来。这样，美才会放射出最灿烂的光辉，而丑恶的德行将会自惭形秽。

论残疾人

身体有残疾的人往往对造物主怀有不平之心，因为世间的一切对他们都似乎太过苛刻。所以，残疾人大都缺乏自然的感情——这正是他们对造物主的一种报复方式。肉体与精神之间的关系，其实保持着一种平衡。在一方面受到了损害,另一方面也就会出现相关的反应。但是,人的精神境界是完全属于自我的,是能够由人的意志予以选择与控制的，不像生理、肉体的结构，只能得之于自然。所以只要人心当中有着明亮的阳光，它的光明就能够驱赶那些决定脾气与精神状态的星辰。所以，残疾并非是性格的根源，而只是导致某些性格特点出现的原因。身体有缺陷者往往容易自卑，怕遭到别人的蔑视——但这种自卑也可以转变为一种催人奋进的激励能量。所以某些有残疾的人往往要比一般人更为勇敢，这种勇敢起初只是一种出于自卫而出现的反应，日久天长就会逐渐演变为一种习惯。他们往往是乐于勤奋自强的，也往往乐于在成功当中发现其他人的缺点,以便从中感受到心灵上的慰藉与平衡。残疾人的成功不容易招致嫉妒,因为他们是有着缺陷的，人们乐于宽忍他们的成功。这也往往使一些潜在的对手忽视了他们所发起的竞争和挑战。所以，对于一种强有力的精神与品格，身体残疾的人恰恰能够将其转化为一种优势与动力。

古代的君主（现代的一些国王也如此），往往愿意宠信那些身有残疾的近侍，因为他们对天下人都怀有妒恨之心，这样就方便让他们作为耳目，而并非作为股肱之臣。综上所述，所有的讨论都已经指出，残疾人需要自我证明。如果他们的灵魂足够坚强，就一定可以将自己从卑微的地位当中解放出来，以消除世人对他们生理缺陷的怜悯与轻视。至于解放的途径，假如不是来自美德，就必定是采用了邪术。因此残疾人往往分化出两个极端——一类人是人类当中最伟大的人物，而另一类则是品行不堪的宵小之徒。就前者而言，如斯巴达那位勇敢的跛脚王阿盖西劳斯，驼而丑的文学家伊索，相貌奇丑的哲学家苏格拉底等，都是极好的例子。

说建筑

建造房屋是为了让人们能够居住，而不是为了供人们来观赏的。因此修建建筑的首要原则应当是实用，其次才是美观。当然，二者如果可以兼顾就更好了。但如果单纯只是为了追求美观，那么还是将建造这种魔宫的权利留给诗人们吧。因为诗人们建造的魔宫不需要花费人力、物力，只需运用充足的想象力就能够描绘、构造出最为富丽堂皇的宫殿。在环境恶劣的所在盖房，无异于是自己修建一所牢狱。因此建筑基址的选择是至关重要的。应该考虑到环境的各种因素，例如土壤与气候，空气与水源，季风，海洋以及河流，与市镇的距离，能够用于散步、游猎、放鹰的地点等。最好应当考虑《伊索寓言》中嘲弄之神摩莫斯的告诫——应当给房子装上轮子，这样就可以躲开坏邻居①。

房子应当避免离大城市过远或是过近，房子太过孤立或地域太狭小，将来难以扩建等因素，所有这些事，都应当在动工之前详加考虑，然后择善而从。如果有条件的话，最好同时修建几所不同用途的房屋，使一座房屋当中所欠缺的要素，得以在另一座房屋当中补足。所以当庞培拜访卢克莱修的住宅时，曾

①《伊索寓言》当中有一则故事：智慧女神雅典娜建造了一所房屋，嘲弄之神摩莫斯认为这样的房子不好，因为房子下面没有轮子，不能迁移来躲避坏邻居。

评价其房屋说："这真的是一处避暑的好地方，但是你到了冬天应该怎么办呢？"卢克莱修说："鸟类都知道应该在冬天到来之前搬迁到新居当中，难道我们还不如它们聪明吗？"

西塞罗曾经写过一本《论演说》，后来又写了一本《演说家》。在《论演说》当中，他讲述了演说的基本原理，而在后一本书中则讲述了演说的实践技巧。我们也需要有一个非常简单的模型来描述一座较为理想的建筑。今天的欧洲，尽管不乏梵蒂冈的教堂与西班牙王宫那样的宏伟建筑，却很难找到一处堪称典范的优秀住宅，这种情形实在是令人惊异。

所以我认为，一座完美的宫室首先应当具有多种功能：既应该有豪华的正厅，以供庆典与宴会使用；还应该有小巧玲珑的侧室；宴会厅当中正厅的高度，应当不少于 12.2 米，正厅的四周应当配备化妆室等附属建筑。室内还应该按照冬天与夏天的不同需要，设置两处小客厅，但这两间屋子的占地面积不应该太大。在建筑的底层，应当修建一个地窖以供储藏各类物品。建筑物当中应当有厨房、食具室等。作为下面的主楼，我认为至少应当比侧部的副楼要高出两层，而每层的高度应达到 5.5 米。

楼顶上应当覆盖优质铁皮，并且用浮雕加以装饰。全楼可以根据不同的需要，被分隔成若干厅室，楼梯应该建筑在整个建筑的中轴线上，并且用古铜色的雕木进行环绕。楼梯顶部的装饰应当极为考究。楼梯的下部绝对不适宜设置餐厅，否则油烟会顺着楼梯一直升到楼上。第一层楼梯的高度应该达到 4.9 米，而这也就是楼下房屋的高度。

房屋的前部应当布置一个比较美丽的庭院。再盖一些房子将其从三面进行包围。而这些房子应当比正面的建筑要矮一些。庭院的四角可以考虑建几座角楼，配以极为精致的楼廊，角楼的高度应当与周围那些房子的高度相配合。除了用于行走的小路，院中不宜铺设砖石，而应当栽种出一片草坪。草长起来之后，应当随时予以剪修，但是不宜剪得过短。建筑顶部应当有三五个精美的小圆顶阁楼，安设在距离相等的地点。还应当镶嵌以精美的、图案各异的彩绘玻璃窗。为了避免阳光直射，不妨安装一些百叶窗。在正面的院子后面，还可以考虑建一个内庭。

这个内庭的四周全都布置成花园，院子的四边不再修建走廊，只造一些匀称而又美观的拱门就可以了。临近花园的一侧，屋子的窗户都要面向花园，并应当适度高一些，以防潮气进入。在这个庭院当中，还应该建有喷泉与雕像。院中房屋在两侧的厢房可以作为寝室，而两端则可以用作私人密室。除此之外还可设置一套供病人休养的病室。房子的内外都应当尽可能布置得很精致讲究。整所房屋都应当设计并安装上隐蔽的排水设施。在通向这座建筑的道路上，有必要修建三所园子。第一个应当是朴素的、绿草如茵的园子；第二个只是稍加装饰，并点缀几个小角楼；而第三个庭院，也就是与建筑主体相邻接的那一个，要装修得比较讲究些，并且建造几个美丽的露台和回廊。这种回廊只修建柱子，柱与柱之间不应该有墙。至于办公的房子，要建在稍远的地方，可以通过走廊与宫室连接到一起。

说园林

全能的造物主是园林艺术的创始者。庭院雅趣，是人类最为高尚的娱乐活动之一；种植花木，是陶冶情操的最好方式。假如没有园林，就算拥有高墙深院，雕梁画栋，也只能看见人工雕琢，而不见自然情趣。

文明的起点，源于城堡的兴建。而更为高级的文明，必然伴随着优美园林的出现。我认为在园林艺术当中，一定要种植一些随时令开放的花草，使得四季都能有美丽的鲜花装点园林。其中必须有四季常青的植物——冬青、忍冬、常青藤、月桂、松柏、长春花等，还有各类果木——橘、柠檬、香橙等。每年的 1 月至 2 月，要适时栽种核桃，以及水仙、郁金香、白头翁。3 月应当种紫罗兰、小雏菊、桃李以及玫瑰。4 月要栽种樱草、百合、迷竹香、牡丹、康乃馨、樱桃花、梅与丁香。5 月到 6 月种石竹，各种玫瑰，草莓、无花果、覆盆子以及百合草。7 月种云香、早梨还有苹果、桃子。10 月至 11 月采收枸杞、西洋李及橡子。

不过，我这只是针对伦敦的气候来论证的。应该做到因地制宜，才可以使你的园林四季常青。当阵阵轻风吹过花丛，送来阵阵浓郁的花香，这种美妙的感觉，正恰似仙乐飘飘。所以欣赏花草要比采摘花朵更让人感到心旷神怡。为此就必须了解各类花朵不同的香性。浅红与深红的月季，香味不容易发散出来，月桂也是一样。所以即便你去嗅它，也感受不到香味，香薄荷的花也是这样。最香的花则是紫罗兰。尤其是白色双瓣的那一类，它每年都会开花两次，一次是在 4 月，一次则在 8 月。其次则是香蔷薇。还有杨梅在叶子枯萎时，也会发散出怡人的香气。有些藤类，诸如葡萄花的香气也非常馨郁。此外还有紫罗兰属的花，以及菩提花和忍冬草。豆类的花，虽然更适合种在田野上，但它们也有着淡淡的香气。

花园的面积，不应当小于 30 亩。并且可以分成 3 个区域：入口是草坪区，紧接着是灌木林区，最后花圃区。园中应当开辟出用于行走的小路。我设计的草坪面积占地 4 英亩，灌木区占地 6 英亩，园圃占地 12 英亩，其他区域占地 4 英亩。草坪同样能够让人感到赏心悦目。它应当经常被修剪整齐，中间开出一条用来散步的小径通向花园。小路的上面，可以架起木棚，以躲避夏日的曝晒。花园当中是否应该修建花坛？这一点我认为并不是那么重要。花园的主园区最好采用正方形，四面用篱垣环绕。篱垣上面可以修建非常精致的木制拱门。拱门上面不妨再装饰一些美丽的饰物——例如五颜六色的玻璃。

围墙内土地的规划，每个人都可以别出心裁。我的意见只是参考。但不管如何进行设计，最好不要太过雕琢。园子的中央可以修建一座小山，其高度应当在 30 尺左右。园中还应准备几间休息用的客房。至于园中的喷池，更应当特别精心设计。以下一点应当尤为注意，就是水塘容易寄生蚊蝇。

我认为喷泉的设计应该考虑如下两种：一种是喷池，一种则是石砌的清池。在第一种池当中，可以饰以现在非常流行的那种铜像。水应当是活水，以免日久变得腐臭。后一种水池，池底可以用石块砌出极为精美的图案。但切记不应当用来养鱼，也不要存留泥沙。最重要的是水必须是活水。

至于喷泉的形式以及喷水的样式，按照自身的喜好设计即可。

对灌木林区不可忽视。我认为风格不妨粗犷一些。我不主张多种大树，最好多栽一些灌木丛。里面还可以种野藤以及有香花的灌木。形态应当自然多样。地面不妨稍有起伏。但是这里的植物也应当经常修整，不要任其自然疯长。至于园中的空地，可以作为小路。要幽静、能够遮阳，并且还应当避风，以利于人们散步。路上可以铺设一些细石，但不要任其随意生长，以免晨露沾湿人的鞋袜。沿路边可以栽种一些果树。还可以沿途堆设几座假山，使来访的客人能够俯瞰全园与田野。

园中应当有一两条精致的道路。沿途也要栽种一些好看的花树，并且让树枝遮挡成荫。修几座凉亭是非常必要的，可以供人行走、参观时小坐。园中的设计不应该过于堵塞，要让空气流动畅通无阻。

我认为不应该在花园当中开辟出养鸟区。而且园林当中最忌讳出现鸟粪遍地、污秽袭人的情况。以上就是我认为比较理想的园林设计方案。这些论述有的只是出于我的想象，有些则是出于我的规划，不可能完美无缺，而只是一个大体的规划轮廓。

建造这样一座园林是非常费钱的，但对于贵族来说，这点开销并不算很大。以往他们只是听取一些工匠的意见，花费了同样的费用，却没有得到一个理想的整体效果。虽富贵却庸俗，这恰恰是园艺布置的大忌。

论交涉

口头谈判比用书信谈判要好得多，由第三者居间调停比本人亲自去办理要好。如果一个人希望得到书面回答时，或者如果一个人准备将来能够拿出书面的证据为自己辩护时，或者如果谈话被人打断以致听不完全，或者面对面谈判会有一定危险时，用信函进行谈判才是首选。如果一个人的尊严能够令对方敬畏（如一般情况下，上司对下属的影响），或者如果局面微妙，只有面对面知道如何选择措辞或是通过观察对方的表情以便做出判断时，还有一般情况下，如果一个人希望保留否定或是解释的权利与自由时，在这些情况下最好是选择面谈。在选择替你进行谈判的人时，比较好的办法是选择那些诚实的、具有一流素质的谈判者，选择那些肯依照你的意思去做事，并且愿意在回来时向你忠实报告谈判结果的人，而不应该选择那些善于利用其他的事务以利己身，并粉饰其报告以图谋求任用者欢心的人。那些乐于接受委托去处理事务的人也可以任用，因为这种乐意做事的心理会促使其勤奋努力，同时也要量才任事，勇敢的人可以派他去争辩，巧言的人可派他去劝诱，机警的人可以派他去探询观察，冒失荒唐的人应当派他去处理那些不免与理有亏的事务。那些比较幸运的，过去你派他们去处理事务，能够屡次成功的人也应当被任用，因为这种情形下可以产生较强的自信，并且这些人也会努力工作，以保全他们的名誉。

要窥察谈判中谈判对手的具体意向，直奔正题不如曲径通幽，除非你是想单刀直入，打对手一个出其不意，那自然是一种例外。与已经达到要求的人进行谈判，不如与那些愿望非常强烈的人谈判。如果一个人与他人讲条件做事，那么原先应当履行的条件都可以计入问题。一个人假如没有什么理由要求别人首先尽义务，除非事件本身就需要对方这样去做；或者这个人能够劝导对方，使对方相信将来在其他事情上，对方还会有需要倚仗自己之处；或者要他认为我方是极为诚实可靠的，谈判的本质无非是观察人与利用人的问题。要观察到人们的真情流露，须在对方得到信任之际、产生热情之际、毫无防备之际、有所需求之际，就是当他们要做成某事而找不到相当的饰词时。假如你想要影响任何人，你就必须要清楚对方的性情与习惯，以便引导他；或者知道他所想达到的目的，以便劝诱他；或者利用他的弱点与短处，以便恐吓他；或者利用对他有较大影响力的人，以便能够控制他。在和狡黠的人谈判时，我们必须要弄明白他们的目的，以便解读他们的言辞，并且最好是与他们少说话，而且所说的话最好是他们难以预料的。在一切有难度的谈判过程中，不要期望这边播种那边收获，而应当对结果有充分的心理准备，等待时机逐步成熟。

论从者与友人

手下有着过多的仆役，其弊端要远大于好处，就跟鸟一样，尾巴太长就难以飞得很高。何况仆役太多，开销必然很大，而且他们的需求也会过多。有些仆役还会找机会狐假虎威，这就难免会给主人惹来各种麻烦。有的仆役喜好吹牛，他们会在有意无意之间泄露机密，成事不足而败事有余。还有一种阴险的仆役，他们专门喜欢窥探主人的隐私，在必要时加以利用。这种人有时反而更容易受到宠信，因为他们往往擅长逢迎。

使用仆役的人数应当与主人的身份地位相称。

对仆役不要太过纵容，要提高他们的品德与素养。在一般情况下，平庸者一般要比有才能者更可靠。而在特殊情况下，有才者要比有德者可堪大用。对某些人太过宠幸，可能会使他们变得骄纵而目空一切，并且会使另外一些人对此产生怨恨。因为既然他们的资历相同，他们就总希望得到公平的对待。不过如果处理得宜，就可以用同等的标准选拔其中的才俊。这既能使被选拔者有知遇之感，又可以让其他人更加努力。对于任何仆役，从一开始都不应当给予厚待。否则以后你就无法再进行奖励。偏听偏信是会误事的，所以不要轻易相信告密，也不要被众意所挟持，这将让仆役认为你软弱无能。人世间真正的友情极为少见，在同辈之间这种友情就更少了，因为同辈之间难免会彼此嫉妒。但主人与仆役之间的友情就完全不同了，因为他们的利益荣辱是彼此一致的。

论律师

很多性质不良的事件与计划都要有责任承担者，在审判责任者的过程中，需要有一个合格的律师为其出头，以便争取到最大的利益。尽管律师有时也会真心主持正义。但绝大多数的律师承办案件绝非是出于对你的同情，而只是想要从你的官司当中谋利。

有的人表示愿意想尽办法来帮助你，实际上却是别有用心的。例如，通过介入你的案子，谋求渔人之利。当他自己的目的一旦达成，就会马上弃你于不顾了。还有些人之所以要承办一件案子，正是为了使这个案子败诉。他可能正是被你的对手所收买，来到你这里搅局。

毫无疑问，在每次打官司的过程中总不免有理屈的一方，假如一个人由于受到感情的驱使而在诉讼当中必须偏袒理屈的一方时，那么他最好利用他的影响力帮助双方达成和解，而不应当去诬陷、诋毁有理的一方。

遇到某个不清楚案情的案件，或是案件涉及自己不熟悉的领域，不如多进行一些调查。当然要谨慎选择调查的对象，以免遭到愚弄。律师最痛恨的就是被委托人所欺骗。所以如果发现委托人不可靠，一开始就应当严词拒绝受理该案件。假如你已接受了该案件，那在一开始就要向委托人实事求是地说明胜诉的可能性，而不要做出不切实际的吹嘘，更不要为了谋求高报酬而不择手段。这种正直是身为一名优秀律师所必须具备的。

假若某人告知了我们一个重要消息，而这种消息如果不依靠他的话，我们是难以获知的，那么我们就不可白白地利用这一消息，而应当给予他一定的回报，并且要给予他自由行事的余地，让他设法走其他门路去争取他所要求的事情。不清楚他人所求事情的价值的人是非常不明智的。

在处理案件的过程中，做事机密是成功的重要要诀之一。因为自吹自擂案件调查进行得如何顺利，虽可以影响某些对手的锐气，但也会刺激一些对手。辩护要把握合适时机，那才是最为主要的。所谓合适的时机，就是此时既有利于你的委托人，又能免遭他人破坏阻挠。

选择律师时，与其根据其此前的名望，还不如根据实际情况；与其选择一知半解者，还不如选择那些专家。如果初次的请求被拒绝了，也不要沮丧地讲一些绝情的话，至少应该为以后的接触留有余地。与其一开始就索取高额酬金，还不如分几次提出各类要求。爱管闲事的人最愿意轻易答应作证，然而一旦证据不充分，就会赔上律师的声誉。因此最不可信任的人，就是那些无事生非之辈。

论读书

读书为学的目的与作用是娱乐、修饰与增长才干。在娱乐方面，学问的主要用处是幽居养静；在修饰方面，学问的用处是丰富辞令；在增长才干方面，学问的用处是完善对事务的判断与处理方式。因为富有经验的人善于实干，或许可以对个别事情一件一件地进行判断；但是在对全局的讨论和对事务的计划与布置方面，还是必须由富有才学的人来决断。在学问上费时过少是偷懒；把学问只是用来装饰则是虚假；完全依靠学问上的规则来处理事务是书呆子。学问能够锻炼天性，而其本身又受到经验的锻炼；人的天赋犹如野生的花草，他们需要学问的修剪；而学问本身，如果不受经验的限制，则其所指示的未免太过笼统。多诈的人渺视学问，愚鲁的人羡慕学问，聪明的人才能运用学问；因为学问本身并不会教人们如何去运用它们；这种运用之道位于学问之外，属于学问以上的一种智能，是由观察、体会才能获得的。不要为了辩驳而读书，也不要为了信仰与盲从而读书；也不要为了言谈与议论去读书；要以能够权衡轻重、审察事理为目的去读书。

有些书值得一读，有些书可以吞下，一些书籍中的精品则应当仔细咀嚼消化；这就是说，有些书只要读读其中的一部分就够了，有些书则要全读，但是不必太过细心地读；还有少量的图书应当全读、勤读，而且用心地精读。有些书也可以让别人代替我去读，并且由别人替我做出摘要来；但是这种办法只适合次要的诗论与次要的书籍；否则摘要的书就像是蒸馏水一样，都是无味的东西。阅读使人感到充实，交谈使人敏捷，写作与笔记使人精确。因此，如果一个人写得非常少，那么他就必须拥有很好的记忆力；如果他很少与人交谈，那么他就必须非常敏捷机智；并且假如他读书读得非常少的话，那么他就必须非常狡黠，才能够掩饰自己的无知。历史让人明智；诗歌让人巧慧；数学让人精细；博物让人深沉；伦理之学让人庄重；逻辑与修辞让人善辩。"腹有诗书气自华"，不仅如此，精神上的缺陷没有一种是不能依靠相当的学问来予以补救的：就如同肉体上各类的病患都有适当的运动来进行治疗似的。打球有益于预防结石与保健肾脏；射箭有益于胸肺；缓步有益于胃；骑马有益于大脑，诸如此类。同此，假如一个人心志不专，他最好去研究数学；因为在数的研究中，如果他的注意力稍有分散，他就非得从头再做不可。如果他的思想不善于分辨异同，那么他最好去研究经院学派的著作，因为这一派的学者是必须要条分缕析的；如果他不善于推此知彼，旁征博引，他最好去研究律师们的案卷。

如此看来，精神上的各类缺陷都可以有一种专门的补救方法了。

论党派

许多人都持有一种非常不明智的看法，就是认为君主治国，其政策的关键就在于照顾各党各派的利益及愿望，其实并非如此，事实上最重要的应当是考虑如何妥善规划与大众有关的，能使人们虽有党派之别，却能够一致赞同的事务。但是我并不是说党派是应该忽视的。出身低微的人，在他们地位提升的过程中，是必须有所依附的；但是出身高贵而自身有力量的人，最好是保持一种中立的、远离党争的态度。然而即使是刚刚进入仕途的人，虽不免有所依附，但也最好能够保持温和的态度，要使自己成为本党本派当中最能够了解其他党派的意见的人，这样的话，他的升迁之路大概就能够比较顺利了。势力较小的党派往往会团结得更紧密，我们经常看到有些坚强不屈的少数人与较为和缓的多数人相峙，最终是人多的一方妥协。党派当中的一党一派倒台时，那剩下的另一党派就会自动分裂。

例如，庞培与恺撒曾经联手对抗罗马元老院。但当元老院的政敌被打垮后，他们两人却很快就兵戎相见了。安东尼与奥古斯都曾经联手对抗布鲁图斯。但等到布鲁图斯一派一败涂地后，他们两人也很快因争夺政权而彻底决裂了。这些例子是属于政治争斗层面的，但是在私人的党争当中也是一样的道理。因此，有许多次要的党员往往在本党分裂时会成为主要人物，但是他们也往往被抛弃，因为许多人之所以有力量，就是因为有斗争存在，一旦与之争斗的对手消失，这些人也就毫无用处了。

常见许多人身处本党之中，却与对立的党派相互通气。这些人可能是以为在本党内部已经站稳了脚跟，而现在是收买一个新党派的时候了。叛党时常容易成功，因为当事件陷入僵局、久而未决的时候，只要对方党派当中能有一个人站出来支持这一方，争斗就可以迅速决出胜负，而这个人也就顺势赢得了所有的感激与酬报。在两党之间严守中立不一定永远是因为态度温和，有时也是出于自利的考量——利用双方来达到自身的目的。在意大利，当教皇们口中常说“众人之父”这几个字时，人们对这些教皇总是抱有怀疑，认为由此能够看出他们有意在一切事务上，都以自己的家族荣耀为前提。

身为帝王者必须要小心，不可偏向于一方，以致俨然成为某党某派的信徒；国内的各个党派总是对王权不利的，因为这些党派常对党员提出一种义务与要求，简直和人民对君主所担负的义务差不多，并使君主成为“我辈之一”。例如，法兰西的“神圣同盟”就是这种情况。党派之争太过激烈，就可以从中看出君主是较为软弱的，这种情形对他们的权威与事业是非常不利的。在君主之下，党派的运动应该与天文学家所说的行星运动一样，这些行星尽管有自己的“自转”，然而仍然要接受公转规律的支配。

论礼仪

只有自身品格非常高的人，才可能够真正做到不拘小节。这就跟没有得到衬托的宝石一样，必须自身真的非常珍贵才会得到人们的青睐。我们深入体察人生时就会发现，获得赞扬之道就犹如经商致富之道，正像俗话所说的那样："薄利才可以多销。"同样，在小节上一丝不苟往往可以赢得非常高的赞誉。因为小节更容易引人注意，而施展大才的机会就像盛大节日，并非每天都有。因此，文质彬彬的人，一定可以赢得非常好的声誉。正如西班牙的伊丽莎白女王所说："礼节是一封通达四方的举荐书。"

其实要学会优雅的举止，只要细心就不难做到。因为人只要不疏忽，他就自然会乐于观察并模仿其他人的优点。礼节应当举止自然才会显得高贵。假如在表现方面过于做作，那就丧失了应有的价值。因为举止优美本身就包含了自然与纯真。有些人的举止言谈似乎是在作曲，其中的每一个音节都已经被仔细推敲过。但这种明察秋毫的人，却往往不见舆薪。也有人举止粗放，向来不拘礼仪，这种不自重的结果就是别人也放弃对他的尊重。礼仪是一种非常微妙的东西。它既是人类之间交际所不可或缺的，又是不能太过计较的。如果将礼仪形式看得高于一切，结果就必定是失去人与人之间最真诚的信任。因此在语言交际当中，要善于找到一种分寸，使之既直爽又不会失礼。这是最难以做到，但同时又是最需要做到的。

要注意的是，亲密的同伴之间也应当保持一定的矜持，以免被冒犯。在地位较低的下属面前，你不妨显得亲密、平易近人一些，这样能够备受敬重。事事都有他参与的人显得有些自轻自贱，并惹人厌嫌。好心助人时，要让人感到这种帮助是发自对他的爱护与敬重之心的，而并非是你天生就是乐善好施的。表示一种赞同时，不要忘记赞同还应当有所保留，以表明这种赞同并不是阿谀奉承，而是经过仔细思考的。即使对于非常能干的人，也不可太过恭维，否则难免会被你的嫉妒者看作是在拍马屁。总而言之，礼貌举止犹如人的衣服，既不可以太宽，也不可以太紧。要讲究而留有一定余地，宽松而得体，这样才可以进退自如。

论称誉

赞扬是对才德的一种主观反映。但是它犹如镜子或其他映像当中的东西一样。如果它是源自于俗人，那它多半是虚假而毫无价值的；它适合奉送给那些虚妄之人，而不适合奉送给那些有德之士。世俗之人无法理解那些卓越的美德。最低级的才德可以赢得他们的赞扬，中等的才德可以在他们心中引起惊讶或是艳羡，但是对于最高等的才德，他们就根本没有识别能力了。只有表面上的表现与虚假的才德才是最受他们欢迎的。名誉犹如一条河流，能载轻浮中空之物，但会淹没沉重坚实之物。但是假如有地位与有见识的人同声颂扬某人，则有如《圣经》所谓的“美名有如香膏”了，它的香气能够遍布四周，而且不会轻易消散，因为香膏的香气要比花卉的香气更为耐久。

可以用来恭维的理由非常多，所以一个人怀疑人家的赞扬是有很多理由的。有一种赞扬只是为了谄谀；要是说话的人是一个普通的谄谀者，那么他就会有几种极为常见的套话，对于谁都可以说；假如他是一个非常狡猾的谄谀者，那么他就会模仿“谄谀者之王”：一个人自以为最擅长某事，或拥有某种美德，那狡猾的谄谀者就会在这些层面进行竭力赞扬；但是假如他是一个非常大胆的谄谀者，他就会找出一个人自认为最有缺陷的地方，甚至是自己深以为耻的地方，然后坚持说他在这些地方有着非同一般的长处。

有些赞扬是出自善意与尊敬的，这类赞扬是我们对帝王或是大人物们应当持有的礼仪。还有一种赞扬是“以赞扬为教训”的，也就是说，在对某些人说他们是怎么去做的时候，实际就是在指点他们应当怎样去做。有些人受到赞扬其实是遭到别人的恶意中伤，为的是引起别人对他们的嫉妒之心。“最丑恶的仇敌就是那些不断恭维你的仇敌”，所以希腊人有一句谚语——“被人恶意恭维的鼻子会长小疮”，就和我们的谚语所说的“说谎的人舌头要长水疱”是一个意思。适度的赞扬，如果用得符合时宜，而且不庸俗，的确是有一定好处的。所罗门说：“清晨起来，大声称赞朋友的人，就等于是在诅咒那位朋友。”把人或事过于夸大，必然会激起反对，受到嫉妒与轻蔑。至于一个人自吹自擂，除了一些特别的情况，是非常不合理的；但如果是自己称扬自己的官职或是职业，则能够漂亮且带有一些豪气地去做。罗马的主教们都是一些神学家、宗派人士与经学家，他们对于文官事务有一句藐视轻蔑的判断，他们将所有战争、外交、司法及其他的世事都称为“世俗之辈”（sbirrerie），好像所有这些事情都只不过是世俗之辈与管家之类的人办的事一样。虽然世俗之辈所做的好事常常要比他们高深的研讨的好处还要多。圣保罗在自夸的时候，往往要加上一句“请容许我说一句大话”，但是在谈到他的职务的时候，他就说“此乃我的职责所系”。

论虚荣

一只苍蝇趴伏在战车的车轴上神气活现地自我吹嘘着：“大家都来看啊，我扬起了多少尘土啊！”——《伊索寓言》当中的这一则故事真的是巧妙极了。世界上到底有多少愚蠢的人，正如这只苍蝇一样，为了获取一点虚荣，而将其他人的功劳冒认成是自己的功劳。自夸必然会惹起纷争，因为一切自夸都必须借助于他人短处对自己进行比较。这种人也必然喜欢吹嘘，因为只有依靠吹嘘，才能够满足他们那强烈的虚荣心。

因此喜欢吹嘘的人必然无法保守机密。这种人就像一句法国古老的谚语所说的那样，“叫得很响，做得很少”，在事业上，这种人是不可信任的。但是在政治生活当中，这类人倒可能得到重用。当需要制造出一种虚假的声望时，他们是非常有用的吹鼓手。此外，正如李维曾指出的那样，政治上有时需要各类谎言。比如，在外交活动当中，在两个君主之间同时夸耀某一敌对者的强大实力能够促使他们最终结成联盟。又如，有人对两个彼此不知底细的人吹嘘自己对另一方拥有较强的影响力，结果巧妙地将自己的地位给抬高了。在这些事例当中，这种人几乎可以说是非常轻易地造就了一种时势，仅仅凭借谎言与吹嘘就获得了力量。对于军人而言，荣誉心是不可或缺的，正如钢铁因为得到磨砺而锋锐十足一样，荣誉感同样能够激发斗志。

在冒险的事业当中，豪言壮语也能够增加胆量，审慎持重之言反倒会让人泄气，它们是压舱石而并非船帆，应当被藏在舱底当中。甚至严肃的学术事业，假如不能插上夸耀的翅膀，也很难声誉鹊起。所以，就连《蔑视虚荣》这本书的作者，也将自己的名字题写在了书皮上。古代贤哲如苏格拉底、亚里士多德、盖伦等,也都是有着极强夸耀之心的人。虚荣心乃是人生事业的重要推动力之一。因此以行为本身为目的者，绝没有以行动作为手段来博取名誉者更能获得荣誉。西塞罗、塞涅卡、小普利尼[①]的事业或多或少都与他们的虚荣心有着密切关联，所以他们的努力向来持久不懈。虚荣心犹如油漆，它不但可以使物体显得越发华丽，还能保护物体的本身。还有人具有一种非常巧妙的能力，能够使夸耀与虚荣心被掩饰得极为自然，犹如塔西佗所说的莫西——“他如此擅长巧妙地显示自己”，以致使人们认为这并非是出自虚荣之心。而是出自他的豪爽与明智。其实一切表现得恰如其分的谦虚、礼让及节制，都能够成为更为巧妙的求名自炫之法。假使你拥有一种特长，那么你就不妨慷慨地称赞那些这方面不如你的人。对于这种做法，小普利尼说得非常好：“你既是在夸奖别人，又是在夸奖自己。如果他的这种优点还不如你,那么既然他值得夸奖,你自然就更加值得夸奖。如果他的这种优点强过你，他不值得夸奖，你也就更不值得去夸奖了。”结论是：尽管你胜过他，你依旧应该夸奖他。但归根结底，自夸自赏的明智者去竭力避免的，却正是愚蠢者所努力追求的，也是谄媚者所献上的。而这些人不过是被虚荣心所支配的奴隶。

① 西塞罗、塞涅卡、小普利尼：都是古罗马时代的著名作家。

论尊荣与名誉

赢得荣誉可以使一个人全部的才德与真实价值完整无缺地显露出来。因为有些人在他们的行为当中力争光荣与名誉，这种人尽管经常有人去谈论他们，但是很少有人会发自内心地羡慕他们。有些人，与上述的情况完全相反，他们将自己的才德隐藏起来，轻易不外露，因此他们在一般人的印象当中是经常被过低估计的。假如一个人能完成一件别人从未尝试过的事情，或者是一件曾经有人尝试过，而最终被放弃了的事情，或者是别人也完成过，而未曾做得极为完美的事情，如此他就可以比仅仅追随在别人身后，而最终做成了一件更难或是更高的事的人得到更多的荣誉。假如一个人将他的所作所为调和得使其中总会有一件可以取悦各党各派，那么赞美他的歌声就更加宏大了。假如一个人去做一件事，而这件事得以完成时，他所得的名誉远不如失败时他所得的耻辱的话，那么这个人就是一位不善于爱惜自身荣誉的人。由比较而得来的（即显露出我优人劣的）那种荣誉是最为明显的，就如同切成很多面的钻石一样。所以一个人应当竭力与那些与他争名的人争胜，务必要在可能范围之内，做出比他人更好的业绩。嫉妒心是荣誉的害虫。要想消灭嫉妒心，最好的办法是表明自己的目的是追求事业成功而不是求名，并将自己的成功归结于天佑与幸运，而不是归结于一己的才德或权术。

君主的荣誉的真正等级如下：第一等的君王应当属于那些开国之君，例如罗慕洛、居鲁士、恺撒、奥斯曼[①]等。第二等的就是立法创制之君，这一类君主也被称为万世之君，因为他们逝世后，整个国家仍然可以依靠他们所制定的法度来运行，这一类的君王例如来古格士、梭伦、查士丁尼、爱德加、卡斯提[②]。第三等就是“解难之君”或“救国之君”，如结束了长期的内战，使得国家摆脱长期困苦，或从异族、暴君的束缚下，将国家救出来的君王。例如奥古斯都、菲斯帕斯、罗马皇帝奥兰斯、英格兰国王亨利七世、法兰西国王亨利四世。第四流就是“扩疆拓土之君”或“保国之君”，如以光荣的战争扩张疆土或以光荣的自卫战抵御侵略者的君主。最后应数那些“国父”，就是那些治国有道，致他们所处的时代于太平的君主。这后两种都不需要例子，因为像这样的君主是很多的。

臣民的荣誉应当做如下的分级：首先是“为主分忧之臣”，就是那些君主非常倚重，能够肩负重担的人们，即我们所说的“君主的左膀右臂”。其次则是“统兵大将”，即伟大的军事将领与在军事上有着极大建树者。再次就是“亲幸之臣”，如能得君心，而不扰民者。再其次则是“能臣”，就是居高位而能尽职，能处理大事的人们。还有一种荣誉，可列于最高等的荣誉当中，但是这种荣誉并不常见，那便是为国捐躯或为了公共事业，而甘冒极大风险的人们，如马喀斯·瑞古拉斯和戴西亚斯父子。

①罗慕洛：罗马城的建城者。居鲁士：波斯帝国的建立者。恺撒：罗马帝国的奠基者。奥斯曼：奥斯曼帝国的建立者。

②来古格士：斯巴达的立法者。梭伦：雅典城邦立法者。查士丁尼：东罗马帝国皇帝。爱德加：英格兰国王。卡斯提：西班牙国王、立法者。

论司法

司法人员应当认识到，他们的职责仅仅是司法，而不是立法。也就是说，他们只拥有解释与实施法律的权利，而无权去制定或是更改法律。否则，法律本身就会形同虚设，缺少权威了。

对于法官而言，学识要比机敏更加重要，谨慎要比自信更重要。摩西戒律当中提出："私迁界碑者必然受到诅咒。"而篡改法律者，其罪行要比私迁界碑更为严重。要知道，一次不公正的裁判，其恶果远超十次犯罪。因为犯罪仅仅是冒犯法律——犹如污染了水流，而不公正的审判则会败坏法律，犹如污染了水的源泉。所以所罗门王曾说："谁若使善恶是非颠倒，其罪恶不亚于在甘甜泉水中下毒。"以下我们来分别讨论一下司法与诉讼、律师、警察还有君主与国家的关系等问题。

第一，关于诉讼人。《圣经》中曾说："诉讼是一枚苦果。"而久拖未决的诉讼更为这枚苦果增添了酸腐的气味。设立法庭与法官的主要目的，是要处理人间的各类暴行与欺诈。明目张胆的暴行固然是极为凶恶的，而精心谋划的各种欺诈，其隐患也绝不亚于暴行。至于那种无事生非而产生的诉讼，就应当加以排除，而不要让法律受到它们的干扰。法官应当为做出公平的裁判做好最为充分的准备，犹如上帝为人间所做的事情那样：削平山冈、填满坑洼，最终铺出一条笔直的大道。

在复杂的案件面前，法官不应当向任何压力屈膝，也不可以被任何形式的诡辩、阴谋所迷惑。法官也不应当滥用其权威，依靠威压来解决问题，否则必然会导致冤案。正如“擤鼻过猛定会导致流血”一样。在处理刑事案件时，法官尤其是不应该将法律作为虐待被告的刑具，而应当懂得制定法律的目的只是为了惩戒。要知道，世间的一切苦难当中，最大的苦难莫过于执法者徇私枉法。

执法也不可以太过严苛。不可以把法律变成让人民动辄得咎的森严罗网。在审判时，法官不只应当考虑到事实，还应分析与事实有关系的背景和环境。对已经过时的严刑酷法，要严格加以限制。“注意事实，也应当权衡情理，这同样也是法官的职责”。特别是在审理人命攸关的案件时，应当在考虑法律正义的同时，也怀有慈悲救人之心。应当以无情之眼看事，以慈悲之心待人。

第二，有关律师与辩护的问题。耐心听取辩护是法官的最主要责任之一。法官在审判的过程中，随意打断或否定律师的辩护行为，或是预先说出律师可能做出的辩护，来显示自身的明察，以致在听取调查结果与辩护之前，就抱有怎样进行判决的成见，都将不利于保证司法的公正。在审判的过程中，法官肩负着四项任务：

（1）核验证据；

（2）主持庭审发言，制止与庭审无关的话题；

（3）宣布审判所依据的原则与法律，总结案情的来龙去脉；

（4）依据法律做出宣判。

如果超出这四件事去处理更多的事情，那需要去做的事情就太多了。身为法官，如果缺乏听取证词与辩护词的耐心，假如记忆迟钝，注意力无法集中，就不能做出最为公正的裁决。而且法官应当意识到，他所处的位置也就是上帝所处的位置。所以他应当像上帝一样，扶助弱小，抑制强暴。法官与律师不可以太过亲密，否则就难免有不公正的嫌疑。对于正直而勇于主持公道的律师，法官应当表示赞许，而对于歪曲事实的律师，则应当庭给予批驳。

第三，关于法庭警察。法律的神圣性，不但体现在司法官员身上，同时也体现在执法者的身上。《圣经》中讲，“荆棘丛当中是无法摘到葡萄的”。同样，法官假如被一群贪赃枉法的警察所围绕，那么从这里也是绝对无法得到公正果实的。法庭中的警察绝不可以任用以下的四种人：包揽诉讼的讼棍，借司法以谋求私利的寄生虫，狡黠之徒，有敲诈勒索前科之徒。有人将法院比作是灌木，当有困难的人犹如逃避风雨的羊一样，钻到灌木丛当中时，难免出现刮伤皮毛的情况。而如果法庭当中出现了这几种人，那么恐怕出现的就不仅是刮伤皮毛的问题了。不过，如果法官的助手们能够都是正直而富有经验的人，那就极为难能可贵了。

第四，关于与君主、国家的关系。每一名法官必须牢记罗马十二铜表法①结尾的那一千古流传的警句：“人民的安宁就是最高的法律。”所有的执法者都应当清楚，一切法律如果不以这一目标为准绳，则所谓公正就只不过是一句空话。而所谓的法律则也不过是从不灵验的谶语。法官与君主、政治家肩负着共同的使命，他们应当携起手来，以避免司法与政治出现矛盾。在制定政策时，执政者应当充分考虑到法律的作用。在执法时，司法者要考虑到兼顾政治利益。司法的重大错误，有时是足以引起政治变乱，甚至国家倾覆的危险的。所以，法律与政策绝不是对立的，而是彼此密切相关的。在所罗门王的宝座前面站着两只狮子，象征着君主的威严，法官就相当于王座前的狮子。但他们也应当清楚，狮子毕竟只是狮子，只可以蜷伏在王座之下，而无法凌驾于君权之上。法官的最高职责，就是贤明地根据法律做出合理的裁判。

对于这一点，圣保罗讲得非常好：“我们清楚法律体现着正义，但这也需要人们可以正确地运用它。”

---

① 十二铜表法：也叫十二表法，是古罗马国家立法的纪念碑，也是最早的罗马法文献。古罗马于公元前449年制定和公布了成文法，该法因刻在十二块牌子（铜表）上而得名。十二铜表法对后世欧洲法律的发展有着极深远的影响。

论怒气

想要彻底制止发怒，这不过是斯多葛学派的一种浮夸之辞。我们有着更好的教诲：“应当生气时就该生气，但是不要去犯罪。不要将今天的怒气放到明天。”

必须在程度与时间两个方面来限制发怒。我们现在先说如何能够调剂与延缓发怒的天性及积习，再说应当如何压抑怒气或起码让它不会出现那么大的危害，然后再说怎样使别人发怒或是息怒。

关于第一点，没有其他的办法，我们需要好好地沉思、细想那发怒所带来的后果，它是如何扰乱人生的。最好的方法就是在怒气平息之后，回想那时的情形。塞涅卡说得非常好：“发怒犹如东西坠落，让自己在所降落的东西上面撞得粉碎。”《圣经》教育我们“应当以耐性保持我们灵魂的纯净”。无论何人，假如失去了耐心，也就等同失去了灵魂。人们绝不可以变成蜂，“将他们的生命留在所蜇的伤口上面”。发怒的确是一种低贱的品质，因为它总是在它所管辖支配的那些臣民的弱点当中显现，这些人也就是儿童、妇女、老年人、病人。因此，人们必须注意，如果难免会感到生气时，起码要让怒气与轻蔑连在一起，而不要使它与恐惧之心连在一起，这样他们起码能够位于他们所受的伤害之上，而不会居于其下。这一点并不难做到，只要你愿意记住这条戒律就足够了。

发怒的主要原因及动机有三点：第一，就是太过容易感到受伤害。因此，纤弱细致的人必然是会常常生气的，有许多事情可以让他们受到刺激，而这种事情对个性坚强的人来说，是非常不容易感觉到的。第二,一个人在所受到的伤害当中，发现或是认为有满含轻蔑的情形也是非常容易致怒的，因为轻蔑之心会使怒气变得锐利，好像要比伤害本身还厉害。因此人们如果善于发现轻蔑的情形时，他们是很容易生气的。第三，如果一个人认为其名誉受损时，这种意见也会增加，并加重怒气的。在这种情形下，最好的调剂方法正如康萨弗所说，一个人应当有一种“绳索很粗的荣誉之网”。但是在所有的抑怒之道当中，最好的调剂术是延长时间，并且要让一个人自己坚信，他报复的时机还没有到来，但是他能够预先看见一个未来的好机会，如此他就能够在这个机会还没来到时静静等待。

如果要使一个人尽管因生气而发怒，但不会因此招惹祸患，有两件事情就要特别注意了：一是极端愤懑的语言，尤其是尖刻并涉及他人人身的语言。因为“骂世之言”是无关紧要的，在发怒的过程中也不要泄露秘密，因为这样的举动可能导致一个人不适宜群居。二是在做事情时，不要在一阵发怒后，把要处理的事先抛掉了；反之，无论你怎样感到愤懑，也不要做出任何无法挽救的事来。

至于让别人发怒或是息怒，这种事情的处理方法主要在于选择时机，要在人们最为激进或是心境最坏时激恼他们。另一种办法是如上所述，将你所能找出来的事情全都搜集在一起，以加重对那人的轻蔑。息怒的方法则与此相反。第一，与人第一次提及某种可恼之事时，应当选择好时机，因为初次的印象是极为重要的；第二，就是要将一个人对伤害的见解尽量与他受轻蔑的感觉分开，把这种伤害归于误会、恐惧、热情或其他事项都是可以的。

论变易兴亡

所罗门说："太阳底下无新事。"与此类拟，柏拉图也有一种观点，认为"一切知识都只不过是回忆"。同此，所罗门还认为："所有的新鲜事物都不过是已经被遗忘的旧事物而已"。由此可见利司河不只在地下流，在地上面也在流淌。有一位玄妙的星命学家认为："要不是有两件事物是固定的（一件便是天上的恒星是永远位于固定的距离，永不靠近，也永不远离；另一件就是诸天绕地的每日转动是永远遵循着一定的时刻的），世上就没有一件东西是可以支持一刻之久的"。所有事物都是处于不停变化之中的，永无停歇，这是确凿无疑的。那掩埋一切的大殓方式有两种：洪水及地震。至于大火与旱灾，它们是并不能完全消灭人群或是物种的。以利亚时代的三年大旱也只是局限在一定区域内，而未能毁灭全人类。至于新大陆常有的天火，范围也是非常狭小的。但是在其他两种毁灭方式——洪水和地震——中，应当注意的是，那些幸而得救的遗民大多是缺少知识的山居之民，他们是不能留下有关灾难的任何记载的；所以许多人或事都随之湮灭与遗忘，那种情形就和一个人都没留下是没有什么区别的。如果你对于新大陆的人民进行详加研究，就会知道他们是一种比旧世界的民族还未开化的民族。而以前在该地曾有的毁灭大概也不会是由于地震（如埃及僧侣告诉梭伦有关亚特兰蒂斯的事情，说该岛是在地震当中下沉到海面以下的）而是被洪水所毁灭的。因为地震在那些区域是并不常见的。那里有着奔腾的大河，大得使亚、非、欧三洲的河流与之相比，不过如小溪一般。还有他们的安第斯山也要比我们的山高得多；由此大约可以猜测，有一部分人类依靠逃避到高山之上，才得以在洪水中幸免。至于马基雅维利的评语，认为宗教派别的彼此嫉妒，是古事被今人所遗忘的重要原因之一；他诽谤格里高利一世[①]，说他曾尽力毁灭一切异教的历史文物。关于这一点，我却不曾发现这种宗教狂热能产生多大效果或者能延续多久；在格里高利一世死后，萨比尼安继任教皇，他就又开始恢复古代文物了。

诸天界的变易不是本文所要讨论的内容。如果这个世界能够绵延到那么久的话，柏拉图的“大年”也许会生效，这种功效不在乎使人们返魂复生（因为这种说法不过是某些人的妄想，这些人是认为天体对人间的某些事情有着极大的影响力与预示），而在乎使世界大体重新。同时，彗星对于事物确实存在一定的影响；但是一般对于彗星，大多不过是仰而望之，并注视着它们的行程，而不善于观察它们的影响；尤其是不善于观察其具体而分门别类的影响：什么样的彗星，大小如何，颜色怎样，光芒的方向如何，在天空中的位置是怎样的，出现的周期是什么，能够带来什么样的影响。

曾经听说过一种无关紧要的说法，这种说法我不愿人们将其遗忘，而希望人们能够对其稍加注意。据说在荷兰（我不知道是荷兰的哪一部分）有着一种说法，说是每经过三十五年，则同样的、同次序的年景和气候特点就会进行一个循环：如严霜、洪水、大旱、暖冬、凉夏之类的事情，他们将这种情形称为“复始”。这个说法是我所愿意提及的，因为我曾经对此前多年的气候特点的递变规律进行过研究，并发现这种周期性变化的说法确实有一定的道理。

而人世间的演变规律，内战往往是国家变得支离破碎的主要原因。因为统一的力量一旦不复存在，国内不同的民族就有可能千方百计地寻求独立的机会。罗马帝国就是因此而灭亡的，查理曼帝国也是同样的下场，西班牙帝国早晚也

① 格里高利一世：第 64 任罗马天主教教皇。

会沦落到这一地步。一个称霸于世的国家，迟早都会灭亡。一个人口过多的国家，也是如此。人口压力假如已经大到了本国养活不了的程度，就不得不移民到国外。和平的方式行不通，就只好采用武力。关于战争的武器，在不同的时代，其变化也各自不同。印度人很早就发明了火炮，而据说中国人在几千年前就已经发明出了火药。这种武器的发明，使人们能够在远距离就可以作战，从而减少人员大量伤亡的危险。一直以来对武器的要求是，既灵巧轻便，又要具有极为强大的杀伤力。至于作战的战术，最初人们依靠的单纯是战士的数量，后来开始逐渐重视技巧及策略，包括运用不同的地形，采用埋伏迂回战术等。一个国家草创之初，往往最重视武力。及至根基逐渐稳固，就转而重视教育与学术。而在它成熟期，将会特别重视工业与贸易的发展。学术也有幼儿时代，那时它才萌芽而且往往是很稚嫩的。在少年时代，它是旺盛但却浅薄的。此后才会进入灿烂辉煌的成年期，而鼎盛时代结束后，它就会不可避免地进入中老年时代的衰微与凋零。以上我们展望了变迁转动的历史之轮。这是足以使很多人头昏目眩的。至于验证这些理论的史实，就不宜在本文中来一一引证了。

论谣言

诗人们将谣言描绘成一个怪物。他们形容她时，其措辞一部分是秀丽而文雅的，一部分则是严肃而又深沉的。他们说，你看她有多少羽毛；羽毛下面有多少只眼睛；她有多少条舌头，多少种声音；她可以竖起多少只耳朵！这是一种辞藻。在这些话语的后面，还有着非常好的譬喻；例如，谣言走得越远，其力量也就越大；说她的脚在地上走，可是头却藏在云端里；说她白天坐在一个瞭望楼中，而在夜间则会一飞冲天；说她把已做的事与未做的事混杂在一起；并且说她对于大城市来说，是一种极为恐怖之物。但是在这些说法中，流传最广的一种说法是：诗人们说大地（即那些向朱庇特宣战而被消灭的巨人们的母亲）为了巨人们被消灭的缘故，一怒生下谣言。这个譬喻最好，因为叛逆之徒（即诗人们所说的巨人）与招致叛乱的谣言及毁谤是兄妹关系，一阳一阴，这是很明确的。然而，假如一个人可以驯服这个怪物，使她俯首帖耳，并利用她去攻击并杀戮其他的鸷鸟，这件事是非常有价值的。但是说这种话的人，它们也受到诗人的作风影响了。现在且以一种严肃的态度来谈一谈这个问题。在所有谈论政治的著作中，没有一种内容要比谣言更少有人论及的，也没有一种内容是比它更值得讨论的。因此我们要讨论下面的内容：何为假谣言；何为真谣言；

其最好的辨别方法是什么；谣言如何可以产生，如何兴起；它们是怎样被散布出去的，是怎样广泛传播的；以及应当如何抑止并消灭它们。此外，还有些关于谣言的性质的事情。

谣言的影响力是极为巨大的，几乎在所有的重大事件（特别是战争）中，谣言都会起到重要的作用。穆奇阿努斯[①]使维特里乌斯丢掉了帝位，依靠的就是他散布出来的一则谣言：说维特里乌斯计划把驻叙利亚的军团调到苦寒的日耳曼地区，而将驻日耳曼的军团调往叙利亚，结果驻叙利亚的军团被彻底激怒了。恺撒对庞培发动了出其不意的进攻，使其懈怠的主要原因也是恺撒巧妙地放出了一则谣言：说因为疲于征战，又负载着过量的从高卢获取的战利品，恺撒的军队对恺撒已经不再拥戴，一到意大利就会将其彻底抛弃。莉维亚会安排好一切，使儿子提比略[②]继位，依靠的也是不断放出风声，说她病重的丈夫奥古斯都即将痊愈；而这也是土耳其的那些帕夏[③]所惯用的伎俩，他们往往对苏丹驾崩的消息秘不发丧，以免禁卫军与驻外军团按照固有的习惯去劫掠君士坦丁堡和其他城镇。特米斯托克利令波斯王薛西斯一世仓皇撤出希腊[④]，也是依靠制造谣言，说希腊人准备摧毁他搭建的那座横跨达达尼尔海峡的重要舟桥。此类史例数以千计，多得不需要，也不可能一一列举，因为世人对此耳熟能详。鉴于此，所有明智的统治者都应当对谣言密切关注，时刻警惕。[⑤]

---

①穆奇阿努斯：古罗马时代叙利亚总督，当时罗马帝国陷入严重的内乱当中，他审时度势，答应把自己的军队交给维斯帕先，使得内乱得以迅速结束。

②提比略：古罗马皇帝。系莉维亚与其前夫所生，奥古斯都病危时，提比略不在罗马，莉维亚一边急信召儿子火速回罗马，一边散布丈夫即将痊愈的假消息，终于使自己的儿子得以顺利继位。

③帕夏：奥斯曼帝国、土耳其和北非一些国家高级文武官员的一种非世袭（19世纪的埃及除外）称号。

④特米斯托克利：雅典城邦民主派政治家，曾任执政官，政绩显著，后遭贵族派放逐。薛西斯一世：波斯帝国皇帝，大流士一世之子，公元前480年率波斯大军远征希腊，其陆军攻破温泉关，进入希腊，占据雅典，其海军却在萨拉米海战中，惨败给由特米斯托克利统帅的雅典海军。薛西斯一世率海军残部撤退。“萨拉米海战”成为希波战争的重要转折点。

⑤此篇写作未完成，培根生前并没有将此篇公开发表，而是在其死后，由培根的私人秘书罗利将本篇收入其文集。

新工具论

《新工具论》是培根的代表作之一，也是近代有重大影响力的逻辑哲学著作，它奠定了近代归纳逻辑学的基础。它阐明的经验认识原则，开近代唯物主义经验论之先河。它的分析方法为近代实验科学开辟了新的道路。

培根原本准备撰写一部六卷本的百科全书式著作，名为《伟大的复兴》，这是他要复兴科学，计划对人类知识进行重新改造的巨著，但他没能完成预期的写作计划，只完成了前两卷，《新工具论》是《伟大的复兴》的第二卷，“新”字是相对于亚里士多德的《工具论》一书而言的。

《新工具论》的宗旨在于“给人类的理智开辟一条不同于以往的崭新道路”“以便人的心灵可以在事物的本性上行使其固有权威”。书中批判了经院哲学的观点，指出它脱离了自然，脱离了实际，对人生毫无助益。强调“人是自然的仆役与解释者”；人要征服自然，“要指挥自然就应当服从自然”。要认识与掌握自然规律，并利用它来服务人类，就必须排除各种成见、偏见以及阻碍人们获知真理的虚妄心理与观念。因此，书中提出了著名的“假象说”；阐明了“知识就是存在的影像”“一切自然的知识都应求助于感官”的唯物主义命题，并提出了“知识就是力量”的著名论断 。

序　言

有些人自以为自然界的法则作为已经被了解清楚的东西来加以限定，无论是出于简单化的定理，或者是出于职业化的掩饰性说法，都会给哲学以及各类科学带来极大的损害。因为，他们这样做固然可以成功地得到人们的信任，却也同样抑制了人们的进一步研究与探讨，明显是弊大于利的。另一方面，也有一类人采取了相反的观点与做法，断言绝对没有任何事物是可以理解的——无论他们会得出这种结论是由于对古代诡辩家的憎恨，或者是由于心灵的漂泊无定，甚至是出于对学问的专心——他们这样做无疑推进了理性对知识的要求，而这正是不可鄙薄之处。但是他们却既非从真的原则出发，也没有归结到正确的结论。古代的希腊人则本着较好的判断力在这两个极端——一个极端是对一切事物都擅自做出论断，另一个极端是对任何事物都不敢声称了解——之间采取折中立场。他们虽然经常痛苦地抱怨探讨的艰难，事物的难以理解，犹如没有耐性的马匹用力咬其辔头，可是他们仍毫不放松地尾随着他们的认知对象，竭力与自然博弈；他们认为（似乎如此）事物究竟是否可解这个问题并非是靠辩论所能解决的，只有靠试验才能真正予以解决。可是他们，由于一味信赖自己所理解的力量，也不曾应用什么规矩绳墨，而是将一切事物都诉诸艰苦的思索，诉诸心灵的不断运用。

至于我的方法，做起来尽管困难，说明起来却非常容易。它是这样的：我提议建立一系列具有准确性的循序升进的学术阶梯。通过感官的验证，在某种校正过程的帮助与协助之下，我是要得到的结果保留并予以使用的。至于那继感官活动而出现的心灵思索，大部分我都会加以排除；我要直接以简单的感官知觉为起点，额外开拓出一条新的准确通路，让心灵可以循以行进。这一点的必要性显然早被那些注重逻辑的人们所发现；他们重视逻辑就表明他们是在为理解力寻求助力，就表明他们对于心灵的那种自然的以及自发的过程缺乏信心。但是，当心灵经过日常生活当中的磨砺，已被一些并不健全的学说所占据，被一些虚妄的想象所困扰时，这个药方就来得太晚了，无法有所补救了。因此，逻辑之学，如我所说，前来援救已晚，已经无法把事情改正过来，不但没有发现真理的效果，反而将一些既有错误变得更加稳固。

现在我们要想恢复一种健全与健康的状况，只剩一条途径——将理解力的运用与发展进行全新的调整，对心灵本身从一起始就不对其放任自流，而要一步步加以引导；而且这事还要做得像机器所做的一样精确。譬如，在与机械力相关的事物层面当中，如果人们赤手工作而不去借助工具的力量，在智力层面，如果人们也一无凭借，只是靠单纯的理解力去进行工作，那么，纵使他们联合起来已经尽了最大努力，他们所能力图尝试并能有成就的事情恐怕总是极为有限的。现在（且在这个例子上稍停下来，进行深入的剖析）我们设想有一座巨大的方塔，为了要表彰某位伟人的文治武功或是其他丰功伟绩，而准备将其移往他处，而人们竟然试图依靠赤手空拳来完成这一工作，试问一个清醒的旁观者是否认为他们已经疯了呢？假如他们去找更多的人手，以为那样就可以将事情办妥，试问这位旁观者岂不要认为他们是疯得越发厉害了呢？假如他们又进一步进行挑选，裁汰老弱，而专用那些精壮有力的人，试问这位旁观者是否会认为他们更是疯狂到了极点呢？最后，假如他们还不满足于这种办法，而决定求助于体育运动的技巧，叫所有人手都依照运动的规则，在手臂筋肉上抹油、搽药，准备开始干活，试问这位旁观者岂不是要喊叫出来，说他们只是在用尽苦心来显示自己疯得有方法、疯得有计划吗？而人们在智力层面也正是这样来进行的——也正是同样进行着发疯般的努力，也正是同样求助于众人的力量，却不能有所变通和改革。他们也是希望依靠人数的增加与合作的过程中，或者从个人智慧的卓越和敏锐中，求得伟大的事物的真相；是的，他们也还曾力图使用逻辑来增强理解力，正如利用运动的模式增强筋肉力量来谋求更高的工作效率。但是他们的一切勤苦和努力，从一个真正智者的视角看来，只不过是始终在用单纯的智力罢了。实则，每一件复杂的工作，如果没有工具与机器的参与，只用人的双手去做，无论是个人用力或是大家合力，都显然是不可能，也是不现实的。

在提出这些前提以后，我还有两件事情应当提醒人们不要忽视。第一点，当我想到要减少反对与愤慨，我看到庆幸的结果是，古人们所应当抱有的荣誉和尊崇感并未受到影响；而我是既能实现我的计划又能得到谦虚低调的效果。

假如我宣称自己与古人走的是同一条道路，而我却要发掘出较好的事物，那么，在我和古人之间就必然会在智慧的卓越性等方面出现一种比较与竞赛（无论用什么富有技巧的辞令也是无法避免这一事实）。虽说这也并没有什么不合法或是新奇之处（如果古人对于什么事物有了错误的理解与错误的论定，我又为什么不可使用大家所共有的自由来标新立异呢？），但是这一争论，不论怎样正当与值得宽恕，以我的力量来衡量，终将导致一场难以匹敌的争论。

但是，由于我的目的只是要为理解力开拓出一条新路，而这条新路是古人没有尝试过的，完全未知，那么情势就完全不同了。我只是作为一个指路的向导而出现的，而这又是一个权威性很低的职务，依赖于某种幸运的成分居多，依赖于能力和卓越性者少。这一点仅仅是关于个人层面的事情，就说到这里。至于我所要提醒人们的是另一点，即关于事情本身的。

希望大家要记住，无论是对于如今盛行的那种哲学，或者对于从前已经提出或今后可能提出的，相对来说更加正确和更为完备的哲学，我都是绝不愿意有所干涉的。因为我并不反对使用这种已被公认的哲学或是其他类似学科的哲学来供争论的素材，来供谈资，来供教授讲学使用，以至来供生存职业之用。不仅如此，我还进一步公开宣布，我所要提出的哲学是对那些用途无所裨益的。它不是可以在过路时猝然拾起的。它不求符合先入的概念，以谄媚获取人们的理解。除了它的效用与效果可以有目共睹外，它也不会适应一般俗人的理解能力。

因此，就让知识当中存在两个流派吧（这对二者都有好处）；同样，也让哲学家中有两族或两支吧——二者不是敌对或是本质上相反的，而是借相互服务而结合在一起的。简而言之，一种是培养知识的方法，另一种是发现知识的方法，我们就听任其并存吧。

谁认为前一种知识比较可取，不论是因为他们心情急躁，或是由于他们萦心于业务，或者是因为他们缺乏智力来收蓄那另外的一种知识（多数人的情况必然是如此），我都愿意他们能够得偿所愿。但是如果另外有人不满足于停留在世间已有的知识层面上，而渴望进一步有所进展；渴欲不是在辩论中征服论敌，而是在行动当中征服自然；渴欲寻求不是那美妙的、或然的揣测而是精确的，能够加以论证的知识；那么，我就要邀请他们全体与我联合起来，使我们在开拓新知识的层面登堂入室。现在，我将上述两种方法或称之为两条道路之一叫作人心的揣测，而另一个称为对自然的解释。

此外，我还有一项请求。在我这方面，我已决定小心与努力，不但要让我所提出的东西是真实的，而且还要将在不论持有怎样古怪观点的人面前，都能够流畅自如地表达出来。但对另一方面，我也不能说毫无理由（特别是在这样一个伟大的学术与知识的复兴工作当中）要求人们给予我一种优遇作为报答，而这就是：假如有人要对我的那些思考提出一种意见与做出判断，不论是出于他们自身的观察，或是出于一些权威的意见，又或者是出于一些论证的形式（这些形式如今已经取得了犹如法律般的强制力），我总提醒他不要指望可以轻易地获得相关的知识；请他要将事情进行一番彻底地考察；请他要把我所描写的、所规划的求学之道亲身小试一下；请他要让自己的思想对获得的知识与实践得来的经验进行精心验证；还请他要以适度的耐心与应有的迟缓将自己心中根深蒂固的坏习惯加以改正：当这一切都已做到，他开始成为自己的主人时，那就请他（假如他情愿的话）自行判断吧。

第一卷

人作为自然界的仆人和自然规则的解释者，他所能做、所能懂的只是如他在事实当中或是思想当中对自然进程所已经观察到的东西，也只有这么多：在此以外，他是既无所知，也是不可能有所成就的。

不用工具做工，不能产生较为明显的效果；理解力如果放任自流，任其自然发展，结果也是一样。

事情是要靠工具与助力来完成的，这对于理解力与手是同样的需要。手所用的工具是用来提供动力或者加以引导的，同样，心所使用的工具也不外乎是对理解力提供启示或加以警告。

人类的知识与人类权力最终都归于一；因为所有的事物在不知原因时，也就不能产生结果。要控制自然就必须服从自然；而但凡在思辨中为原因者，在动作中则成其为法则。

在获得成功方面，人所能做的一切，只是将一些自然的物体加以整合或拆分。

除此之外，则是自然界本身在其内部去操纵了。

着眼于事物的自然研究是由机械学家、数学家、医生、炼金家与幻术家进行的，但都并不努力，能够成功的也很少。

期望能够做出从来没有人成功的事，却不用从来没人试用过的办法，这是不现实的空想，是互相矛盾的。

从许多书籍与许多制品看来，心与手所制造出的东西是种类繁多的了。但所有这些花样都是出自少数的已知事物的精化与引申，而与原理的数量无关。

已知的规律也还是源自偶得的成果和经验的累积，而很少真正源自科学；因为我们现在所拥有的科学还只不过是将若干已发现的事物加以妥善地调整并在此基础上总结出一些规律与体系，而并不是什么创造出新规律的方法或者对新事物的引导。

在各种科学当中，几乎一切弊病的原因与根源都在这一点上：我们在虚妄地称赞和颂扬人心的能力的同时，反而忽略了给予它所寻求的真正帮助。

自然的精微相对于感官与理解力的精微，要远超后两者若干倍，所以，人们所醉心的一切“煞有介事”的沉思、揣测与诠释等确实犹如盲人摸象，离题甚远，只是没有人在一旁注视罢了。

就好像现有的科学无法帮助我们找出新的规律，现有的逻辑也无法帮助我们找出新的科学。

现在所使用的逻辑，与其说是帮助我们去追寻真理，不如说是帮助人们把以流行概念为基础的很多错误观点沉淀下来并予以巩固。因此它是弊大于利的。

三段论式[①]不属于应用于科学的第一性原理，应用于中间性原理也是徒劳；这都是由于它原本不足以对抗自然的精微之故。所以它是只就命题来逼人赞同，而不抓住事物本身的核心。

三段论式由命题所组成，命题是由字组成的，而字则是概念的符号。因此假如概念本身（这是此事的根本）是混乱的以及太过轻易地从事实当中抽离出来的，其上层建筑就不可能会坚固。所以我们的唯一希望就在于能够拥有一个真正准确、科学的归纳法。

我们的很多概念，无论是逻辑上的或者物理层面的，都并不全面。“本体”“属性”“能动”“受动”及“本质”，这些并不是健全的概念；别的如“轻”“重”“浓”“稀”“湿”“燥”“生成”“毁灭”“吸引”“排除”“元素”“物质”等诸如此类的概念，就越发不全面了。它们都是完全凭空构想出来的，而且都存在界定不当的问题。

我们的另外一些在范围上较小的概念，如“人”“狗”“鸟”等，和另一些属于感官层面的概念，如“冷”“热”“黑”“白”等，其实质性不会将我们引入歧途；但即便是这些概念有时仍不免由于物质的变易和事物之间彼此渗透的缘故而造成混乱。至于迄今为人们所采用的一切其余概念，那就仅仅是些幻想，不是用适当的方法从事物当中概括出来而最终形成的。

这种任意性与幻想性，在原理的构成中与概念的形成中都体现得淋漓尽致；甚至即使在那些的确依靠普通归纳法而获得的原理当中也是如此；不过总比在使用三段论式所演绎出的原理与较低级的命题要好得多。

---

①三段论式：是演绎推理当中的一种简单的推理判断。它包含：一个一般性的原则（大前提），一个附属于此前大前提的特殊化陈述（小前提），以及由此引申出来的特殊化表述，符合一般性原则的结论。

科学当中迄今所得到一些发现是不免于流俗的概念，很少能透过表层，深入自然的内部进行探究，必须使概念和原理都是通过一种更为确实与更有保障的方法从事物当中引申而得来的；必须替智力的运作寻找到一个更好和更精确的方法。

钻研和发现真理，只有也只能有两条道路。一条是从感官与特殊的事物上升到最普遍的原理，其真理性即被视为已被确定且极为稳定，而由这些原则进而去进行判断，去发现一些中级的定理。这是如今流行的方法。另一条是从感官与特殊的事物衍生出一些原理，经由慢慢演变与完善，直至最后才成为最普遍的原理。这才是正确的方法，但至今还没试行过。

理解力假如放任自流，就会自然地采取与逻辑秩序彼此吻合的进程。因为心灵总是渴望与具有较高普遍性的方式保持一致，然后理解力就停滞了。而且理解力容易受到逻辑的束缚，因为逻辑的论辩具有遵从秩序性及严正性。

理解力假如放任自流，对一颗清醒、沉静及严肃的心灵说来，特别是假如它没有被一些公认的学说所妨碍的话，它也会在另一条正确的道路上尝试迈进，但是最终会浅尝辄止；因为理解力这种东西，如果无法得到指导与帮助，是不足以探究事物的本来奥秘的。

上述两条道路都是从感官和特殊的事物出发，最终都停止在最高普遍性的规律前；但是二者之间却有着诸多的不同。前者对于经验与特殊的事物只是一带而过，而后者却是适当地并按照顺序地贯注于它们。

困扰人们心灵的假象总共有四类。我为了明晰地区分，将它们命名：第一类称作族类假象，第二类称作洞穴假象，第三类称作市场假象，第四类称作剧场假象。

依靠真正的归纳法来得出概念和原理，这确实是排除与肃清假象的绝妙良药。而先指出这些假象，也有很大的效用；因为论述“假象”的学说对于“解释自然”的作用，与驳斥“诡辩”的学说对“普通逻辑”的作用，二者是毫无区别的。

族类假象植根于人性本身，也是基于人这一族或这一类。如果断言人的感官是衡量事物的标准，这是一句荒谬的话。正相反，不论感官或是心灵当中的一切感觉总是依照个人的量尺，而并非是依照宇宙的量尺；而人类的理解力则正如一面凹凸镜，在反映事物时掺入了它自己的特质，而导致事物的性质变形和消退。

洞穴假象是每个个体的假象。因为每一个人（除了普遍人性所具有的共通性错误外）都各自拥有自己的洞穴，使自然之光曲折和变色。形成这样一个洞穴的原因，或是因为这人自己固有的独特性格；或是因为他所受到的教育和与别人的交往；或是因为他阅读了一些书籍而对其权威性表现出崇敬和赞美；又或者是由于各种印象，这些印象又是根据人心的不同（如有的人是“心怀成见”与“胸有成竹”，有的人却是“漠然而无动于衷”）而作用各异的。人们在追求科学的过程中，总是求诸他们自己的小天地，却不是求诸外界广阔的大世界。

另有一类假象是由人们彼此间的交接与联系所形成的，我称它为市场假象，借指人们在市场当中有往来交接之意。人们是靠谈话来彼此联系的；而所利用的文字则是按照一般俗人的理解。所以，在沟通的过程中，因为语言或文字使用上的错失而造成误解。有学问的人们在某些事物中所习惯用来防护自己的定义或注解也丝毫不能把事情纠正过来。而文字仍强制统辖着理解力，使得人们陷入无数空洞的争论与毫无意义的幻想上去。

最后，还有一类假象是从哲学的各式各样的教条以及一些错误的论证法则转移到人们的内心中的。我称这些为剧场假象：因为在我看来，一切公认的学说体系都只是许多舞台戏剧，表现着人们自己按照虚拟的布景式样而创造出来的一些孤立的世界。我所说的还不仅限于现在流行的一些体系，也不限于古代的各种哲学及宗派；有许多极为不同的错误，却往往出于大部分相同的原因，我看以后还会有更多同类的剧本编制出来，并以同样人工制作的方式演示出来。我所指的还不只局限于那些完整的体系，科学当中许多因为传统、轻信与疏忽而被公认的原则和原理也是同样的情况。

关于上述各种假象，我还必须更扩大与更确切地加以讨论，以便使理解力可以得到更为适宜的警告。

人类理解力按照其本性容易倾向于将世界当中的秩序性与规则性设想得要比所看到的多一些。虽然自然中许多事物是独立的，人的理解力却往往愿意将它们想象成彼此有着关联性。由于这样，人们就虚拟出一切天体都依照正圆轨道进行运动的假说。由于这样的习惯，人们还把这些组成物质的元素的密度比例强制地规定为十比一。像这样的梦呓还有很多。这些幻想不但影响着教条，并且还影响着人们对很多简单概念的理解。

人类理解力一旦采信了一种意见之后（不论是作为已经得到承认的意见而采纳，还是作为符合自己的心意的意见而加以采纳），便会下意识地利用一切其他事物来支持这种意见。

纵然在其他的意见当中可以找出更多与更重要的事例来予以证明，人们或者选择忽视它们，或者选择借助一些理由将它们撇开和排挤掉，竟将先入为主的判断坚持到有害的程度，为的是使原有结论的权威性得以不受触犯。讲一个故事来做譬喻：有一次，有些人将一个庙中所悬的一幅向其许愿就能够逃脱海难威胁的图画指点给某个人看，问他还认不认可诸神的力量；这个人却反问道：“不错，但那些许愿之后却仍旧会溺死的人又有谁知道呢？”这句话是一个非常好的回答。其实，一切迷信，不论是占星、圆梦、预兆或者神签，乃至其他的形式，全都一样：因为人们执着于那种幻想，于是就只记住了其中那些与自己见解相符合的事件，不符合的部分，纵然遇到再多，也不会加以注意而予以忽视。至于在哲学和科学层面上，这些祸患则为害更深远、更诡巧。在那里，最先的结论总是要将一切后来的东西，纵使是好得多及全面得多的东西，渲染过一番，而让它们变得与自己一致。此外，无关于如上所写的那种惬意与幻想，人类的智力还有一种特别的、永久性的错误，就是它容易被正面的东西所触动，很难被反面的东西所触动。而实际上最理想的模式应当是无所偏倚才对。

人类理解力是处于动态变化中的：它总无法停止或罢休，总是向前推进，但却又是徒劳的。正由于如此，我们总是不能去想象世界有什么终点或范围，而永远似乎在不得已地想着总还有点什么在已知世界的外部，还不被我们所认知。我们也总是不去想象时间是怎样流逝直到今天的，一般所认为的，将时间划分为过去的无限与未来的无限的想法是无法成立的，因为那样势必出现无限有一大一小的差别，而无限流逝下去，终究会趋向于变为有限。关于一条线的无限可分割性，同样是因为思想欲罢不能的缘故，也有着相同的微妙情形。而在对原因的追查当中，这种欲罢不能的情形则作祟更甚：对于自然中的最为普遍的原则，本来只该照着它们被发现的样子，认定它们就是绝对不变的，而不能再用什么道理来将它们归入某个原因里；可人类的理解力由于自己无法停止的缘故，却仍要寻求自然秩序当中存在着某些潜在的东西。结果，它在努力追求较远的东西的过程中，却回头注视着近在手边的东西，就是说，落到目的的原因上，这种原因分明是与人的性质有关，而与宇宙的性质无关的，而正是从这个根源上就把哲学弄得面目全非了。可以说，把一个对于最普通的东西还要不断寻求其原因的人，与一个对于附属的、特殊的东西也不想去寻求其原因的人相比较，前者并非是一位合格的哲学家。

人类理解力的最大障碍与被扰乱的源头还是来自感官的迟钝性、不称职以及欺骗性；这些表现在打动感官的事物居然可以压倒那不能直接打动感官的事物，即使后者在实质上更为重要。因为这样，所以思考通常总是随视觉所及而告停止，竟然对看不见的事物很少有所观察或是完全没有观察。因为这样，可触物体当中所包含的本质与全部运行规律就隐藏在那里，而不为人知。基于这一原理，一切较隐微的结构变化也就同样不被人所察觉。

感官本身就是一种虚弱而且多有错误的东西：那些放大或使得感官更加敏锐的工具也不能够多做；一种比较科学的对自然的解释，只是要基于恰当而适用的事例和实验才能做到，因为在那里，感官的裁断只触及实验，而实验则是会触及自然当中的要点和事物本质的行为。

有些人留恋于某种特定的科学与思索，这或许是由于他们幻想自己就此成为有关的著作家和发明家，或是由于他们曾在那些东西上面下过苦功，因而对研究它们有了极强的惯性。这类人如果再从事哲学及属于普遍性质的思索，则会在屈从于自己原有的幻想下，将这些东西加以歪曲。这种情况在亚里士多德那里尤为明显，他将自己的自然哲学理论变为自身逻辑思维的仆人，从而把它弄成富于争辩性，却近乎没有使用价值的东西。又有一帮化学家从火炉中的少量实验就建立起一个异想天开般的哲学体系，只以少数参考事物作为骨架；又如吉尔伯忒，他也是在极为辛勤地钻研磁石后，一下子就建立了一个符合自己喜好的完整学说体系。

涉及哲学与科学的方面时，不同的人之间有着一个主要的，也可说是根本性的不同，这就是：有的人更善于并适合发现事物的不同点，有的人则更适合发现事物的相似点。大多数沉稳与敏锐的人能够固定其思辨而专注于一些最为细致的区别；而浪漫而高远的人则善于发现最精纯的与最普通的相似之点，并把它们合到一起。但这两种人都容易因过度关注而出现错误：一为求异而在急切间钻入牛角尖，一为求同而在急切间徒捉空影。

还可以看到，有的人极端崇古，有的人却极度渴望求新，但能够既不拘泥于古代的一定之规，也不鄙薄近人所倡导的新理念，这种人就很少了。这种情形对于科学和哲学的发展是很有坏处的；因为，这种对于旧和新的偏见其实是一种党同伐异的思想，算不上是理智的判断。真理不会因为年代的变迁而改变，也不会因为时代的远近而存在谬误，因此崇古与崇今都不应该盲目。

市场假象是我提出的假象当中最为麻烦的一个。它们是通过文字与名称的联盟而进入理解力当中的。人们相信自己的理性管理着文字，但他们没能意识到文字也对理解力起着反作用；而正是这一点使哲学与科学具有诡辩性与毫不活跃性。且说说文字，它一般是参照世俗的能力而创作出来，并应用于日常的，所以它所遵循的区分原则也总是对于世俗理解力而言是最为浅显的。而每当有一种具有极强敏锐的观察力或理解力要来变动那些界线，使其符合自然界的真理时，文字就会拦在途中来抗拒这些改变。因此我们经常看到一些学者们的崇高而正式的讨论往往是以争辩文字表述形式与名称而宣告结束的；按照数学家们的习惯及智慧，从这些东西来进行讨论原本是更为谨慎的，所以就要用定义的办法将它们纳入秩序中。但是在处理自然的与抽象化的事物时，即便有定义，也医治不了这一毛病；因为定义本身也是由文字来组成的，而那些文字又会衍生出别的文字。这就仍有必要回到个别的事例上面来，回到那些成为系列有序的事例上面。

文字对理解力的影响所造成假象有两种。有些是实际上并不存在的事物的名称（正如由于观察力不足，就将一些事物搁置而不予以命名一样，由于荒诞的假想也会产生一些“有名无实”的名词出来）；有些虽然是事实上存在的事物的名称，但却是含义很混乱，定义不当，又是仓促而不合规则地从实在的方面抽取出来的。对于实际并不存在的名称，这一假象是比较容易被驱除的，因为要排除掉它们，只要坚定地拒绝那些学说就可以了。

至于后一种，即由对事物错误与拙劣的抽象概括而出现的那一种假象，则是错综复杂，并且盘根错节的。就以“潮湿的”一词为例，试看它所指的几个事物彼此间有多少一致之处，就会发现“潮湿的”这个词只是一个符号，被人们松散与杂乱地使用着，来指代一大堆无法归结到任何一个具体而具有恒久意义的活动上。它可指一种本身没有固定形状而且无法凝固的东西；也可指一种容易向各方向发展蜕变的东西；也可指一种容易将自己分开与抛散的东西；又可指一种容易将自己联结与集合起来的东西；它还可指一种容易流动并易被开动的东西；还可指一种容易依附其他物体而把它浸湿的东西；也还可指一种容易变成液体或原本是固体而容易溶化的东西。这样，当你使用这个词时，如果用这个词，则火焰可以说成是潮湿的；如果用另一个意义，则空气可以说不是潮湿的；如再换用一个意义，则微尘可以说有着潮湿的属性；如另换一个意义，则玻璃也可以被说成是潮湿的。在这里，我们就非常容易地看出，原来这个概念只是从水与普通液体当中抽象得出的，并没有经过什么恰当的证明。

不过，文字当中存在的歪曲性与错误性是有差异的。错误最少的一类就是一些拥有实体的名词（如“白垩”与“泥”的概念就是正确的，“地”这种概念就是非常不妥当的）;错误较多的一类是有关活动的字眼，如“生成”“毁灭”“改变”等；至于错误最多的就是那些有关属性的词，如“重”“轻”“稀”“浓”之类。不过在全部的这些情形当中，总有一些概念必然要比另一些概念稍好一点，这个差别是与人类感官所接触的事物的复杂程度的不同成相应比例的。

剧场假象并非是固有的，也不是隐秘地渗入理解力当中的，而是由各种哲学体系的“剧本”及走入岔道的论证规律所明显深入人心而为人心所接受的。若是企图在这种事情上进行辩驳，那是与我之前说过的话相违背了。我曾说过：我和他们之间在原则上与论证上都无一致之处，那就没有辩驳的余地。而这样却也很好，因为这样就不会对古人的荣誉有所触犯。古人们并没有遭到过任何贬抑，因为他们与我之间的问题仅仅是选择的研究之路不同的问题。常言说得好，在正路上行走的跛子会超过那些在错路上奔跑的运动健将。不但如此，一个人在错误的道路上奔跑时，越是活跃，越是迅捷，就离真相越远。

我所建议的关于科学发现的过程，很少有依赖于智慧的敏锐度和强度而得来的，倒是往往将一切智慧与理解力都放置在几乎同一水平上而得来的。譬如要画一条直线或是一个正圆形，如果是徒手去画，那就极大依赖于手的稳定性与绘画的熟练程度，而如果是借助尺和规去画，则对手的要求就很小或是甚至没有了；关于我的计划，其情形也正是如此。可是，虽说针对某种特定对象的驳斥没有实际意义，关于那些哲学体系的宗派及大的旁支，我却仍然须有所论述；我也要谈论到那足以表明它们是不健全的某些表面现象；最后我还要谈论到之所以出现这样重大的立言失当，与之所以出现这样持久而普遍一致的错误的一些原因。这样，就能够更方便地接近真理，并可以使人类的理解力更方便地反省自身并驱除假象带来的不良影响。

剧场假象，或者称之为学说体系的假象，是很常见的，而且随着科学的进一步发展，今后也会变得更多。在过去的历史长河当中，如果不是人们将太多的精力都花费在宗教和神学上；如果不是政府，特别是君主制政府，向来反对这种新奇的东西，甚至连独立思考也遭到极力反对，以致在这方面进行积极探索的人们都会有生命危险，不仅得不到任何报酬，甚至还要遭受鄙视和嫉妒，若不是有这些情况，那么无疑早就会诞生出许多其他哲学宗派，有如百家争鸣、辉煌一时的古希腊一样。正像在天文学方面，人们能够做出许多假设，同样在哲学方面，当然也会有很多不同的教条被建立起来。在这个哲学剧场的剧本里，你能看到和在诗人剧场所见到的同样情形，就是，为舞台演出而虚构出来的故事要比历史上的那些真实故事更为紧凑，更为高雅，更符合人们所期望的走向。

一般来说，人们在为哲学收集材料时，不是从少数事物中取得很多，就是从多数事物中取得很少；这样，无论从哪一方面来说，哲学总是基于一个过于狭窄的研究史与自然史的基础上的，而用数量太过微小的实例为权威结论做出判断。唯理派的哲学家们只从经验中攫取多种多样的一般事例，既没有适当地进行核实，又不认真地进行考核，就任由智慧的沉思与一时冲动来处理一切其他事情。

还有一类哲学家，在勤奋与仔细地对少数实验下了苦功予以验证之后，便大胆地自行构想与创建出各种学术体系，而硬将一切其他事实扭曲成奇怪的样子来使其符合那些所谓的学术体系。

还有第三类哲学家，出于信仰以及对神灵的礼敬之心，把自己的哲学、神学及传说杂糅在一起；其中更有些人的虚妄竟然到了要在精灵神怪中去寻找科学起源的地步。

这样看来，诸种荒谬与错误的哲学，可以被分成三种：那就是诡辩的、经验的及迷信的。

第一类哲学家中，最为显著的例子要数亚里士多德。他以其逻辑思维败坏了自然哲学：他用各种范畴构建出这个世界的准则（自然是在其自身所提出的理论体系范围内）；他用二级概念的字眼强加给人类心灵，赋予其所属种类的规划；他断言单个物体各有其特别的及固有的运动规律，而如果它们参与到什么别的运动之中，则必定是由于一个外因；此外，他还把无数其他武断的限制强加给事物的本质。

总之，他急切地要用文字给问题提供答案，并肯定一些正面的东西，他对这些问题上花费的精力，远超他对事物内在真理的关注与探索，这是他的哲学体系中的一大缺憾，和古希腊其他著名的体系相比，问题最为明显了。如安那撒格拉斯的同质分子遍在说，刘开帕斯和德谟克利塔斯的原子说，帕米尼底斯的天地说，安庇多克里斯的爱憎说，还有赫拉克利泰所主张的物体都能够分解为没有区别的火质、而能重铸为各类固体的学说，等等，他们都有一些自然哲学家的意味，都有些归属于事物的特质，有着基于经验与物质得来的学术基础。而在亚里士多德的物理学当中，则除了逻辑的字眼之外，便几乎再无其他内容；而这些字眼，他也因为处于形而上学的思想制约下，而罕有建树。

在他的关于动物的著作、问题集及其他著作当中，的确经常涉及实验，但实际上也不值得我们予以任何高度评价。因为他总是先得出自以为是的结论，然后再试图以实验加以印证的，而正确的流程正与此相反。他是要首先按照自己的意愿规定了问题，然后再诉诸经验，却又将实验结果加以扭曲，以便符合其既有结论，犹如牵着一个俘虏那样进行游行。这样说来，在这一条罪状上，他甚至要比他的近代追随者——经院学者——惯于完全抛弃实验的罪过更大。

经验派哲学所产生的教条要比诡辩派或是唯理派更加扭曲。因为它的基础不只是得自普通概念的光明（这种光明尽管微弱而浮浅，却无论怎样都是普遍的，并且这种概念的形成是参照了诸多事物的），而只是来自少数实验的狭隘结论。所以这样的一种哲学，在那些日日忙于这些实验，而他们的想象力又被实验所制约的人们看来是正确的；而在一切其他的人看来却是虚妄及不可信的。关于这方面，在炼金家及其教条当中有着极为明显的例子，虽然在这些时候，除了在吉尔伯忒的哲学中，再难在其他地方找到这种例子了。对于这一类哲学，有一点警告是必要的：我已经预料到，假如人们果真为我的忠告所打动，竟认真地投身于实验，而与诡辩学说宣告断绝关系，但随后因为理解力的不成熟而躁进，而跳跃到普遍的事物和事物的原则上，那么这类哲学所孕育的莫大危险是非常值得顾虑的。我们对于这个问题甚至在此刻就应该准备来避免它。

迷信还有神学被杂糅到哲学中，对哲学的破坏作用则更加广泛，而且有着最大程度的危害，无论是对整个哲学体系，或是对于体系的各个分支都是一样。因为人类理解力易被想象的势力所侵袭，甚至要比一般意义上的概念势力更易侵袭。那类好争的、诡辩的哲学是用陷阱来约束人们的理解力；而这类哲学，由于它是幻想出来的，浮夸而带有半诗意性的，则多是依靠谄媚来把人们的理解力引入迷途。因为人在理解能力方面固然有野心，但在意志方面的野心也很强，特别是对意气昂扬的人来说更是如此。

关于这类哲学，在古希腊人当中有两个典型例子：毕达哥拉斯[①]是一个非常典型的例了，他是将他的哲学与一种较粗糙而粗笨的迷信联系在一起；另一个则是柏拉图及其学派[②]，是更为危险与较为隐蔽的。在其他哲学的某一部分中，同样也出现了这种情形，比如人们引进了抽象的概念，引进了目的性原因与第一性原因，而在最多数的情节上，却削减了中间性的原因等诸如此类的例子。

① 毕达哥拉斯：古希腊哲学家，曾在意大利南部授徒讲学，既是宗教团体，又是学术流派。培根认为毕达哥拉斯将迷信或宗教杂糅入哲学当中，称其为神秘主义者。毕达哥拉斯将宗教上的洁净观念引入到生活与学术当中，带有神秘主义色彩。

② 柏拉图及其学派：柏拉图是古希腊哲学家，师从于著名哲学家苏格拉底，创立学院，聚徒讲学，亚里士多德即是其弟子之一。

培根反对柏拉图将哲学与迷信、宗教成分杂糅在一起，认为他以自然神学破坏了自然哲学。

在这一点上，我们应当加以最高的警惕。因为要尊奉错误的结论为神明，那是最大的祸患；而且虚妄容易成为崇敬的对象，却是理解力的一个弱点。而且现代一些人们正极为轻浮地沉迷于这种虚妄，竟然企图从《创世记》第一章上，从《约伯记》上，以及从《圣经》的其他部分上，建立起一个自然哲学的完整体系。正是这一点使得对于这种体系的禁止与批判成为必要，因为从这种不健康的人神糅合当中，必然会产生荒诞的哲学。所以，我们要平心静气，仅仅将那属于信仰的东西交给信仰，那才是正确的。

邪恶的论证可以称为假象的堡垒和防线。我们在逻辑当中现有的论证不外乎是将世界变为人类思想的奴隶，而人类思想又是文字的奴隶。切实说来，论证实际上就是哲学和科学的本身。论证是怎样的性质，随之而来的思辨与哲学体系也就是怎样的性质。现在，在从感官和对象到原理和结论的全过程中，我们所使用的论证都是具有欺骗性与不称职性的。这个过程总共分为四个部分，也就有着同样的错误。第一点，感官的印象本身就是错误的，这是因为感官既不得使用，却又会欺骗我们。

不过，感官的缺陷是要予以弥补的，它的欺骗是要加以纠正的。第二点，从感官的印象来对概念加以概括，这样做非常恶劣，导致概念都是混乱的，而实则它们应当是明确而界限清晰的。第三点，现在的归纳法是无当的，它是以简单的列举来对科学的原则加以揣测，而不是按照它所应当做的那样，使用排除法与性质分解法（或是分离法）。最后，第四点，那种用来发现和证明的方法，即是首先建立起最普遍的原则，而后才根据考校来证明中间原理的那种方法，是一切错误的来源，也是全部科学的源头。关于这些事情，我现在只是约略提及，等到进行了人心的补过与洗涤以后，进而要提出关于解释自然的真正道路时，我还要更加全面地予以论说。

科学在过去的千年之间之所以进步很缓慢，还有一个非常重要的原因，就是假如人们的目标本身没有被摆正，要想选取一条正确的途径是不可能的。科学的真正而合法的目标说来不外乎是这样的：将新的发现与新的力量馈赠给人类生活。但对于这一点，大部分人却没有感觉到，他们只是雇佣化的与论道式的；只是偶尔有智慧广博而又贪图荣誉的工匠投身于新发明活动中，而他这样做时，多半是以自身财产为牺牲。一般说来，人们绝对不会将科学发明事业置于自身利益之上，所以即使投身科学发明之中，他们所真正追求的也只是对他们的演讲有用，能够使他们得利的一些东西。即使人们当中真的有狂热追求科学的，其对象也还是宁可在五花八门的思辨及学说当中探求，而不是在对真理进行严肃而严格地搜求。又即使偶尔有人确实诚心诚意来追求真理，他所追求的无非是替早已被发现的事物找出更容易理解的办法，而并不是探究新事物。如此说来，既然科学的目的还没有摆正，那么人们在方法上出现错误就不足为奇了。

正如人们已经将科学的目的与目标都弄错了，同样，即便他们把目标摆对了，他们所选择的通往那里的道路又是完全错误的，有人如果能正确地把情况梳理一下，就会发现这样一件十分诡异的事：从来都不曾有一个人认真地借助于设置井然有序的实验过程，直接从感官出发，替人类的理解力来开辟一条道路；而竟然将一切不是丢弃于传说的迷雾之中，就是丢弃于争论的旋涡里，再不然就是丢弃于机会的波动及模糊而杂乱的经验迷宫中。现在，让所有人沉静地及辛勤地考察一下：人们在对事物进行查究与发现时所惯走的是怎样的道路，他必然会发现，首先是一个极其简单而质朴的发现方法，一个最通常的方法。这种方法应该是这样的：当人们发现什么事物时，他首先应当观察与找出别人以前对于该事物曾发表过的一切观点，然后自己开始沉思，以其智慧的激荡与活动来吁请，也可说是来召唤自身的元精来给予神示。这种方法是完全没有基础的，只是建立在一些意见之上，而被意见所左右的。

其次，又或许有人将逻辑召唤过来替他做这发现。但是逻辑除在名称上之外，与这事是没有关系的。因为逻辑的发明并不在于发现一些原则与主要原理，而只是在于发现看来与那些原则、原理有关联的一些事物。如果你更加好奇一些，更严格要求一些与更好事一些，硬要去追问逻辑是如何发现与检定原则或原理的，则它的答复是众所皆知的：它只是把你推向对每一个方术原则所不得不有的信任上。

最后还剩下单纯的经验这一条道路。这种经验，假如是自行出现的，就称为偶遇；如果是要特意去寻求的，就称为实验。但是这种经验只不过是一种暗中摸索，一如身处黑暗中的人触摸其周围的一切事物，以希冀找出一条出路一样；而其实他不如等到天明，或是干脆点起一支蜡烛再走，这样会好得多。真正的经验方法则恰恰与此相反，它是首先应当点起蜡烛，然后借蜡烛来照亮道路；这就是说，它首先要从进行过适当整理和分类编选过的经验出发，而不是从随心拼凑的经验或是毫无定向的经验出发，由此抽离出原理，然后再以业已被确立的原理进行新的实验。如此看来，人们既然已经完全误入歧途，不是将经验完全弃置不顾，就是迷失于以往的经验当中，而在迷宫里胡乱徘徊，那么，科学探索的旅途至今还未能完整地予以遵行，也就无足为怪了。而一个安排妥当的方法呢，那就能以一条无阻断的路途经过经验的丛林，最终到达真理的旷野上。

人们之所以在科学方面停滞不前，还由于他们犹如中了蛊术一样，被崇古的观念，被哲学历史上的伟大人物的权威性，和被普遍认同这三点给禁锢住了。

说到所谓的古，人们对它所抱有的观念是很粗疏而且不合乎这字眼本身的含义。因为只有世界的年龄才算是真正的古老，而这种高龄正被我们自己的时代所拥有，并不是属于古人所生活过的早期世界；那早期对于我们来说虽然较老，从世界自身来说却是较幼的。我们向老年人而不是向青年人求教有关人类事物的更多知识及较为成熟的判断，因为老年人经验老到，所见所闻、所思所想的事物是多而博的，这是正确的；同样，我们也有理由希望从我们的这个年代——只要它清楚自己的力量并且愿意努力表现出来——获得远多于从古代所能获得的东西，因为它正是这个世界里资历最老的力量，其中已经积蓄有许多实验与观察结论。

在我们的时代，因为人们时常远航和远游，自然中可能对哲学新发展有帮助的很多事物都已经被发现了，这一点是很重要的。很明显，在我们这个时代，地球的所有空间——无论是陆地、海洋还是星宿等——已经向人类敞开了怀抱，而我们智力的疆域如果仍自闭于过去的狭窄区域内，那实在是十分可悲的事情。

至于说到权威方面，人们如果如此心折于权威而否认时间的力量，这只是说明他智力不足：因为时间是权威中的权威，甚至是检验真理的唯一媒介。有人将真理称为时间之女，而不说是权威之女，这是非常正确的。

这样看来，人们的力量既然被古老、权威与认同这三种蛊术所禁制，他们因此变得虚萎无力，不能揭示事物的根本性质，这也就不值得诧异了。

还有一个不应当忘记的情况，就是自然哲学在各个时代中都曾有一个麻烦而难以对付的敌人，那就是迷信与对宗教的毫无目的却又过度的热情。在希腊人中间，我们看到，那首先向当时尚没有开窍的听众陈述雷电风雨的自然成因的人，是犯了不敬神明的重罪。即便是此后进入基督教时代，当有人用最能令人信服的根据（即没有一个正常的人如今会去反对的那种根据）来力主认定大地是球形的，基督教会的有些神父们也不曾表现出过宽容。

此外，就现在的情况而论，由于有了经院学者们的结论与体系，就使得那些有关自然科学的谈论更加困难、更加危险，因为那些经院学者们已经尽其所能将神学归为极有规则的一套理论，已把神学规划成一种治道之术，并且还把亚里士多德的好争而多刺的哲学很不相称地与宗教体系杂糅在一起。

另外有一些人的思考是以另一条不同的道路走向同样的结果，他们想要从哲学家的一些原则中演绎出基督教的真理，并且以它们的权威来确认那真理。他们把感官与信仰的这种结合作为合法的婚姻而铺张地予以庄严化，他们拿这种可喜的花样翻新来讨好别人，但是同时他们也用人神的交混而将神的事物贬低了。还要知道，在这种神学与哲学的混合物当中，还只有那些已被承认的哲学学说是被涵盖在内的；至于一些新的学说，就算是较好的改变，也全都被赶尽杀绝。

最后，你还会发现，由于某些神学家的粗陋，任何一种无论如何纯洁的哲学的通路都几乎完全被封闭了。有些人脆弱得可怕，唯恐对自然更深入一步地探求将会逾越被禁锢的界限，于是就不正当地扭曲并搬运《圣经》之言，来反对那窥测神圣奥秘，已经探寻到自然隐微的人们，而实际上无异于是以谎言去媚悦上帝。

又有些人根据过去的事例，顾虑到哲学中的运动与变化终将不免会对宗教构成影响。还有些人更是极为担忧，担心在自然研究当中会找出什么东西来推翻或是至少撼动宗教的权威。这后两种的恐惧，在我看来，其实饶有俗世智慧的意味：仿佛人们在其心思深秘之处对于宗教的力量以及对信仰对感官的统治权存在不信任，因而才恐惧对自然真理的探究将会危及它们。如果把事情深入想一想，按照上帝的话说，自然哲学其实既是医治迷信的最好良药，同时又是对于信仰的最佳辅助，所以就正应当被划归宗教，出任其最忠诚的侍女，因为宗教是体现上帝的意志的，后者却是表现上帝的权力的。有人说得很正确，“你们错了，既不知道《圣经》，也不清楚上帝的权力。”如果是那样，就把有关上帝意志的消息与关于上帝权力的思量二者匹配一起，而融合为一个不可分解的结合体了。可是就现状而言，那在人心方面具有最大影响力的宗教由于一些人的粗陋与狂热，而被拉来参与反对自然哲学，那么自然哲学的发展遭受阻遏自然无须惊奇了。

再说，在各类学校等为集中进行教育或培植学术思想而设立的各个团体中，一切习惯、制度都是与科学的进步背离的。在那里，讲演和实习都排定得极为严整，使得任何人都难以在常规范围外去思想或揣测什么事物。若有个别人竟有勇气来使用一点判断的自由，那他们必须是全由自己独自完成该事，不能得到其他人的帮助。而如果他们对此也能忍受下去，他们又会认为自己的这种努力与勇气对自己的前程却有很大的障碍。因为在这些地方，一般人的研究只是局限、禁锢在某些权威的著作范围内，而任何人如对他们稍持不同意见，就会直接被认为是倡乱者与革新家。在国事方面，即使是旨在进步的变革也是不受信任的，因为这总会动摇那业已被确立的东西；因为这一方面的事情是依靠权威的同意、信誉与意见的，而不是依靠科学论证。治道和科学则应当如矿穴一样，从四面八方听到新事物与新进步的喧闹声。可是，这事情尽管在正当理性上说来是应当如此，在实践上却并非如此。上述关于管理和管制学术各点，对科学的进步加上了禁锢。

即便消除了嫉妒，只要人们在科学园地当中的努力和劳动得不到报酬，那仍然是大大阻遏科学的进步的。现在的情况是耕耘科学与酬报科学两件事无法降临在同一人的身上。科学的成长是出于伟大的才智之士，对科学的奖品与报酬则把持在普通民众或大人物之手，而他们除极少数人以外，是连中等学识都不具备的。而且，这类的进步不仅得不到奖品与实在的利益，就连舆论赞扬都得不到。因为这种事情高于人们的普遍水平，是他们所不能接受的，而反会被舆论的狂风所扑倒。如此说来，一个事物不被人尊崇就得不到兴旺，这是很正常的。

可是，对于科学的发展以及对科学当中新事业与新责任的承担方面，这一点是最大的障碍，人们对那些事感到绝望并认为是不可能的。聪明的与严肃的人在这些事情方面往往完全没有信心，他们总是要想到自然的难以预知，生命的短促，感官的富有欺骗性，判断的无力性，实验的难行性，诸如此类。从而认为在世界不断流转的时间和年代中，科学自有其来潮与退潮，一时的生长与繁荣，一时的枯萎和衰落，而在达到某一临界点与某一情况下就不能再进一步了。因此，假如有人的思想被这样束缚住，他们就会认为这类尝试总是开始时很顺利，走下去则变得困难，而终于会陷入混乱。现今，正由于这些思想是自然适宜持重而善于判断的人们，所以我们就更需要好好地注意，切切不可被那种对于最美最精的对象的爱好之情所吸引，导致失去了我们判断的严肃性；我们必须谨慎地考察究竟有什么足以鼓励我们的东西现出曙光，以及出现在哪一部分；我们必须撇开那些飘风般的、较为轻浮的希望来彻底筛检那些提供极强稳定性与较大恒常性的希望。不仅如此，我们还仿效那种老成谋国的智谋，其规则就是对于人事不予信赖，并且就比较不利之处去进行估计。

我们至今还不曾找到一个心志足够坚定的人能够毅然决然地扫荡一切陈旧学说与错误概念，并且以公正均衡的理解力去对特别的事物进行全新的考察。由于这样，所以像我们现在所有的人类知识依旧是杂七杂八，处于编排不当的状态，其中包含着许多轻信与偶然性的事项，也包含着我们的一些并不成熟的思想与理念。

现在，如有年龄成熟、感官健全、心灵纯净的人肯从头做起，进行相关的研究，那么希望是可以寄托在他们身上的。在这一点上，我以和亚历山大大帝相同的命运对我自己抱有期待，希望人们不要在未听完之前遂以虚妄见责，因为我所想说的意思正是趋向于驱除一切虚妄的表象。至于亚历山大及其事业，埃斯奇纳斯[①]曾经说过这样的话："诚然，我们不过'与草木同朽的人们一起生活'，但我们是为着这一目的而降生的——要使后世之人能够谈论我们所创造的奇迹！"这句话意味着亚历山大所做的事在他看来是非常奇特的。后来，蒂托·李维[②]对这件事又有较好与较深刻的见解，他认为亚历山大"所做的不过是鼓起勇气来蔑视那些虚假而可畏的现象罢了"。我想，与之相似的结论也会由后世之人加到我身上，就是说：我并没有做出什么伟大的事，只不过将被认为伟大的事看得微小一些罢了。同时，我还要说，正如我此前说过的，除非有科学的新生，否则希望终究不会出现。科学的新生则是把它从经验上有规则地提高起来，并予以重新改造，这一工作，没有人（我想）会说是已经有人做过或是曾想过的。

现在，说到经验的根据——因为我们终究是要回到经验层面来的——直到眼下为止，我们不是还缺少根据，就是只有极为薄弱的根据。还不曾有人去进行过搜索工作，去收集起一堆在数量上、种类上与确实性上，足够的有关个别事物的观察资料，或者采用其他任何适当的方法来指导理解力。与此相反，有学问的人们，但也是最轻忽而懒惰的人们，在建立或证实他们的哲学时，却采用了某些无稽的谣传、含糊的流言，或是经验的一些假象，并赋予它们以合法证据才应当拥有的受重视程度。例如，一个国家指挥百官、解决庶政，不以大使和可靠使者的书札报告为凭，却以街谈巷议为据，现在在哲学当中处理对经验的关系时，所采用的办法就正是如此。现在在自然历史当中找不出一个事物是业已被适当考察过、证明过、计算过、衡量过的。当然，凡在观察中是粗疏模糊的东西，在指教时就必定是欺罔和无信的。有人或许认为我这话说得很古怪，而且近乎不公平地指责，因为他看到亚里士多德以如此伟大的身份，得到如此

① 埃斯奇纳斯：古希腊雄辩家。

② 蒂托·李维：古罗马史学家。

伟大君王的资助，已经撰写出一部如此精确的动物史；而后世的人们又用更大的辛劳，也以较少的矫饰，进行了诸多补充；此外还有其他人对于金属、植物及化石也做出了充分地考据与论述。如果有人要是这样想，那他似乎没有正确地领会我们现在要做的是什么。要知道，为撰写自然史而撰写出来的自然史，与那种为对理解提供信息以期建立哲学体系而集成的自然史是完全不同的。二者之间存在诸多差异，而尤其是这一点：即前者仅仅包含着各种各样的自然种属，而不包括机械性的各种实验。而正像在生活事务方面，人的性情以及内心情感的隐秘活动，在当他遇到麻烦时，要比在平时更容易显现出来，同样，在自然方面，它的秘密就更加是在精心设计的实验过程中，要比在其自然状态下更容易暴露出来。如此说来，在作为自然哲学的基础的自然历史一旦在较好的计划上编撰完成之后，也只有到那时，我们才可以对自然哲学抱有很多好的希冀。

再说，即使在内容极其丰富的实验当中，那种对于指点理解力方面最为有用的实验却尤为稀缺。因为机械学者由于不肯为探寻真理而付出辛劳，总是将他的注意力局限于那些对自己的特殊工作有关系的事物，既不用他的心，也伸不出他的手去认知任何其他事物。可是，只有到了自然史当中已经接受并整合起多种多样的对本身无用，却能帮助发现事物原因和原理的实验时，我们才有能力去推动知识的进一步发展。这一类的实验，我称它为光的实验，以有别于另一类所谓果的实验。

这一类的实验具有一种值得称赞的性质和情况，就是它们永远不会无用或是失败。这是因为，人们应用它们时，目的不在于产生某种特定的结果，而在于为某种结果发现其自然的原因，它们无论结局如何，都一样暗合人们的目的——因为它们解决了某些问题。

可是，我们不但要谋求并进行更多数量的实验，还要谋求并进行一种与迄今为止所进行过的实验种类不同的实验；还必须倡导一种完全不同的，足以促进与提升经验的方法、秩序与过程。因为经验当它循着自己的轨迹运行时，正如我在前面所说的，只是一种暗中的摸索，只足以迷惑人，而不足以教导人。

但是一旦它能遵照确定的法则，遵守着有规则的秩序，并且中途不遭到干扰而向前运行时，对得到更多知识，认知更多事物是大有帮助的。

可是，即使理解力或哲学进行工作时所需要的自然史与经验方面的材料已预备完毕，理解力如果是一无准备，而仅靠记忆去应对它们，那还是无法胜任的，正如一个人不能指望用记忆的力量来保持并掌握对天文历法的计算一样。但是在发明方面的工作迄今仍旧是思维多于写作，经验是还没有学会转化为文字的。而且我们知道，发明的历程如果不是由文字记载来保证其持续推行、传承，总是不能圆满的。一旦文字记载被广泛采用，而经验已经被普遍掌握时，就可以希冀事物有更大的发展了。

有些已知的发明在其被发现之前，是很难进入任何人的头脑里，而被人们所认知的；它们总是直接被认为是不可能的而被搁置。因为人们在构想会出现什么事物时，总是把曾出现过的东西摆在面前做样子；但凡在预估新事物时，头脑总是先被旧的东西所盘踞、所侵蚀，并最终形成意见的这种方法是十分谬误的，因为从自然这一泉源所流淌出来的水流，并不是永远被约束在旧的河道里的。

举例来说，在发明大炮之前，假如有人从它的现象上来描绘这东西，说是有一种新的发明可以在远距离外撼动，甚至是摧毁最坚固的碉楼与城垣。人们听到这种现象后，必定首先想到炮弩与其他机械，想要用一切方法，希望利用能撞击、能发射的重物，利用轮盘和类似的机器，并加倍幻想这些器具的力量；至于说会有一股带火焰的疾风，暴烈地发出，并产生了爆炸，这个想法就很难进入任何人的想象或是幻想当中；因为除了地震与闪电之外，人们从来不曾见过与这种东西类似的事物，而地震和闪电却是大自然的神奇现象，是人力所无法模拟的，所以这个想法就直接被人们否定掉了。

同样，在发现蚕丝之前，假如有人说，有一种线被发明出来了，可以供穿衣和铺陈之用，比麻线、毛线都精细得多、结实得多，也更加美观和柔软；人们一听，必会首先直接地想到某种丝状的植物，或是某种走兽的毛，也可能是某些飞禽的羽片与绒毛；至于说是一只小小虫儿的茧，这种小虫数量又如此众多，并且能够一年一度重生，那无疑是他们从来也没有想过的。甚至，即使有人说到了什么小虫，人们必定会嘲笑他，认为他是在幻想一种新的蜘蛛网。

同样再举一个例子，在发现磁石之前，假如有人说，某种工具已经被发明出来，能用来精确地观察与辨认方向；人们听了，一定是完全依靠想象提出各式各样的构想，思考到一些天文仪器的更精巧构造；至于说能发现出一种东西，其运动悉合于天体但本身却并非天体，而只是一种金属或是石类的物体，则他们必定认为是完全不可信的。上述三种东西以及相似的东西，在世界上已经存在多年，而其最后会被人们发现，并非由于哲学或理性的探索，而是出于偶然与机遇；这是因为，如我在此前所说，它们与此前所知的任何东西都是迥异的，相去甚远，于是人们就没有一种预想可能会导致它们的发现。

如此看来，我们就有很多的根据来渴求、去探究自然宝库中蕴藏着的无数神秘事物，它们与已知的任何东西都不贴近，也无可比拟，而完全处于人们的想象之外，至今尚未被发现。无疑，在此后若干年月的演变中，这些秘密最终也要同其他已经出现的东西一样自行显露出来；不过若是使用我们现在所讨论的方法，我们就能更迅速地发现它们。

还有属于另一种类的发现还需要被指出，它们证明有许多宝贵的发明与发现可能就在我们的身边，而人们却视而不见，而火药、蚕丝、磁石、糖、纸等发现有赖于事物自身及其自然属性。说到印刷术，其现象都是显明易见的，但是人们没能想到排版虽比手写难，但二者却有一种差异，即一版排出可以随之产生无数印本，而手写则只有一本；或是又因为人们没有预见到：墨水能够浓化到能印刷而不流淌（在字模朝上、由上向下印时更是如此）。我说，只是由于人们没能预见到这些事情，因此虚度了如此悠久的岁月，而没有实现这一大大有助知识传播的发明。

说到这里，我可引用前人说过的一句戏谑之言来说明我自己（因为它把我和别人之间的区别说明得异常真切），“如果一个人喝水，一个人喝酒，那么我们的想法必然是不同的”。如今在科学问题上，其他的人们，古代的也好，近代的也罢，都是喝着像水一样未经提取的饮料，有的是主动地从理解力中衍生而来的，有的是从逻辑学中引申出来的，犹如用辘轳汲取井水一般；而我用来祝福全人类的酒则是从无数葡萄中滤出来的，那些葡萄都是当成熟到刚刚好的时候一簇一簇被摘下来，聚在一起，在压榨器中把汁挤出，最后还在大桶当中加以纯化和净化。如此看来，我和他们思想迥异正是理所当然的。

无疑，有人又想，我自己所设置的目标并不正确，也不是最好的：因为思辨真理要比一切丰功伟绩都更加高尚并更有价值；如果长此以往急切地沉溺于经验、物质及个别事物的波动变异中，则无异于将心灵撤出抽象智慧的澄静境界，而把它拖在地面上，甚至是把它打入扰攘混乱的冥府之中。对于这话，我非常赞同。我正是要在人类能够理解的范畴内，建造一个世界的真实模型，而要这样做，就必须勤奋地将世界解剖一番。我还要说，人们此前在哲学体系当中凭幻想创造出来的那些愚笨的、杜撰的世界影像都必须舍弃。我们应该知道在人心假象与神意理念之间有着多么巨大的差异。前者不过是一种任意的抽象；后者则是造物者自身打在创造上的印记，以真切而细致的线条刻印在物质中的印记。如此说来，真理和功用在这里其实是一回事：各种事功自身，作为真理的证物，其价值要比增加人生中的安乐大得多。

还有些人会想，我所正在从事着的事都是前人已做过的事。这也就是说，古人们也曾采用我现在所采用的办法；因此，我在经过一切努力与挣扎之后，最后也不免要归入古代早先曾盛行过的诸多体系中的某一体系中。他们说，古人们在开始思虑之初，也曾备有大量丰富的事例与特殊的事物——把它们分列条目，汇成长编——以便完善他们的哲学体系，并在把事情弄清楚之后，就将那些体系发表出来——可这时却仅在几个地方插入少数事例，以当证明与解说之用，至于要把所有札记、注解、详细目录与资料长编一同出版，古人们认为那是肤浅且不方便的。他们认为，这种做法正与建筑工人的办法一样：房屋建成之后，台架和梯子就都撤掉了，古人们无疑就是这样做的。对于这一点反对意见（或者应当说是一种疑虑），我要指出，只要人们还没有彻底忘记我在上文中所说过的话，谁都会非常容易地予以答复。古人们所惯用的从事探讨与发现的方式，正是他们自身所承认的，在其著作的表面上就可以看到。这个方式是这样的：他们从极个别的例子与极特殊的东西（加上一些普通的概念，或许还要加上一部分最为流行的公认结论）一下子就上升到最普遍的结论或是科学的第一性原则，并且把它们当作万古不易的真理，进而以中间作为手段，从它们引申并证明一些较低级的结论，而从这些较低级的结论当中来构建自己的整个理论体系。

在此以后，要是又有与他们的教条相违背的新的理论与事例被提出而引发讨论，他们不会对自己的规律进行修正，不是把它们巧妙地融入自身体系中，就是干脆将它们作为例外而粗暴地予以排除；至于对那些不相违背的特殊事例，他们则努力要用符合他们那些原则的理由来进行解释。但是要知道，这种自然史与经验不是我们真正需要的。

还有人想，我既然这样严禁人们在未经正当地论证而通过中间阶梯，来达到最具普遍性的规律之前，不得将什么原则视为已经被确立的，并加以宣布和予以制定，我便是主张将判断搁置起来，而这就变成了希腊人所说的不可解论，即否认人心有理解真理的能力。对于这一点，我要说明，我所思所想的实际上并非是不知论，而是可知论；不是不承认人类的理解能力，而是使用正确的方式进行理解。因为我并不想否认感官的权威，而是要给它以帮助；我并没有轻视理解力，而是要管理它。我们应当了解应当了解的事物，而且还要积极进取，不断深造，不可以故步自封。

还有一点，与其说是拒绝，还不如说是疑问。人们问，我倡导这种方法，是只说自然哲学应该照此进行呢，还是说其他各类科学乃至逻辑学、伦理学、政治学等也都应当照此办理呢？我回答，我前面所讲的当然是指所有这些方面而言的。正如那种以三段论式来统治的一般逻辑不但在自然科学界中有用，而且还对一切科学有影响，同样我这种依归纳法来进行的逻辑也可以贯通一切。可应当知道，在把历史准备好，并予以排列妥当后，由于我的解释方法不限于涉及心的活动或是思论（如一般逻辑那样）并且还要涉及事物的性质，所以我要对人心提供一种规则与指导，使它在每一个情节都能恰当地将自己投入事物的性质上。所以，我在有关解释的学说中，又提出很多不同的条规，以便人们根据其探讨主题的性质与情况来进行变化。

还有一点其实连怀疑都不应当出现，那就是问我是否应当把现行哲学、科学全部都推倒并予以摧毁。我回答并非如此；我是最高兴看到它们被使用，被培植，并得到尊崇的。如果说现在时兴的各类技术不应当继续去作为争论的材料，不该继续去作为谈资，不应该继续去供教授、先生们或生意人们使用，总之是说不应该继续像通用货币那样，任凭其流行于人们之间，那是毫无理由的。不但如此，我还直率地指出，我现在所倡导的东西根本很少会用于那样一些目的，因为它除了在效果上是无法为一般人所领会的之外。我这样宣称我对于公认的科学的好感与善意究竟有多么诚恳，这从我所发表的著作，尤其是几卷《学术的进展》中可以充分看到，因此我就不准备再以文字进行进一步证明了。可是同时我也提出明确的警告，要凭现在通用的方法，那是无法在学说层面与科学的思辨层面实现什么伟大进步的。

说到这里，只有再就心中这个目标的卓越性谈几句了。这些话如果是在早先说出，或许会被看作空疏的愿望；现在时机已经成熟，就可以表达出来了。再者说，假如我自己业已把一切做完，而没有机缘再让别人来帮助与参与这个工作，那么即使到现在，我也仍要避免说这些话，以免人们会认为我是在昭示自己的功罪。可是由于我要促进别人的努力与燃起他们的热情，那我就该让人们留心到某些事情，这却是极为合适的。

首先要说，引进著名的发现，这在人类的一切活动中应当高居首位，这是历代前人所作出的评判。历代对发明家都授予其神圣的尊荣；而对于功在国家的人们（如国家的创建者、立法者、拯救国家的人、铲除暴君者等人）看，则至高不过是谥以英雄的尊号。人们如果准确地把二者加以比较，无疑就会发现古人的这个评判是公正的。因为发现之利可以泽被全人类，而国家的功臣只能恩泽个别地方；后者延续不过数代，而前者可以永垂千秋；除此之外，国政方面的改革几乎都要依靠暴力与混乱来实现，而发现与发明本身就带有福祉，足以嘉惠人类，而不会对任何人造成伤害与带来痛苦。

再者说，发现可以算是重新创造，近乎模拟上帝的工作，正如诗人所说：

脆弱的远古居民不懂得耕稼，
雅典人首先播种，实乃伟大壮举，
从此生长出很好的田禾，
再造了下界的生活。

说到这里，可以指出所罗门王的确有值得赞扬之处。虽然他在统治帝国方面，在金银财富方面，在丰功伟绩方面，在朝廷家室方面，在军队武备方面，及在名耀海内、敬在人心等一切方面都显示了其伟大，可他都不把这些当作光荣，却只说："上帝的光荣在于藏物，国君的光荣却在于将其搜出。"

其次，让人们想一想在欧洲最发达的地方与新大陆最野蛮地方之间，人们的生活是怎样大为不同的，他们就会感到"人是人的上帝"这句话是很有道理的，不仅仅从人们所得到的帮助与福利来说是这样，从生活状况的比较来说也是如此。而这个差异却又是从何而来的呢？这与土壤、气候、人种都没有关系，这个差别只在于技术与科学。

再其次，我们还该注意到发现的力量、效能与后果。这几点体现在古人所不知的，最近才为人们所发现，而起源却还暧昧不彰的三种发明上，那就是印刷术、火药与指南针。这三种发明已在世界范围内使事物的所有面貌与情况都不同了：第一种是在学术层面，第二种是在战事层面，第三种是影响航行层面；并由此又引发了难以尽数的变化，竟至于任何帝国、任何教派对人类事务的影响似乎都比不过这些机械性的发明。

进一步来讲，我们不妨将人类野心的三个种类，也可以称为三个等级来进行区分：第一是要在本国范围之内扩张自己的势力，这种野心是粗俗与堕落的。第二是要积极扩张自己国家的领土，巩固自身权位，这种野心虽然听起来好一些，但贪欲依旧不减。但是要是有人力图面对宇宙，来建立并扩张人类自身的权力和领域，那么这种野心（假如可以称之为野心的话）无疑比前两种更加健全与高尚。而说到人类要在万物的基础上建立自己的帝国，那就完全依赖科学了。因为我们假如不服从自然，我们就无法支配自然。

再说，既然人们将某种个别的发现尚且看得比那种足以泽及人类的德政还要重大，那么，如果有一种发现能作为工具而有利于发现其他所有事物，这又是何等高尚的事啊！还要以光为喻来解释（这是认真的），光使我们可以行路，能够读书，可以钻研科学，能够彼此辨认，其功用自然是无限的，但是人们会见到光，这一点本身却又比它的那一切功用更为出色与美好。同样，我们对事物进行思辨这件事本身也要比各种发明的一切成果更有价值，只要我们的思辨是如实而不带有迷信色彩的，同时也是没有欺骗、没有错误的。

最后再谈一点，如果有人以方术和科学会被滥用于邪恶、奢侈等目的为理由而加以反对，那么请人们也不要为这种说法所打动。因为如果这样说的话，则人世间的一切美德如智慧、勇气、力量、美丽、财富、光本身以及其他所有事物都可以加以反对了。我们只管让人类恢复那种由神所遗赠，为其所固有的对自然的权利，并赋予其一切权力；至于怎样运用，自有健全的理性及真正的宗教来予以控制。

现在已到我来讲到这解释自然的方术本身的时间了，虽然我觉得我已经提出真切的，也是最有用的条规，可我却既不说它是绝对有必要的（好像没有它就什么事都无法做的样子），也不是说它是尽善尽美的。因为我认为，人们只要手边准备了一部准确的自然史与经验史，而辛勤地致力于此，同时只要可以恪守以下的两条规则：第一，要将公认的意见与概念都扔在一边，第二，暂时不要萦心于最高普遍性及仅相差一级的次高普遍性，那么，他们就能不借助任何方法而只依靠心所固有的真纯力量来理解我的这种解释方式。因为所谓的解释，原本不过是心无障碍时所进行的真实与自然的活动罢了。

我并不是认为我的那些条规是再不容许进一步改进的了。恰恰相反，我既是不单就心本身的机能来论心，而且要就其与事物的关联进行讨论，那么我当然就必须指出：发现的方术是会随着发现的前进而不断前进的。

第二卷

通往人类权力与通向人类知识的两条路途是彼此邻接，并且几乎同为一体的，但是由于人们向来都有耽于抽象这种根深蒂固的坏习惯，较为妥当的做法还是从那些与实践相关联的基础学科来建立与提高科学，让行动作为印模来印刷与决定出它的模本，即思辨的部分。于是我们就得想到，如果一个人想在一个物体上产出或添入一种什么性质，他所最想得到的是怎样的一种规则、指导或者引导；我们也还要用最简单的、最易懂的语言把这些表述出来。比如说，如果有人（注意到物质的法则）想在银子当中添入金子的颜色或是增加一些重量，或希望在不透明的石头上添加透明的性质，或者想给质地坚脆的玻璃加入韧性，或者想对一些非植物的物质加入植物的性质——如果有人想要这么做，我说我们必须想一想他所最愿意要的是怎样的一种规则或指导。第一，他无疑是愿意给指引到这样一种事物的，在结果上不致将其欺骗，在尝试的过程中不致使他失败。第二点，他必定想得到这样的一种规则，不至于将他束缚在某些手段与某些特定的动作模式上面。因为他可能既没有那些手段，也不能比较方便地获得它们。因为也可能在他能力所及范围之内，另有其他手段与其他方法（在所规定的范围之外）去产出所需要的性质，而一被规则的狭隘性所束缚，他就会被摒弃在那些手段及方法之外，而无法将它们利用起来。第三点，他必将要求指给他这样一些事物，不像计议中所要做的事物那样艰难，而是比较接近于实践的。

这么说来，对于动作的一种真正完善的指导规则就应当具备以下的三点：它应当是确实的、自由的、倾向或是引导行动的。而这和发现真正法式[①]却都是一回事。首先，所谓一个性质的法式就是这样：法式一经指出，性质就无讹地随之到来。这就是说，性质存在，法式就必然存在；法式本义就普遍地将性质包含在内；法式常常附着于性质本身。其次，所谓法式又是这样的：法式一经取消，性质就无讹地随之消失。也就是说，性质不在，法式就必然不在；法式本义就包含性质在内；性质不在，法式则无所依附。最后，真正的法式又是这样的：它依附于较多性质之内，是以事物的自然秩序中比法式自身更容易理解的某种存在为本源。这样说来，要在知识上获得一个真正而完善的原理，其指导条规就应当是：要在所与性质之外发现另一种性质，当是能和所与性质相互掉转，却又必然是一个更普遍性质的一种限定。现在我们可以看出，上述两条指示：一是属于动作方面的，二是属于思辨方面的——都是同一回事：只要在动作方面是最为有用的，在知识方面就是最真的。

关于物体转化的规律或是原理可以分为两种。第一种是将一个物体作为若干个单一性质的队伍或是集合体来对待。例如，金子是下述的诸多性质汇合在一起的：它在颜色方面是黄的；具有一定重量；能拉薄或是延展到某种程度；无法蒸发，在火的灼烧下难以熔化；可以化为拥有某种程度的流动性的液体；只有用特殊的手段才能予以分剖及熔解；其他等各类性质。于此可见，这种原

① 法式："法式（form）"一词，培根在本书当中用来代表两种迥然不同的意义：第一种是指所谓"沿用已久的理念"，人们惯用的，但是却被培根认为是错误的理念，是"那种在物质上不是全无界定，就是界定并不恰当的抽象理念"；他更反对"法式产生存在"的观点，认为那是人心本身的一个错误。第二种是培根自己所提出的法式（在哲学术语上被称为"培根式的法式"），用他自己的话来说，则是"绝对现实的法则与规定性"，是物质当中的单纯性质与单纯活动的法则，是"事物的真正区别性"，是"真正的种属区别性"。

理是从很多单纯性质里来演绎事物的。人们只要知道了黄色、重量、可延展性、固定性、流动性、分解性及其他特性，并且知道了怎样把这些性质添加进去的方法及其等级和形态，他们肯定要注意将它们集中整合到某一物体上，从而就会将那个物体转化成黄金。关于物体转化的第一种动作就是如此。要产出多种单纯的性质，其原则是同产出某一种单纯性质一样；但是所要求产出得越多，在动作当中就越发感到缚手缚脚，因为要在自然习惯的通常途径之外，把这许多原本不便于聚在一起的性质硬聚合成一体，这原本是很困难的。但应当指出，这种动作的方式（着眼于复合物体当中的单纯性质）乃是从自然当中常见的、永恒的与普遍的东西出发，开拓出通向人类权力的广阔道路，是人类的思想（就现状而言）所不容易领会到或是预想到的宽广道路。

关于物体转化的第二种原理是关于发现隐秘过程的，这就不是就单纯性质来进行分析的，而是就复合物体（照我们在自然的普通进程当中所见到的那样）来进行的。比如，我们要探究黄金或其他金属、矿石是从何而来，是以何种方法，经何种过程而生成的，是怎样由最初的熔液状态与最初形态而发展为完全的矿物的。同样，我们也可探求一些草木植物又是经何种过程而产生的，是如何经由不断地运动与自然界的多方面持续地努力，而从最初在地上凝结的汁液或是从种子进而演变为成形的植物的。而且，我们还能探究动物进化的过程，自交媾到出生的过程。此外，对其他物体也都可以进行同样的探究。

这种查究不仅局限于物体的生成，还可适用于自然的其他运动和动作。比如，我们要探究摄取营养的全部历程及连续活动，由最初的进食，至完全消化的历程和活动。又如，我们要探究动物的自发运动，看它怎样从头脑的意念，经过神经传导，进而变为肢体屈伸和各种活动，以运动的形式展现在外界的。再如，我们还可探究唇舌与其他器官的运动，研究它是通过怎样的一些变化而最后得以发出清晰的声音。上述这第二种的各项探究也有若干具体的性质，也是涉及合成一个整体结构的若干性质，但是这却着意在自然的所谓特定的与特殊的习惯，而非着意在自然的那些足以构成法式的基本及普遍的法则。可是必须认可，这个计划与那个初始的计划相比，看来是较为便利，较为贴切，也是提供着较多希望的依据的。

要查究与发现物体中的隐秘结构并不亚于要发现隐秘过程和法度，是一件全新的事情。因为直到如今，我们还依旧是逡巡于自然的外庭，还没有为自己准备下一条闯入自然内室的道路。但是绝对无人可以对一个物体赋予一个新的性质，或者可以成功地与恰当地把它转变为一个新物体，除非他已获得关于所要这样加以改变,及加以转化的物体的充分认识。不然他就会转向一些纵非无用，至少也很困难、不符合相关物体性质的方法上去。因而，很明显，关于发现隐秘结构这一点，也必须铺设出一条新的道路。

诚然，在有机物体（例如人和兽）的解剖层面上，人们已非常好地下了一些苦功，也已取到了非常良好的效果；这似乎是一件非常精微的事，也是对自然极好地钻研。但是这种解剖是受限于视觉和感官的，而且是只在有机物体当中才能进行。此外，这种解剖若与另一种解剖相比较，那就还是非常浅显而容易的事情。有些想来在组织上是一致的物体；特别是拥有某种属特性[①]的东西，如铁、石之类；还有植物与动物当中一致组织的所有部分，如根、叶、花、血、肉、骨之类；其隐秘结构的真正解剖就不是如此浅显与容易的了。但是即在后一种解剖之中，人类也不是没有付出丝毫勤奋的；人们应用蒸馏法与其他方式的分析法来对组织一致的物体予以分解，想要用把复合物体的若干同质分子合在一起的办法，来将其复杂组织暴露出来，其目的就正是这种解剖。这种解剖是有其作用的，也足以引导我们找到所寻求的目标。但这种解剖在结果上往往是错误的，因为许多结论事实上是最近才得出的。是由火与热及其他方式的分解法[②]所加入的性质，却被认为仅仅是分剖的结果，认为原本早已存在于复合物体当中。这样说来，对发现复合物体当中的真正结构这一工作而言，这种解剖不过是其中非常微小的一个部分；而那真正的结构却是一个要细致、细密得多

① 种属特性：在培根的时代，人们只把若干事物认为属于自然种属，其他的一切东西都被认为是元素性的。例如，蓝宝石就算是拥有种属特性，而一般的石头或岩石则只算土这一元素的变种。所谓“种属性德”则是由一个东西的种属特性所赋予的性德，要超出一个事物所具有的元素属性。

② 关于火的运用，在帮助化学的发现层面及改进有关生活的技术方面，火都要比其他手段的贡献大。培根对火和热的使用的批判存在一定的偏颇。

的事物，若单靠火炼这一类的方式，那是只有将它弄乱而不会把它解析出来并且弄明白的。

以此可见，我们必须做到对物体予以分剖和分解，不是要用火，而是要以推理和真正的归纳法，并辅以实验；要用与其他物体相区分的办法；还要用将复合物体还原为单质物体，且混合于其中的若干单纯性质及若干办法。一言以蔽之，我们若想揭露物体的真正组织与结构——那是事物当中一切隐秘的性质及种属性质所依附的基础，也正是物体每一个有力的变化与转化的固有规律——我们必须由火之神转变为工艺之神才可以。

我们既然树立了知识的目标，我们就要关注各项条规，而这又要以最直接、最明显的次序来进行。首先应当说明的是，我对于解释自然的指导包含两个门类的部分：一部分是指导人们如何从经验来抽离出知识并形成原理；另一部分则是指导人们怎样从原理又来演变和推出新的实验。前者又要被分割为三种服务：一是服务于感官，二是服务于记忆，三是服务于内心或理性。

首先，我们必须准备好一部自然与实验的历史，这是一切的重要基础；因为我们不是要去想象或是做出假定，而是要去发现自然在做什么或我们能够叫它去做什么。

但是自然与实验的历史是如此纷繁，除非我们依照适当的秩序加以整理排列，再提交到人们面前，它会反而淆乱与分散我们的理解力。因而我们第二步又必须按照某种方法与秩序把事例制成表与排成行列，以便让理解力能够应对它们。

即便做到了，如果对理解力置之不理，任其自发地运动，而不加以指导与防护，那它仍不足以也不适宜去形成原理。于是第三步我们还一定要采用归纳法，真正的与合格的归纳法，这才是解释自然的真正重要钥匙。这一步尽管居于最后，我却必须将它提到前面来谈，然后再转过头去讨论另外两种服务。

对于法式的查究是如何进行的：第一点，要把所有已知的存在于一些大不相同的物质中，而一致具有同种性质的各种事例聚集，并展示在理解力之前。这种事例的搜集，还必须遵照历史的事例去做，不要进行不成熟的揣测，也不要求有什么大量的精微性。以热这一性质作为例证，对于它的法式的查究首先应当有下列表式①。

在热性上一致的各类例子②：

（1）太阳的光线，特别是夏天正午的。

（2）太阳的光线，反射的并经过缩聚的，例如在两山间，在墙壁之上，最主要的是在取火镜与镜子当中。

（3）带火的流星。

（4）燎烧性的雷电。

（5）山口中喷发出的火焰。

（6）所有火焰。

（7）燃烧的固体。

（8）天然的温泉。

（9）滚沸的或者被加热的液体。

（10）热的蒸气与烟气，还有空气自身；空气在被封闭时便孕育着最强大的与发光的热，例如在反射炉③中就是这样。

（11）当天气晴朗、万里无云时，由于空气本身的结构的原因而出现的热，与一年当中所处的季节没关系。

（12）在封闭空间或是地下洞穴中的空气，尤其是在冬天时。

（13）一切带有绒毛的物体，如羊毛、兽皮与鸟的绒毛，都有热。

（14）一切物体，固体或液体都可以，不论是浓是稀，在靠近火边时，就都

---

① 把具有相同性质的不同事物集中起来，以热为例，用科学归纳法予以具体演示。

② 由于时代的局限，培根对以下列出的很多现象都没能做出正确的理解与解释，因此很多事例及其解释在我们今天看来是很可笑的，今天的读者主要理解以下论证过程中的思维方式与模式即可。

③ 反射炉的结构有内外两室，外室没有烟囱，但有一个通道与装有烟囱的内室相连接，将想要烤热的物质放置在内室中，然后在外室生火加热，火焰在外室没有出路，于是进入内室，将大量热力都集中在内室的物质上。

会带热。

（15）由燧石与钢彼此强烈撞击而打出的火花。

（16）一切物体，如石头、木头、布料等，经激烈摩擦就会生热，轮的轴杆与轴端有时甚至会着火；在西印度群岛，人们正是依靠摩擦的办法来取火的。

（17）嫩且潮湿的植物经过捣碎并密闭起来，例如玫瑰花压装在筐里，就会生热；草垛带湿堆积起来时，甚至会着火。

（18）生石灰浇上水，会产生大量热。

（19）铁刚被强酸熔解于玻璃杯当中会产热，这并没有被放到靠近火边的地方。锡和别的类似的东西也是一样的，不过带来的热量强度不等。

（20）动物都有热量，尤其是在身体内部；昆虫体内的热是人的触觉所感觉不到的，是因为它们的身体太小的缘故。

（21）马粪与类似的动物排泄物刚被排泄出来时。

（22）高浓度硫黄与硫酸能发热并损坏麻织物。

（23）薄荷油等类似物质能发热烧坏牙齿的釉质。

（24）精馏的高浓酒精有产热的效果，甚至蛋白一被投入就会变硬变白，犹如煮过似的；生面包被投入其中，也会变干，起硬皮，像是被烘烤过似的①。

（25）芳香草类与辛辣草类植物，如龙蛇草等，用手摸起来虽不热，但略加咀嚼，口腔就会感到有热和灼烫感。

（26）浓度较高的醋和酸，一碰到身体上全部没有表皮的部分，如眼睛和舌头；或碰到身体上任何受伤脱皮的地方，就会产生一种疼痛感，与热所造成的疼痛几乎完全一致②。

（27）甚至极度的寒冷也会产生一种灼烧的感觉。诗句有曰，“北风尖冷兮如灼”。

（28）其余事例。

前面这个表我叫作要质临现表（按照一种特性进行广泛归纳）。

---

① 高纯度酒精对蛋白和面包的作用，属于蛋白质变性及脱水，与热量无关，培根没能正确认识这一点。

② 辛辣类植物及醋、酸等物质对人体产生的刺激，与热对人体的刺激效果类似，但与热无关。

我们要善于将相反的事物与现象进行对比，找出类似物体当中的不同现象。类似物体中热性缺失的各种例证：

（1）对照前表的第 1 个例子，月亮、星与彗星的光线在触觉上感觉不到热；在满月下反倒会感到一种清冷的感觉。

但较大的恒星，当太阳行经或是接近它们时，应该能对太阳的热量强度有所加大，例如太阳在狮子宫与在三伏时的情况。

（2）对照前表的第 2 个例子，在所谓空气的中界中，太阳光线并没有发散热。人们说这种情况有一个理由，也就是说，这个区域距离发出光线的太阳不够近，距反射光线的地球也较远。有些山顶上，必须是很高的崇山峻岭，积雪才能保持不化；而一些山脉只要稍低一些，山顶上就没有雪，这个事实就证明了这一点。而且在山顶上，空气本身也不寒冷，却只是稀厉。古人们曾说过，在奥林匹斯山顶上，空气是如此稀薄，以致登山的人必须随身携带用醋水浸过的海绵，时时捂住口鼻，因为空气居然稀薄到无法呼吸了。古人们还有一个记载，在这个山峰上，从来都是无风、无雨、无雪的，因此人们用手指在鸠壁特坛前祭灰中所画的字迹隔年还依旧留存如新，完全没变。

（3）对照前表的第 2 个例子，在接近两极圈的地带，太阳光线的反射很小，缺乏生热的效果，以致那队从事探险的荷兰人，原本希望能够从那自七月初起就将船只围困起来的冰阵中脱困，竟必须度过一冬，直至第二年六月才得以返航。由此可见，太阳直射的光线似乎也只有很小的力量，即使是射在平地上，其反射的光线也不过如此，要把它们倍乘，然后集拢起来才能有所作为。所谓将太阳光线倍乘起来，集拢到一起，就是当太阳照射，愈变垂直时的情况；因为那时射出的光线就越发构成锐角，也就是说光线彼此越发接近；反之，太阳照射愈发倾斜，光线就愈构成钝角，也就是光线彼此距离愈远。同时我们还应当注意到，太阳的运动可以有多种，看热性如何而定，而热性在我们的触觉上却并非是平均的；因此太阳运动的结果会在我们这一方面并不产生能够觉察到的暖热，而在其他一些物体上就出现热的效果。

（4）对照前表的第 2 个例子：试做一下下述的实验。拿一块与一般取火镜式样正好相反的玻璃镜，放在你的手与太阳光之间，看它是不是会减少太阳的热，正如取火镜增加与加强太阳的热一样，十分明显，在视觉的光线方面，随着镜子中心相对于边缘厚薄的区别，透过它看到的物体就有扩散与缩紧的差异，要观察在热这方面是否也有相同的情况。

（5）对照前表的第 2 个例子：请认真地尝试进行这样的一个实验，看看用一具最精细的取火镜能否将月亮的光线聚集起来，而产生哪怕是最低程度的热度。假如这种程度的热度过于微弱，而无法为触觉所感知，我们就还须求助于那种用来指示空气冷热状况的玻璃仪器。那就是要让月亮的光线通过取火镜而落到这种玻璃仪器的顶上，看看其中的水是否会因为受热而出现水位变化。

（6）对照前表的第 2 个例子，还可以把取火镜试用于那种并没有发射光线或是光亮的热，例如受热但还未被烧红的铁或石头的热、沸水的热等，试试它们在取火镜下是否会增加温度，就像是受到太阳光的照射那样。

（7）对照前表的第 2 个例子：还能将取火镜试用于一般的火焰。

（8）对照前表的第 3 个例子：彗星（假若我们将它也算入流星当中）在使季候变热这一点上，并不见其有经常性的或是明显的影响，虽然经常有干旱随之出现。闪电与雷电在冬天难得遇到，而总是发生在天热时。说到所谓的陨星，一般认为它带有某种发亮、带光的胶黏的物体，而没有什么强烈的火属性。但在这一点上还需要进行更深入的探究。

（9）对照前表的第 4 个例子：有某种闪电，发光但是不燃烧。它们来时，没有雷声相伴随。

（10）对照前表的第 5 个例子：火山喷发的现象发生在寒带时，却并不亚于发生在温带和热带地区，比如在冰岛和格陵兰岛都有。在寒带国度里，树木也要比温带和寒带更易着火，那里有具有较多的沥青性质与松香性质的植物，如枞树、松树等。但是，这种经常有火山爆发的地域，其土壤的性质还未经足够仔细地鉴定，因此，我们还不能将这现象作为反面事例来附在这个正面事例之后。

（11）对照前表的第 6 个例子：一切火焰都是热的；这里没有任何反面事例可供反驳。但是有些人说，有一种鬼火（他们就是这样称呼它的），有时甚至可以停留在墙上，却没有多少热量，也许只与酒精的火焰差不多，那是温和且柔弱的。但是还有一种更加温和的火焰，根据某些可靠的记载，那是闪耀在男孩和女孩们的头上与鬈发上的，完全不会灼烧头发，却只是轻柔地在头发边上舞动。还有一个最确定的现象，马在路上出汗时，在天气晴朗的夜间就会展露出一种光辉，但却并没有显著的热。还有一件有名的事，而且被认为是一种奇迹，就是在几年前，有件女孩子的胸衣一经轻摇或是轻搓，竟然能出现火花；这或许是由于在浆洗时使用了明矾或是盐，在胸衣表面形成了硬膜，一经摩擦就会迸裂开。还有一切糖类，不管是精糖或是粗糖，只要多少是硬质的，在黑暗中用力进行割切或是刮削时，就会发出火花，这也是可以确定的。同样，海水与咸水在猛烈拍打下，有时在夜间也会看到火花。另外在风暴之夜，海水的沤沫受到剧烈震荡时也会射出火花，西班牙人称之为“海肺”。

（12）对照前表的第 7 个例子：烧到火红的物体，即便没有火焰，也总是烫的；这一点正面事例也没有任何反面事例可以举出。最近似的反面事例似乎可以提到腐烂的木头，它夜间发亮，但是并没有发热；还有腐烂的鱼鳞也可以在黑暗中发亮，但摸起来并不觉得热；萤火虫与意大利火蝇的身体也是不热的。

（13）对照前表的第 8 个例子：在何种土地的特性下才能常出温泉，这一点还不曾进行过充分的考据，因此在这里还不能附带什么反面事例。

（14）比较第 9 个例子：对于热的液体，我用在自然状态下的液体本身作为反面事例。我们从未曾看到过一种可触的液体在自身性质上是热的，并可以长期保持热的状态。热在那里是一个并非自身所有的性质，是暂时附加上去的。所以那些在能力上与在作用上都是最热的液体，例如酒精、化学香料、油、硫酸及硫黄等物体，保持高温状态不久就会演变为灼烧，但是最初与热源接触时却原本是凉的。

（15）比较前表第 10 个例子：同样，对于热蒸气，我也用在我们所看到的蒸气自身的性质作为反面事例。油质物所产生的蒸气尽管容易着火，却也不见暖热，除非是刚变成蒸气的。

（16）比较前面第 10 个例子：同样，对于热的空气，我也用空气自身的性质作为反面事例。在我们这里从来找不到任何空气是暖热的，除非它受到挤压，或是从太阳、火及一些暖热的物体得到热量的。

（17）对照前面的第 11 个例子：我在这里举出的反面事例是那种比所处时

节要冷的天气，如在刮东北风时所遇到的情况那样，在即将降水的时候，特别是在冬天时，总是伴随着温暖的天气；而下霜则伴随着寒冷的天气。

（18）对照前面的第 12 个例子：我在这里提出的反面事例是夏天密闭在地洞里的空气流通途经。但关于被封闭空间内的空气还应当细心予以考究。因在涉及冷热方面，空气的性质自身到底是什么，这首先就非常值得怀疑。空气的冷热受到天体与地面的多重因素影响，因此在开放空间内的空气是难以精确衡量其冷热的影响因素的；但是如果将它封闭起来进行考量，则可能做出比较准确的判断。可是要封闭空气，必须把它封入这样一种器皿中：其本身的性质不会与空气有热量交流，也不会让外界的空气轻易透入。这个实验最好这么做：把空气收到一个泥坛中，四围用几层皮革严密裹好，以防外界的空气进入；这样严密封存三四天后，再将坛子打开，用手或是用那个划有刻度的玻璃仪器来试验冷热的程度。

（19）比较前面的第 13 个例子：这里一样有一个疑问：那羊毛、兽皮、鸟羽等类似物体中的热度，是它们本身作为动物所固有的某种微弱的热；还是自那种在性质上本来近似于暖热的脂肪与含油性而来；还是如前面所揣测那样简单地从空气的隔绝而来——因为一切同外界空气隔离开的空气都似乎是有些暖热的。所以，我们要采用亚麻所制成的纤维性的质体来进行这一实验，而不要采用羊毛、羽毛或蚕丝那些与动物有关的物质来做。

（20）比较前面的第 14 个例子：对于这一例子没有很妥当的反面事例可举。因为在我们这里所看到的，还是接触过的有形或是无形的东西，当将其放在靠近火边的地方时，都没有不会发热的。但却有这样的一层差别：有些物质加热较快，如空气、油和水；有些物质加热较缓慢，如石头。

（21）比较前面的第 15 个例子：对于这样的例子我也没有反面事例可举，不过只请注意到一点，就是燧石与钢或是任何其他坚硬物质产生火花，只有当有些极小的微粒从那石块或金属的整体被脱离出来时才出现；而空气的摩擦本身就从不像是一般所想的那样会产生火花。而火花本身，由于燃烧的物体有重量的缘故，又总是向下的，而且一经发出，就成为可以触碰的烟尘。

（22）比较前面的第 16 个例子：对于这一例子我想也没有什么反面事例可

以举。因为在我们这里，所见的一切可触及的物体没有经过摩擦而不显著变热的，以致古人竟然因此而想象，天体之所以会产生热量，也只是因为空气在其迅速的转动中所引起的摩擦产生了巨大的热量。但在这个问题上，我们还须进一步探究那种从机械中射出的物体。例如，从大炮射出来的炮弹，是不是的确因强烈冲撞而获得某种程度的热量，以致在落下的时候多少会有较高温度。至于空气运动，那确实不会产生热量，倒是能够降温。例如，刮风、拉风箱、吹气等都是如此。但是这一类的运动本身就不是快到会生热的，而且又是一个整体的运动，而不是若干微粒的运动，所以它无法生热是正常的。

（23）比较前面的第 17 个例子：对于这个例子还应该进行更勤谨的探究。草类和蔬类在青嫩潮湿时，都似乎带有某种潜藏的热，不过当其分散存放时，这热是微弱到在触觉上无法感知到的；只有把它们聚拢并闷闭在一起，使它们的元精无法泄入空气之中，而却可以彼此护养，这样才会生成一种可触知的热，并且有时还可以引起火灾。

（24）比较前面的第 18 个例子：关于这一个例子，也应该进行更勤谨的探究。如果我们用油代替水浇上去，就可以发现并没有发热的效果；因为油具有与水近似的性质，但却不会对生石灰产生刺激。我们还要将这个实验加以扩展，要用各种不同物体的灰来实验，也要尝试用各种不同的液体去试验。

（25）比较前面的第 19 个例子：对于这一例子，我用那些比较柔性和比较容易熔解的其他金属作为反面事例。金子被王水所分解时就不会产生会被触觉感受到的热量；铅在镪水中分解时也不会生热；还有水银也是（据我的回忆）；但银就会生热，铜亦然（据我记忆所及）；锡更为显著；而铁和钢不但产热极为明显，而且还会出现猛烈的沸腾现象。由此可见，热是产生于冲突的：一方面镪水在分裂物质的各个部分；而另一方面，物质本身则在对抗，物质越是易于退让，就越少有热量激生出来。

（26）比较前面的第 20 个例子：对于动物都有热这一点，并没有反面事例可以提供，除昆虫由于身体太小的缘故可以作为反例。即以鱼类来说，也只是在与陆地动物相比之下，其体温较低，而不是不存在热。但是在蔬类与草木中，不管在其渗出的汁液当中，或在其新暴露出来的木髓当中，都没有能够感知到热的程度差别。而在动物中，我们就看到热有非常大的差异，无论在其各个部分方面（如在心脏区域、脑部、皮下，热的程度也都各不相同），或是进行某些活动时，体温也会有明显变化。例如，进行剧烈运动和发高烧等。

（27）比较前面的第 21 个例子：对于这个例子，很难找到什么反面事例。动物的排泄物就算在不新鲜的时候，仍然明显带有一种潜热，这在其可以肥沃土壤一事上就可以看出。

（28）比较前面的第 22、23 两个例子：具有强烈刺激性的液体，不管是水或油，都有同热一样分裂物体的能力，并且还可能将它们烧坏，可是开始时它们在触觉上是并不热的。但是它们的作用是要根据所接触的物体的情况而定的。例如，王水可以分解金，而无法分解银；镪水则不同，能分解银而无法分解金；然而二者却都无法分解玻璃。

（29）比较前面的第 24 个例子：将酒精对木头、奶油、蜡或沥青进行试验，看看酒精能否用热使它们有任何程度上的熔化。因为这第 24 个例子是用于显现酒精在硬化结皮方面拥有和热相似的能力，所以现在要同样看看它在液化层面的能力。

（30）比较前面的第 25 个例子：香料与拥有刺激性的草类在口腔当中会有灼热感，在胃部还要有更明显的感觉。因此要注意它们还在什么其他物质上会产生热的效果。据水手们说，在大包或是大堆香料久经密闭，随后突然开启的时候，那首先去搅动与取出它们的人是要冒着患上热病和炎症的危险的。还可以试验一下，将这种香料与草类舂碎，看看它们能否会将挂在上面的腌肉与鲜肉燎干，出现犹如烟熏的效果。

（31）比较前面的第 26 个例子：再冷的东西例如醋和硫酸，再热的东西例如薄荷油之类，同样都会有一种刺激性与辛辣性。因此二者同样都可以让有生命体感到疼痛，也能分裂与侵蚀无生命的物质的各个部分。对于这一事例也没有反面事例可举。而且还可指出，凡是动物会感到疼痛，无不带有某种热的感觉。

（32）比较前面的第 27 个例子：有很多种活动是热和冷所共同导致的，虽然样子很不相同。玩雪的孩子们长期接触雪，就会感到雪正灼烫他们的手；冷藏可以预防肉类的腐坏，其防腐作用不亚于用火；热使物体收缩，冷也有同样的效果。但是这些类似事例若归入关于冷的研究，还更方便些。

既然说一个事物的法式就是这事物自身，既然说事物的差异在于其内在的性质与规律，那么一个性质假如不是永远随着讨论中的性质的增减而增减，就不能将它当作一个真正的内在客观性质。因而我把这个讨论过程中的表称作各种程度表，或称作比较表[①]。

热的各种比较表：

在这里我当然首先要说到那些物质，其中根本不包含任何程度的能被触觉所感受到的热，而似乎仅有一种潜在的热，或者说是只有热的倾向与准备。其次，我要再对那些实际有热的物质进行讨论，要涉及触觉层面的热，并要谈到其热的强度与程度。

（1）凡是坚实的与可触碰的物体，没有在其性质上原本就是热的。石头、金属、硫黄、化石、木头、水及动物尸体，都不是热的。关于温泉当中的热水，那似乎是因为一些外在原因而变热的；或是由于一种火焰或是地下的火，如同从火山中喷射出来的那些火焰；或是由于物体之间的矛盾，就像铁和锡在分解过程中生出的热那样。以此可见，在无生命的物质中就没有任何程度的可以被触觉感受到的热；它们只是在冷的方面有程度上的差异，例如木头之冷与金属之冷是不同等的。但这一点应当归入“冷的各种程度表”。

（2）不过倘若就潜在的热与燃烧的适宜性而言，那我们可以看到很多无生命的物质是强烈地具有这种倾向的，例如硫黄、石油精与石油。

（3）曾经热过的物质，如留有动物体温的马粪，被火煅烧过的石灰，或还有过完火的灰烬与煤渣，都保留一些潜藏的余热。因此某些物体埋入马粪就被蒸发和熔解，而用水去浇石灰，正如前面所说，也能激发出热量来。

（4）在植物界当中，我们没有看到任何植物或是其附属部分（如树胶或树脂）在人们的触觉上是温热的。尽管如此，如上所述，鲜嫩的草类被封闭起来时却能够得到热。至于内部触觉，如口腔或胃，则有一些植物是可以让其感觉到热

① 培根所说的表不一定是表格，而是大量罗列事例，进行进一步论证。

而另一些植物则是感到冷的；甚至对于外部触觉，例如在涂上植物药膏或抹上植物药油过一会儿以后，也会出现这种情况。

（5）死了的动物或是脱离了整体的某些部分，在人们触觉上也没有热。甚至马粪，除了密闭和掩埋起来，也无法维持它的热。但是一切粪便似乎都有一种潜热，从其能够使土壤变得肥沃这一点就可以看出。同样，动物的尸体也有这样一种潜在的热，因此在每天都在埋葬人的公墓里，其土壤就汇集有一定的隐热，对新埋下的尸体的侵蚀要比纯净的土壤要快得多。我们还知道东方发明了一种精致而且柔软的织品，是用鸟的绒毛制成的，其内在力量能把轻轻包入的牛油熔化。

（6）只要能让土壤肥沃的物质，如各种粪便、白垩、海滩的沙、盐以及类似的东西，都有一些热的倾向。

（7）一切腐坏作用本身都含有一些极微弱的热的成分，不过还无法让触觉觉到。就是那些一腐坏就会生虫的物质，如肉和乳酪等，在触觉上也感觉不到其热量；还有在黑暗中发亮的朽烂木头也是这样。不过还要指出的是，腐坏物质中的热有时是被很大的恶臭味道所扰乱了。

（8）在人类触觉可以察觉到有热的那类物质之中，最初一级的热要算动物的体温，而那在程度上又有相当多的层次。最低的，如昆虫身上的热，在触觉上几乎无法感觉到；但层次最高的，也很少能与最热国度中最热季节里的太阳的热等同，也不至热到让手不能忍受。不过却也有人提到一些体质特别糟糕的人，据说他们在患剧烈的热病时，竟会热到多少有些烫手的地步。

（9）动物在运动、饮酒、断食、性爱、发高烧与感到疼痛时，热都会增加。

（10）动物在患有间歇性热症时，起先是一阵发冷和发抖，但是随后就变成体温升高；若是发高烧和疠疫性的热症，那么这种高热的情况是在一开始就出现的。

（11）还要进一步对不同动物的热的不同程度进行一番研究，例如对于鱼、兽、蛇、鸟等动物进行比较；也可以按其种属来进行探究，例如分为狮、鸢、人等。一般认为鱼的内部的热是最少的，而鸟则是最热的，尤其是家鸽、鹰与麻雀这三种鸟类的体温。

（12）还要进一步对同一动物的不同部位与不同肢体的热的不同程度进行一番探究。乳、血、卵只有中间程度的热，不及动物在运动中及受刺激时外部肌肉的热度。至于脑部、胃脏与心脏等当中的热达到何种程度，就还没有同样被探究过。

（13）在冬季及其他寒冷的天气里，一切动物在外部都是凉的，但内部推测倒是更热一些。

（14）天体的热，即便在最热的国度里，在一年中最热一天的最热的时候，也不会强烈到能将最干燥的木头或是草，甚至火绒烧着的程度，除非是用取火镜或镜子来把热度加强。不过它却能从潮湿的物质中提取水蒸气。

（15）按天文学家们的传统说法，星的热也是有等级的。在行星当中，太阳以下要算火星最热，木星次之，而金星又次之。还有其他的天体则被认定是冷的，如月亮，而以土星为最冷。在恒星当中，天狼星据说是最热的，其次是狮心星，再次是小天狼星等。

（16）太阳越近于地面的垂直线，也就是越接近中天时，所给予大地的热就越大。别的行星，依其热的比例，或许也是这样。例如，木星当其在巨蟹宫或狮子宫时，就要比它在摩羯宫或宝瓶宫时对我们来说亮度更高一些。

（17）我们还肯定，太阳与其他行星当其位于近地点时，由于距地球较近的缘故，比它们在远地点时所给予我们的热要多一些。但是如在某一区界，太阳虽在近地点，但照射却是倾斜的，那么它的热肯定比它既在近地点而同时又接近于地平垂直线时要微小一些。依据这种现象可见，行星所升到不同区界的高度是应当综合考虑它们的垂直度或倾斜度来加以关注的。

（18）我们还设想，太阳及行星越接近一些较大的恒星，所得到的热就更大。例如，太阳在狮子宫时就要比在巨蟹宫时更较近于狮心星、狮尾星、处女星、天狼星与小天狼星；可是它在巨蟹宫时却接近于地平垂直线。我们还必须假想，天空中的星座，尤其是较大的星座最集中的部分，发散的热最大（尽管在触觉上是完全感知不到的）。

（19）总之，天体的热有三条途径来增强：一是同地平线的垂直度，二是接近地球即所谓的近地点，三是众星的会聚或结合。

（20）以下要谈到火焰，哪怕是最为温和的一种；要提到一切可以被点燃的物体；要说到由火加热的液体及空气自身，它们的热与上述动物身上的热及天体所发出的光线的热相比，在程度上可就有非常大的差距了。即便是热量分散、温度较低的酒精火焰也足够将纸张、草料和麻布点燃；那是动物身上的热所绝对无法办到的，也是未曾通过取火镜或镜子聚集的太阳的热所绝对不能办到的。

（21）但是说到火焰与燃着的物体的热，其中也有多种强弱程度的差异。不过这一点还从来没有认真地进行探讨过，所以我们只能将它轻轻带过。单就一切火焰而言，酒精的火焰是其中最柔和的一种；或许只有所说的鬼火及动物出汗时所带起的火焰或火花显得更柔和些。其次，我想要算那种质轻而多孔的植物，如草料、芦苇与枯叶等被点燃所产生的火焰了。再强一些的或要算是木头被点燃时所产生的火焰，尤其是那种仅含有少量松香质的木头在被点燃时发出的热量。这里却又有一层区别，就是小片的木柴所产生的火焰要比大块木材和树根所产生的火焰温和些。这一点，你哪一天都可以去有熔铁炉的地方去实验，就会发现用薪柴和树枝所生的火在那里是毫无用处的。再下来，我想要说到那种油、脂、蜡及诸如此类没有太多油脂的物质产生的火焰了。最后，最强烈的火焰则见于松脂与松香、硫黄、樟脑、油精、石油及盐（去除杂质后的）燃烧；以上物质的混合体如火药等效果更强，这种火焰是极其顽强的，甚至用水都难以将它扑灭。

（22）我想还有某些不完全的金属[①]所带来的火焰也是十分强烈而活跃的。不过这还有待进一步的研究。

（23）强而有力的闪电所发出的火焰似乎拥有比以上的各种火焰更强大的力量；我们知道它甚至能够将熟铁熔为液体，这是上述那些火焰都无法做到的。

（24）在燃烧的物体之中，热也有多种不同的程度，不过这又是从来还没有认真地考查过的事情。我想其中最微弱的要算是我们用来点火的火绳中所散发出来的热；从发炮所用的引火木或是火捻所散发出的热也差不多是同一水准。其次就数燃烧着的木头、煤炭，还有燃着的砖等被烧热的东西。在一切燃着的

① 不完全的金属：这里是指在火中可以延展，有一定的耐火性，但当被加热到一定程度后，就会被火毁掉，变成类似非金属的东西，失去金属的特性，如铜、铁、锡等。

物质中，我认为最热的是燃着的金属，如铁、铜等。但这些也还有待进一步查证。

（25）有些燃着的物体要比有些火焰要热得多，例如燃着的铁就要比酒精的火焰要热得多，毁坏力也更强。

（26）有些只是被火加热而没有被点燃的物体，例如沸水与被封闭在火炉中的空气，也要比许多火焰及燃烧的物体更烫一些。

（27）运动能够增热[①]，其例证从风箱和吹火筒可见一斑：较坚硬的金属是安静燃烧的火焰所无法分解或是熔化的，必须用吹火筒把火势加强不可，其道理就是这样。

（28）可以取火镜来这样（照我的记忆）试验一下。你如果一下子就将取火镜放到距离一个可燃物体一尺远的地方，就不如开始把它放在半尺远，之后再慢慢移到一尺远，这样更容易把那物体烧着。光线依然是被汇聚的；但是运动本身却增强了热的作用。

（29）火焰需要一些多余的空间让它在其中活跃，否则它就不会爆发出来，也不会得以燃烧起来。只有火药以及同类物的爆炸性火焰是特别的，在那里，紧压与密闭反而增强了火焰的狂暴。

（30）铁砧在锤打之下会变得更烫。假若它是以薄铁片制成的，我想在大力连续锤击之下甚至可能会变成像被火烧的铁那样。不过这点尚待以实验来证明一下。

（31）但在具有孔窍让火更有运动余地的燃着的物质中，如果这个运动一旦被遏止，火立即就会熄灭。例如，火绒或是烧着的烛芯、灯芯，甚至是烧红的木炭或煤，一经熄火器或任何类似的工具覆盖，或是用脚踩，火的燃烧就会受到阻遏。

（32）靠近一个热的物体，这也能够增热，增热的程度与靠近的幅度成正比。这在光线方面也有同样的情形：一个东西放得离光愈近，就愈显而易见。

（33）一个热的物体的持续作用也会增热，因为这个物体永远发射着的热，新产生的热与此前就存在着的热混合起来，自然就使得热更加强烈。同一炉火

①运动能够增热：运动增热并不科学，用风箱可以加大火势是因为风箱带来了更多的氧气，与运动没有直接的关系。但培根时代对火焰燃烧的条件认识不全，因此存在误解。

燃烧一个小时，自然要比燃烧半个小时更能让一间房屋变得温暖，这就是一个显而易见的例子。但是这种情形在光线方面就不一样，比如灯烛在久点后，并不比在刚刚点燃时发出的光更多。

（34）对热的感受性也有很多种程度。这里首先要指出，无论怎样微弱的热也能对那最不容易感受到热的物体引起变化，并多少会将其变热。甚至一只手将一个铁球或任何其他金属物握上片刻，也会将手的热量传递给它们一些。总之，在物体没有显出丝毫变化之前，热就会很便捷地自行传递。

（35）在我们所熟知的一切物体之中，最容易接受也最容易散失热量的要数空气。

（36）自空气以下，对于热最为敏感的物体我认为是那些对冷热变化极为敏感的东西，如雪和冰；因为它们是一遇到任何柔和的热就会开始分解与融化的。再其次，就该数水银了，在常温下就可以挥发。在这以后就数一些含油的物质，如油和奶油等；之后就数到木材；然后是水；而最后则是石头和金属，它们对热的感受是很迟钝的，特别其内部更是如此。但是，它们在被加热以后，却能把热保持得非常持久，好像一块燃着的砖、石或铁投入一盆水中后，竟能在一刻钟后还是烫得无法让人去触碰它。

（37）热这个感受，对人们的感官与触觉来说，是富有变化的，也是相对的；冷手浸入微温的水就会感到热，热手伸到里面则觉得凉。

从上面的几个表中，任何人都能看出我们在自然与实验的历史方面是如何缺乏探索；在那些表当中，我不但经常要加入一些仅属于传说与报告的事例（虽然也对其权威性提出了质疑）来取代已经被证实过的历史与切实可靠的事例，而且还常常被迫要使用“需要试验一下”或“还有待进一步探究”等字眼。

这么看来，真正的归纳法应当广泛列出具有“相似特征”的不同类别事物，再根据其“相反特性”逐一进行排除，剩下来的不同事物，才算是真正具有“相同特征”的“客观意义”，避免了主观混淆。

现在我要就由上面的相关论述推导出的不属于热的一些性质，来给排除法或是排拒法举一些事例。同时应当指出的是，不仅每个整表都足以用来排拒任何一个性质，就是每个表中所包含的任何一项特定事例也都是足以达到目的的。因为从以上所讨论的事情看来，很清楚，任何一个矛盾的事例都足以推翻一个关于法式的揣测。但是为了清楚起见，也为了将几个表的用处显现得更加直白，我有时还用双倍或是多倍的事例来进行排除。

（1）因为太阳光线能够带来热，所以忽视四大元素的性质。

（2）由于一般的火，主要是地下的火（那是与天体的光线完全无关的热源），所以排除天体的性质。

（3）由于一切种类的物体（矿物、植物、动物的皮毛、水、油、空气及其余物体）只要一靠近火或者其他热的物体就都会获得热量，所以关键不在于物体的特异性或拥有更精微的组织结构。

（4）由于烧热的铁或其他金属会将热传递给其他物体而不损失自身的重量，所以排除热量依靠物质的转移来进行传递的可能。

（5）由于沸水、空气、金属与其他固体都可受热而不会被点燃或烧红，所以排除光或亮。

（6）也由于月亮与其他天体的光线无法传热（太阳光除外），所以排除光和亮传热。

（7）还由于被烧红的铁与酒精火焰二者间的比较（前者热较多而亮度较小，后者亮度较大而热较少），因此排除光与亮。

（8）由于烧红的金子与其他金属整体说来是具有相当大的密度，所以排除稀薄性。

（9）还由于空气大部分是冷的，但却保持稀薄的状态，所以排除稀薄性。

（10）由于烧红的铁并没有膨胀，而仍基本保持着原来的体积，所以排除作为整体的物体的本位运动或是扩张运动。

（11）还由于空气在寒暑表或是类似仪器中的膨胀，显见其有本位运动或扩张运动，但热度并没有显著的增加，因此排除作为整体的物体的本位运动或扩张运动。

（12）由于一切物体都非常容易变热，而并无任何毁坏或可以观察到的变化，所以排除毁坏的性质或是任何新性质猛烈传送热量。

（13）由于热与冷所造成的某些相似现象有其一致性，所以排除作为整体的物体的运动，不管是扩张的运动还是收缩的运动。

（14）由于物体的摩擦能够产生热，因此排除一个自为主体的性质。所谓自为主体的性质，我的意思是指那种主动存在于事物的性质当中，而不是任何潜在性质所带来的结果。

此外应该还有需要排除的其他性质，因为这里所列出的论述是不完全的，只是举例而已。

我们在进行排除的过程当中已经为真正的归纳法打下了坚实的基础，但真正的归纳法没能取得一个正面的东西时是不能算是完成的。排除的部分本身也不绝对是错误的，它在起始时也根本不是这样的。因为排除显然是对于若干单纯性质的排除；而我们既是对一些单纯性质还没有什么稳固而确切的概念，那又怎能将排除过程进行得非常准确呢？就上表当中的某些概念（如四大元素的性质、天体的性质、稀薄性等概念）而言，它们就是非常模糊不清、界限不明的。因此，我既充分懂得，又没有忘记我所从事的工作有着何等重大的意义，就是要使人类的理解力能够成为事物与自然的对手，因此我决不满足而停滞于我已经订定的条规，而要更进一步为理解力的使用设计规划，并提供一些更有力的协助，那正是我现在所要赘述的。

鉴于真理从错误当中被发现的可能性要大于从混乱中被发现，我认为在三个初步列示表已经被列出，并经考量以后，就应当允许理解力凭着各表所列事例及在其他地方所遇事例的力量，来进行一回正面解释自然的尝试。这种尝试我称其为理解力的放纵，或是解释的开端、初步的收获。

对于热的法式的初步认识。

我们应指出，一个事物的法式要在那个事物本身所处的每一个乃至全部事例当中去寻觅（这从以上的讨论看来是很明确的），否则就不成其为法式。因而就必然要说，矛盾的事例是不会有的。同时我们还要指出，法式在某些事例当中会比在另一些事例当中显得更清楚与显著。那就是说，在某些事例当中，法式的性质受到其他性质的约束、阻碍和限制是比较少的。这样的一些事例，我称之为最为明显的例子。现在我们可以进而谈到有关热的法式的初步收获了。

自上述全部及每一个事例看来，有一个性质是热的最显著性质，这便是运动。这在火焰当中表现得最为清楚，火焰是永远处在运动状态中的。表现在滚沸或是逐渐沸腾的液体中也是如此，处于不断的运动当中。还有一种情形也说明了这一点，就是一切物体都会被强烈的火与热所毁坏，无论如何也会引起显而易见的改变：这就清楚地表明热能在一个物体内部的分子当中引起一种骚动、混乱与猛烈的运动，显然可见地引导那个物体走向解体。

我并不能确定是热产生了运动，还是运动产生了热，我只是提出热本身，其本质与要素，就是运动而不是其他事物。

感觉上的热是一个相对的概念，是和人彼此关联着的，其准确的定义应当仅是热在动物身上所产生的效果。而且它本身是会变异的，因为同一个物体，视感官的预先状态如何，可能会让人感到热，也有可能感到冷。这一点，从冷手浸入微温的水就会感到热，热手伸到里面则觉得凉就可以看出。

还有热之传送，即一个热物体接近另一物体，就能将它变热的那种性质，这也不能与热的法式混在一起。因为热是一回事，传热又是另外一回事了。摩擦运动所产生的热，不需要摩擦的物体事先拥有热，这个事例就证明传热这事应当被排除在热的法式之外。

还有一点，我们对于火的概念其实是非常宽泛而停留在表面的，没有用处；这种概念是把所有热的、发亮的物体，例如一般的火焰与热到发红的物体，合并起来而最终形成的。

这样肃清了一切混淆的概念后，我最后就要讲到那些给予运动以限定，而让运动构成热的法式的真正的种属区别性。

第一点区别性：热是一种扩张的运动，物体借助努力把自身膨胀和延展到大于其以前所占据的范围。这点区别性从火焰当中最容易观察到，在那里，烟和浓重的蒸气全都是显著地将自身膨胀与扩展成火焰的。

这也表现在一切沸腾的液体上，那是显著地在扩张，在升腾，在冒泡，并把这种自我扩张的过程持续下去，直到把自己变成一种要比液体本身伸展得多、膨胀得多的物体，就是说变为蒸气，变为烟，或是变为空气。

这一点也表现在一切木头与一些易燃物体之中，其中经常出现渗汁的现象，并且总处于蒸发的状态。

这还表现在熔化金属的方面。金属因为有着最为紧密的组织结构，并不是容易扩张和膨胀的；但当它们受热后，就出现了进一步膨胀的渴求，使得原本致密的分子结构变得松散，最终变为液体状态。如果热量还在不断增加，就把它们的大部分质体分解，并转变为蒸发的气体状态。

这表现在铁和石头上也是同样：它们虽然不是被熔化与被分解，但却也被软化，而木棍放置在热灰当中加热到表面稍稍升温后，就会变得柔韧可弯曲，也算是其中的一个例子。

但是这种扩张运动的最好例子还是空气，那是只要遇到少量的热便持续与显著地膨胀起来的。

这一点还从冷这一与热完全相反的性质中表现出来——冷把一切物体收紧并使它们缩拢，因此在严寒天气条件下，钉子会从墙上掉下来，锡制器皿会裂开，热的玻璃骤然遇冷就会碎裂，都是这个原因。同样，空气一受微寒便会收缩。

在这一点种属差异性当中，热和冷两个性质的活动是相悖相反的，因为这里说的是热产生扩张与膨胀的运动，而冷产生收缩与凝聚的运动。但是当我们看到这两个种属区别性竟同时适用于冷热两种性质，看到它们二者竟有着许多共同的活动时，我们也不需为此感到惊奇。

第二点区别性则是对前一点的修饰与补充，也就是说：热是一个扩张的、朝向圆周的运动，但有这样的一个条件，即物体必须同时有向上的运动。物体的运动方向往往是混合的，例如，箭或标枪在前行中是呈抛物线运动的，在前进的过程中，还有向下运动的趋势。同样，热的运动则同时既是扩张的运动，又是向上的运动。这点区别性可以在如下的试验中观察出来：在把铁钳或火箸放置在火中时，如果垂直插入并握住其顶端，不一会就觉得烫手；如果从旁边或从下方插入，发烫就不会那么快。不但火焰是向上的，一切热力也都有向上运动的趋势。

第三点种属区别性是：热的扩张运动并不是在整个物体当中都是平均一致的，而是只在其一些较小的分子之间进行；这运动又受阻碍，遭抗拒，并被击回，导致物体取得一种往来交替的运动，不断震颤、奋斗、挣扎，并且被回击所激怒，从而发出火和热的狂暴。

这一点种属差异性最为明显地体现在火焰和沸腾的液体之中，那些全都是在小的部分中不断震颤着，不断扩张着，而且又不断沉降着。

这也表现在这样的一些物体之中，其组织结构是如此之紧密，使得在受热或被点燃后体积都不扩张，如烧红的铁就是这样，其中的热量实在是非常厉害的。

试举一例。如果所探究的性质是热。那么作为热的性质的主要因素——膨胀性运动，用气温度计来衡量气体的膨胀就是一个显著的事例。若说火焰，虽然它也明显地显示出膨胀的状态，但是由于它转瞬即灭，因此并不是理想的事例。如果以沸水为例，由于它容易过渡到蒸气或是空气，所以也不能将水在其本身中的膨胀显示得很明显。至于被烧红的铁和类似的物体，它们更远远不能显示膨胀的情况，因为它们是固体，很难明显地显示出膨胀的幅度。于是温度计就与它们都不同了，它把空气的膨胀情况显示得很明显，而且结果是可测量的。

再举一个例子，如果所要探究的性质是重量，那么一个最明显的事例就是水银。水银比金子之外的一切物质都重得多，就是金子也只是比它稍重一点。但是对指明重量的法式这点来说，水银却比金子更好。金子是固体，而且非常坚实，这些特征都仿佛与密度有关；然而水银是液体，却比金刚石及其他号称最坚硬的物体都要重许多。由此事例可以非常明显地看出，重或重量的法式单纯依赖于物质的量，而不依赖于其结构有多紧密。

现在我们来探究事物之间彼此性质的优胜与屈服，指出哪些性质是强而得逞的，哪些性质是弱而后退的，由于物体的运动有其复合、分解及错综复杂的关系，所以我要首先列举运动的主要种类，以便把它们集在一起，并根据这一点来更清楚地进行比较，并从而把斗争或优胜的例子指出得更加明确。

第 1 种运动是物质当中的抗拒运动。这是物质的每一个体部分所固有的；物质凭借着它才完全地拒绝遭受毁灭。任何火，任何重量或压力，任何暴力，以至于任何漫长的时间，都不能把物质的哪怕是极小极小的任意部分彻底化为虚无，它永远都是在那里，永远占着某些空间。你不论将它置于何种窘境，它总会依靠改变性状或是改变位置的方法将自己解脱出来。假如这些办法都不行，它也会原封不动地存在下去。总之，它绝不会完全消失。这种运动，在经院学者们（他们几乎总是从事物的结果及其所不能的方面，而不是从其内在原因来给事物命名及下定义的）看来，就是“两个物体无法同处一个地方”这条原理，或者就叫“防止体积相入的运动”。关于这种运动，不用举什么例子，因为它是每一种物体所固有及共有的。

第 2 种运动是我认为的连接运动。即物体不能容忍将自己在任何一点上，从与另一物体的贴靠当中被剥离开来，好像是以彼此连接、相互依靠为乐的样子。这种运动在经院学者们说来就叫作“防止虚空的运动”。比如在罐头上若仅凿出一个小孔，其中的水就会停滞，而不流出来，除非将罐口打开，让较多空气进入才能让水流出。

第 3 种运动，我称之为自由运动。这就是说，物体总是要逃脱非自然的压力或者张力，而恢复到适合自己性质的体积。关于这种运动，我们也可以举出数不清的例子。先看逃脱压力方面，例如水在经人游泳与有船划过时的运动，空气在有物体飞过及有风吹起时的运动，钟表中发条的运动，就是其中的一些例子。我们这里还可以举一个小小的例子，那就是从孩子们的气枪来看空气受压时的运动状况：孩子们时常拿一条杨柳枝或者类似的东西，把它挖空，两头各用软木塞堵住；然后用枪杆将一头的软木塞推向另一头，则另一头的塞子就会砰的一声发射出去，但是它还没有接触到这头的塞子。这类运动在经院学者们说起来时，是名为“依照四大元素性的法式运动”。这个命名真是不求甚解，因为这类运动并非是水、火和空气所固有的，而是各种坚实的物质如木、铁、铅、布、羊皮纸等所共有的。由于这个自由运动在所有运动当中最为明显，又有其无限的应用，所以我们假如明智的话，就该把它很好地辨识清楚。有些人竟然极其粗心地把这个运动与之前提到的抗拒运动及连接运动放在一起，就是将逃脱压力与抗拒运动混为一谈，或是把逃脱张力与连接运动混为一谈；好像是说，物体受到压迫时之所以会退让或扩张，是为了避免体积的相入，受到擀张时会回跳和收缩，又是为了避免虚空的出现。其实，如果空气在受到压迫时，有意要将自己收缩到近似于水的密度，或者是木头在受压迫时，有意要将自己收缩到近似于石头的密度，那就根本不必要有体积的相入，可是倒会有远大于这些物体实际所受的压力。与此相同，如果水有意要扩张到像空气的稀度，或是石头要扩张到木头的稀度，那就根本不需要有虚空随之而来，但是倒会有远远大于这些物体所受到的张力施加到它们身上。由此可见，物体是永远不会出现体积相入或是虚空出现的程度，除非凝化与稀化已经达到极限；而我这里所说的两种逃脱运动则离那两个极限还很远。

第 4 种运动是连续运动。这里所说的连续并非指一个物体与另一个物体之间那种简单的、原始的连续，而是说某一物体内部的自我持续。极为明确，一切物体都惧怕连续性地分解，有的怕得相当厉害，有的则怕得不是很明显，但都有一定程度的惧怕。硬的物体，例如钢或玻璃，对于中断的抗拒是极其强烈的；即便在抗拒很轻微的液体内，这种抗拒也是时刻存在的，而且确然存在（虽然其力量是在最低的程度），并在许多动作当中表露出来，例如冒出气泡、滴作圆形、胶液多有黏性等。我们将中断活动拓展到细小碎物上去，则这种抗拒倾向表现得特别明显。例如，在臼中捣物，当物体被粉碎至某种程度以后，杵臼便不能产生进一步的效果；又如细小的裂缝可以抗拒水的钻入；甚至空气，尽管极精微，也不能一下子就通过坚实器皿的缝隙，而需要经过长时间地渗透才可以成功。

第 5 种运动我称为谋得运动或有求运动。这就是说，当物体被放在一些异质的与敌对的物体之间时，它只要找到一个机会可以逃开它们，而与其他较为亲近的物体（虽然这些物体与它并不是密切的结合）联合，就要选择后者而加以接近，好像对它们有所需求，而获得这种结合就有利可图（这名称也是由此而来）。例如，制成薄叶的金子或是任何其他金属都不喜欢周围的空气，所以一遇到什么厚重的，能够接触的物体（如手指、纸片等，你可随意来举例），马上就会贴附上去且不易扯开。同样，纸、布和其他类似的东西也与寓居在其细孔之中的空气相抵触，所以它们都乐于吸收水或其他潮气来排斥空气。又如，一块糖或是一块海绵，一端没入水中或酒中，一头高出水面很多，它们也会将水或酒逐渐地吸到上边来。

从此，我们就可在拆解与分解物体方面推断得出一条非常好的规律。这就是说（且不提那种能为自己打开通路的腐蚀剂及镪水），某一坚实物体如果找到另一物体，且这一物体很适合它，并比它现在与之结合的物体更为适合，那么它立刻把后者排斥出来，再把前者接纳进去。还要指出，这种谋得运动并不是只有在直接贴靠的情况下才存在的。比如电，不外乎是物体经过轻柔摩擦的刺激后所产生的一种倾向，即不善容忍空气，却只要有其他可接触的物体在身边，就要加以择取的倾向。

第 6 种运动我称之为大趋聚运动。这就是物体趋向性质与自己相似的物体的运动：就是重物体趋向于地面，轻物体趋向于天边的运动。对于这种运动，经院学者们曾经用自然运动一词来称呼它。这是出于表面现象的考虑：不是因为外界没明显的东西能够产生这种运动（所以他们就设想这种运动是源于事物本身的内在性质），也许就是因为这种运动永无停歇。这个也不足为怪，因为天地是恒久存在的，而大多数其他运动的原因与根源都是时隐时现的。而这种运动则是永无停歇的，而当其他运动停歇时立刻就被察觉到，因此他们就认为它是永久的与固有的。应该指出，这种运动从事实看来的确非常微弱和迟缓，除相当大体积的物体外，它一遇到其他运动时，总是屈从于它们的。人们尽管专注于这一运动甚至几乎看不到一切其他的运动，但是清楚这一运动特点的人却极少，因为他们在这方面是纠缠在许多错误当中的。

第 7 种运动是小趋聚运动。这是说，一个物体当中的同质分子要和其他异质分子分离开来而本身结合在一起；这也是说，整个物体之间因物质相类似之故，而彼此拥抱及相互怀蓄，有时还从相当距离之外互相吸收到一起。例如，牛乳经过一番摇摆后，乳精就会升到上面；而在酒里，糟粕则会沉到下面去。这并非仅仅是因轻重运动的缘故，导致有些分子上升、有些分子下沉，更主要的原因是同质分子有聚在一起与结合在一体的倾向。这种运动在两点上是不同于之前所说的有求运动的。第一点，后者之中有一种恶意的相反性质作为一个更强的刺激物，而在这个运动中（只要没有什么东西去阻碍它或束缚它）分子则是以同种来联合，即便在没有异己性质来挑起斗争的情况下也是这样。第二点，这里的结合较为紧密，也可说像是经过较多的选择。在上述有求运动当中，只需躲开敌对的物体，本来没有密切关系的物体也会聚在一起；而在这个运动当中，各种物体则是借密切关系联合在一起的，也可说是合为一体的。还要指出，这种运动存在于一切复合物体当中，如果不是物体中还有其他倾向与需要来加以束缚与抑制，来干涉所说的这种结合，它是会非常容易把自己表现出来的。

说到对这种运动的束缚，通常都源于三条途径：一是物体的钝性，二是一个有势物体的阻遏，三是外界的运动。先说物体的钝性。十分明确，每种物质当中都或多或少拥有某种惰性，厌恶做出改变，所以除非受到了刺激，总是宁愿照原样停留下去，而不肯向更好的情势转变。要除掉这种钝性，可以借助三种事物：或是借助热，或者是借助同类物体的突出性德，或是借助活跃而有力的运动方式。说到热在这方面的帮助，我们知道，正是依据这一点，因此逍遥派曾将热界说为“分离异质分子而聚集同质分子的事物”；而这个定义是遭到吉尔伯忒的嘲笑的。他说，像这种解说无异于把人解说成是用来种植小麦和葡萄的东西，这才是单就结果而且单就那些特定的结果来做出的定义。而且这个定义还有一点更为不可饶恕的错误，这就在于：像它所举的那些结果又并非源自于热所独有的本性（因为冷也同样可以做这事），而只是间接与热有一定的关系；那些结果乃是因为同质分子具有联合的欲求，热只是帮助除去原先束缚着那个欲求的钝性而已。至于说到从同族物体的性德方面获得的帮助，这由磁石就可以看得十分清楚。在那里，磁石刺激、带动了铁的性德，即铁的钝性被磁石的性德给驱除了。再说到从运动中得来的帮助，我们知道，一枝木箭要比一枝装上钢制箭头的箭入木更深，这是因为木箭与木头同类的缘故；而这也就是说，木头的钝性是被疾急的运动给驱除掉了。

再说到外界运动对这个小趋聚运动所造成的束缚，这从动摇物体足以防止腐坏这一例里可以看得最清楚。我们知道，所有腐坏都与同质分子的聚合有直接关系，由那里才逐渐发生旧形式（他们是这样称呼它的）的破灭和新形式的生成。因为腐坏是替新形式的产生铺平道路的，但是需要以旧形式的解体为前提，而这事情本身却正是同质分子的聚合。那如果不受到阻碍，实在就是一种简单的分解；但假如遇到各类障碍，所表现出来的就是腐坏，而这才是一个新产生的雏形。但是假如（这是现在问题之所在）有外面的运动时常进行骚扰，那么这样聚合的运动（这是一种微妙而又柔弱的运动，需要保持外界事物的宁静）就被扰乱而停顿下来，像在无数事例中所见到的那样。举例来说，把水每日进行搅动或使之流通，就能防止它变臭；又如风足以让空气中的疫疠消散；又如仓中积存的粮食若常常翻动，便能保持纯净；总而言之，一切东西如果从外面受到摇动，就腐坏得较缓慢。

最后我不能不提到，物体当中的分子聚合又是形成硬化与干燥化的主要原因。我们知道，一旦水分等精华从物体（如木头、骨、羊皮纸及类似的东西）当中逃出之后，那比较粗壮的分子就会尽更大的努力来彼此依附在一起，从而产生硬化或干化的结果。

至于说到彼此之间存在一定距离的物体的聚合，那是非常罕见的，但人们也都见过。例如，泻药借物体的同类性能导引体液下降与排出；一个提琴的弦可以令另一个提琴的弦响发出同调：这些都可以说是这种运动的例子。不论如何，磁石与被磁化的铁是再明显不过的例子。现在我们既提到了磁石的各类运动，我们就应该仔细地加以辨别。磁石当中有四种运动与性质，不应当混淆而应当区分开来，虽然人们在惊异与赞叹之下往往将它们混为一谈。第一种是磁石对磁石的吸引，或是磁石对铁的吸引，或是磁化了的铁对铁的吸引。第二种是它的指极性，同时也带有磁针的偏角，能够指引方向。第三种是它透过金子、石头、玻璃及每样东西的能力。第四种是它从石到铁和从铁到铁传送其特殊性质，但却不传送其分子的能力。但是我现在在这里所说的却只是第一种性质，即它的吸引力。此外还有一个非常值得注意的事例，就是金子与水银之间的吸引运动：

金子甚至对已经制入药膏的水银还能具有吸引作用；我们又常见在水银蒸气间工作的人们口中总是要衔一块金子，用以吸收那极易钻入脑袋与骨头的水银蒸气，但这样一来，那块金子也就马上变成白色。

第 8 种运动则是逃避运动。这种运动与小趋聚运动相反；即物体出于一种反感，想要逃离敌对的物体，也使敌对的物体躲开，总而言之是要将自己与它们分离，或是拒绝与它们过于接近。这种运动虽然在一些细节上像是小趋聚运动的一个变种或是最终结果，由于同质分子要聚合在一起，自然不能不赶开与排斥异质分子，但是我们仍应把它单独划分出来，把它形成一个单独的种类，由于在许多情节上看来，逃避的欲望要比结合的欲望更占优势。

这种运动在动物的排泄物中表现得最为明显；在对于一些感官，特别是有着明显气味和对胃觉有刺激的东西也是这样。比如，臭的气味是这样为嗅觉所深恶痛绝，因此人们闻到臭味就会反胃；又如，辣的和苦的滋味是这样为口腔或喉部所深恶痛绝，竟然会引起灼伤感。其他事物当中也有这种运动，可以从某些形式的反应上看出。例如，地下的很多热气（如温泉）与燃烧（如火山）也像是从地球内部排出热量的结果。由于热与冷之间，当少量时就彼此抵消；但是如双方数量都很庞大，仿佛形成两军对峙时，其冲突结果就是轮番彼此排逐，试图取而代之。我还听说，肉桂和其他香料如果放在有恶臭的地方，其香气就能保持得较久，是由于香气不肯散发出来与臭味彼此中和的缘故。至于水银的情形是非常明确的，它希望自己的分子能够汇合在一起，但是唾沫、猪油、松油及类似的东西可以阻止它这样做；这是由于水银的分子对那些物体有不良的排斥反应，所以一有它们分布在周围，它就停步不前；由此亦可见水银分子要逃避那些物体的欲求，要比和同类分子结合的欲求还要强烈。而这就叫水银的受克。再看油与水无法混合的事实，这并非单纯因为比重不同，更重要的是这两种流质彼此间感应不良，从酒精比油还轻，可是却可以与水以任意比例互溶这个事实就可以看出来了。但是这种逃避运动的最显著的表现还在硝石及类似的物体憎恶火焰。例如，火药、水银、金子便都是如此。

第 9 种运动为同化运动，或称作自我增殖运动，又或称为简单的生殖运动。我这里所指的不是完整的物体（如植物或动物）的生殖，而是组织上具有一致性的物体的相生。也就是说，这种物体将与自己有关的或至少是极度倾向自己的另一些物体转变为自己的物质和性质。比如，火焰遇到易燃物时，就会增殖生成新的火焰；植物和动物在获取养分后，也能将养分进行转化，产生新的组织；而植物与动物的坚实部分，如花、叶、骨、肉及类似的东西，也都是通过吸收外在的养分，最终转化为植物的固有组织。在此，我劝大家谁也不要相信巴拉西萨斯的异想天开的说法，竟然认为营养是只由分化而得到的；竟然以为面包与肉食当中含有眼、鼻、脑、肝的组成成分，在土壤的潮气当中也含有根、叶和花的组成成分。他的意思是说，正如工匠用分化的办法，也就是用削弃多余之物的办法，从石头或木头的粗坯中刻出花、叶、眼、鼻、手、足等形态，同样生命也用分化与排去糟粕的办法，从食物中得到人的各个肢体的组成部分。撇开这类毫无价值的论断不谈，有一点却是非常明确的，就是说，植物和动物的各个部分，首先在一定程度的选择的基础上来吸收饲料中的营养——这是生物的相同点——然后把它加以同化，转化为自己的组织。这种同化或是简单的生殖还不仅发生在有生命的物体当中，无生命的物体中也存在这种运动，例如刚才说过的火焰就是这种情况。总之，我的意见是说一切物体当中都寓有一种要同化的欲望，也有一种要与同质物体相结合的欲求；最后仍有值得特别注意的一点是，在上述的 8 种运动中物体都似乎仅仅要求保持自己的性质，而唯有在这第 9 种运动中，物体却是要求将自己的性质传承下去。

第 10 种运动是诱发运动。这种运动好像属于同化运动中的一种，我有时也用那个名字来称呼它。因为它与同化运动一样，也有着散播性、传递性、转移性与繁殖性的；而且在结果方面也与后者大致相同。不过二者在产生结果的方式上及在题材上有所不同。以方式来说，同化运动仿佛是以权威与命令来进行的，它命令与强迫所同化的物体转变为进行同化的物体。而诱发运动却可以说是用技巧借助逐渐的诱导来完成的，并且是暗中进行的；它只把所诱发的物体招引到与安排到进行诱发的物体的性质当中。从题材上说，同化运动所增殖、转化的是物体，如较多的火焰、较多的空气、较多的肉体。而在诱发运动中，所增殖、转变的却只是性质，譬如说，生出了更多的热、更多的磁力、更多的腐坏。在热和冷当中，这种运动尤为显著。磁石对铁能赋予分子以一种新的特性和一个相应的运动，而丝毫不会损失磁石自身的性质。同理，面肥、酵母、凝乳与某些毒药会分别对生面、啤酒、干酪及人体中诱发一种连续不断的运动。

第 11 种运动是感染运动。这种运动也属于同化运动的一类，也是散播性的，而且是最精微的散播性运动。但是我仍认为应当把它另列为一个单独的类别，它和前两者之间有一点显著的不同。简单的同化运动是将物体本身实际上转化过来了，所以不会妨碍此后转化的物体。比如前一次点染的火焰，对于后生出的火焰就没有影响。同样，诱发运动也能在原动者离去后还继续一段相当长的时间，如一个受过热的物体在原热源移去后，一块已经磁化了的铁在磁石撤去之后，一碗生面在面肥撤出之后，其受到的影响却不会立即消失。而感染运动可就大不相同了。它固然也具有散播性与转移性的，但是像是永远都要依赖着原动者，原动者一旦离去或停止产生作用，它立刻就会衰退；因此它的效果必定只产生于那一瞬，或至少是只产生于一段非常短暂的时间。根据这种区别，所以我将同化运动与诱发运动称为鸠壁特的嗣子式运动，由于其所生是能够存在下去的；至于感染运动则称作萨特恩的嗣子式运动，因为其所生是马上被吞噬和吸食掉的。这种运动体现在三件事物上：一是光线，二是音波的震荡，三是磁力的表现，都是就其传递影响这一点而言的。例如，你如果将光线移去，颜色与光的其他影像就会马上不见。又如，你如果将原始的撞击以及由此而生的物体震荡消除，声响一会儿就会消失。声响在行经其中间物时尽管为风所扰动，犹如波浪推进的样子，但是我们必须仔细地注意，那原始的声响并非随共鸣的持续而始终存在。你把钟撞响一下，声响像是持续了很长的时间，这就容易引发我们的错误推断，以为在这段时间中声响仿佛是浮在和挂在空气当中的。其实这完全不符合事实。因为共鸣的并非是那原来的同一声响，而是它的不断重复，只要我们尝试着阻止被击打的物体的震荡，就可以辨清这一点。比如，把那被击打的钟抱紧，使它无法继续颤动，声响就会马上完结，也不再起共鸣；又如，带弦的乐器（如竖琴），若在一弹之后再用手指压住弦索，则共鸣也就立刻停止。再说磁力的表现，磁石一旦撤去，铁块马上就会坠落。

第 12 种运动是配置或自位运动。在这种运动当中，物体似是并不要求与其他物体结合或是分开，而是要求得到相应的位置，要求在其他物体之间拥有一席之地，与它们并列。这种运动是一个十分难以解释的运动，人们也不曾好好地加以查究。在某些情况下，它简直像是无法解释的，虽然我相信实际上并非如此。人们若问天体旋转为何是要由东到西，而不是由西到东，若问天体转动所绕的极点为什么是靠近小熊星座，而不靠近猎户座或天际的其他部分，这似乎是近似于发疯的做法，因为我们对那些现象只应视为观察的结果与既成事实而予以接受。但是我要指出，固然自然界当中无疑有某些事物也许是我们永远都无法解释的，但是上述举出的几个例子，我认为却并不在其列，我以为那是因为宇宙的某种谐和性和感应性所造成的结果，但是还不曾为我们所察觉罢了。而且即使我们承认了地球的运动是由西到东，同样的问题还依旧存在。由于它还要绕着某个极而进行运动；而我们也就还可以问，这极又为什么偏偏在这个地方，而不是别的地方呢？另外还有可以归到这种运动的则是磁石的指极性、方向性与偏角。另外，在自然的和人工的物体当中，尤其是在固体内，分子间也有某种并列与位次，并且有一种经纬度与组织；那也应该仔细地加以查究，因为如果不懂得这些，便无法方便地来处理或是管制那些物体。至于流质中的打旋运动，那是分子受压，在未获解放前要彼此拯救，使大家平均分担压力，则将其归入自由运动较为合适。

第 13 种运动是过渡运动，或者称为通行运动。在这种运动当中，物体的性质，视物体和活动的性质如何，也要看中间物的性质如何，或多或少都要受到中间物的阻碍或是促进。比如，一种中间物适于光，另一种中间物则适于声，还有一种中间物适于冷热，又一种中间物适于磁性等。

第 14 种运动是王权的运动（我是这样界定的），或者称为政权的运动。在这种运动当中，物体中占优势的统治性的分子约束着、镇服着、压制着并管理着其他分子，迫使后者分别进行排列，并不依照后者自己的欲求，而是看怎样可以有利于统治分子；所以说统治分子犹如是凌驾于屈服分子之上的一个政府或是政权。

第 15 种运动是自发的旋转运动。在这种运动当中，凡是适宜运动与所处地位便于运动的物体可任由其本性，顺己而行，求诸于其自身，而不必依随其他的物体。物体看来不外是要进行无端极的运动，或是完全保持静止，再不然就是趋向于一个极端，到那里后则视其性质如何而或转或止。凡物体处于适宜的地位，假如乐于运动，它就以圆圈的形式来运动，而这就是永恒的与无限的运动。凡物体所处的地位虽然适宜，但是却憎恶运动，它就会保持静止。至于那些没有处于适宜位置的物体，则以直线的形式（最短的途径）来进行运动，以与同它自己性质相同的物体联合在一起。可以指出，这种旋转运动在以下六点当中是略有不同的：一是物体运动时所围绕的中心；二是物体运动时所指向的极点；三是物体运动时所形成的圆周或是轨道，视其与中心的距离如何来决定；四是速度，视物体旋转急速程度的大小而定；五是物体运动的途径，例如由东到西或是由西到东；六是物体运动轨迹与正圆形的近似程度，螺旋线距离中心点远近而定。还要指出，这种旋转运动，以一般一直以来的公认意见说来，是视为天体所固有的运动，虽然古代、近代有些主张大地也处于旋转状态学说的人们，在这方面也曾经起过严重的争执，我以为在这里另外有一个问题（假如还不是已成为过去的问题）倒是比较恰当的，那就是要问这种旋转运动是否仅限于天体，是否还可下传到空气和水中。至于投射物的旋转运动，比如标枪、箭、枪弹等物体的运动，我是把它归入到自由运动当中的。

第 16 种运动是震荡运动。这种运动，如果按照天文学家们的理解来解释，我是不大相信的。但若到处仔细研究自然物体的倾向，那么这种运动就会呈现在我们面前，并且好像应当单独成为一个类别。这是可以称之为永久监禁状态的一种运动；这就是说，当物体还没有明显找到自己的合适位置，却又不是完全处于不安状态，只是不停地震颤与动荡着，既不满足于现状，但又不敢再前进，这时就会出现这种运动。像这样的运动，我们在动物的心脏脉搏中能够见到。一切物体，凡是处于便与不便之间的中间状态时，一经搅动就会奋力争求解放，受到打击则又在努力尝试，也必然都会出现这种运动。

第 17 种，也就是最后一种运动，虽然称其为运动有些名不副实，但是不容争辩这在本质上也是一种运动，我把它称为安息运动或是恶动运动。如大地静止不动，而其端极则动向中心——不是趋向于一个假想上的中心，而是趋向于聚合。又如一切具有较高密度的物体都非常憎恶运动，也是出于这种倾向。实话说来，这些物体的唯一倾向就在于要求不动。纵然千方百计诱导它们运动，它们总是尽其所能保持其固有的性质；即便被迫运动起来了，又总像是愿意恢复其静止状态而不再继续动下去；至于在要求恢复静止的努力过程中，它们却表现活跃，却以足够的灵敏与迅捷进行争取，似乎迫不及待而刻不容缓的样子。应该指出，关于这种倾向，我们只能看到其表现出来的部分。

如上所述，我已列举了自然界当中最为普遍的一些运动、倾向与活动性质的若干种类。在那些标题之下，自然科学的一部分已经被勾画出来。但我的意思却不是说再无其他种类可以增添，也不是说我所做的这些划分就不能另外依照自然界的真正脉络而划分得更加精确。值得注意的是，我这里所说的并不是任何抽象的划分；并不像有些人那样，说物体有的是要求其性质得到升华，有的是要求其性质得到推广，有的是要求其性质享有成果；也不像另一些人那样，说事物的运动有的是为了宇宙的存留与利益，如抗拒运动与连接运动，有的是为了整体的存留和利益，如大趋聚运动、旋转运动与恶动运动，还有的是为了特殊形式的存留和利益，如静止不动。因为那些论断就算是真的，但是如果不用物质中和自然结构中的真实现象来予以界定，它们就只是揣测，而没有用处。还要指出的是，我所举出的这些例子，尽管不是完美的，但对于我们所要讨论的问题来说，已是足够的了。

我所举出的这些运动，有些是很难战胜的；有些是要比其他运动更强，束缚、限制、摆布着其他的运动；有些比其他运动要走得较远；有些在速度上还超过其他的运动；有些则是在护持、加强、扩大与加速其他运动。

在这些运动当中，很多运动是根据其气力、数量、速度、发射力及所遇助力或阻力的对比，而互为统治者与被统治者的。

譬如，有些磁石可以吸住或吊起比自己重六十倍的铁；在这个限度内，小趋聚运动克制了大趋聚运动；但重量如果再增加，小趋聚运动就会被克制下去。一架有一定力量的杠杆可以举起一定的重量；在这限度内，自由运动制胜大趋聚运动；但重量如果再增加下去，它就会被克制下去。一张皮革能够延展到一定程度而不破裂；在这限度内，连续运动制胜了紧张运动；可延展度如果再增加，皮革就会破裂，那就是连续运动又被克制下去。又如水能够从一定大小的裂缝当中流出；在这限度内，大趋聚运动制胜了连续运动；但裂缝如果再小一些，后者就可以制胜前者。譬如我们只把炮弹与硫黄装入炮内，用火柴去点燃时便不能把炮弹发射出去，这是物质运动的大趋聚运动。但如果添加的是火药，那么，硫黄中的物质运动由于得到物质中各种运动的帮助，就可以将炮弹发射出去了。有关其他运动，也可以以此类推。这样看来，这些全都显示出各种性质的运动的斗争胜败事例，连同其怎样或胜或败的情形与对比关系，实在是应当以敏锐而仔细的努力，从各个方面来加以寻求与收集的。

同样，我们对于那些运动怎样败退的情形也必须详加考虑。这正是说，我们要仔细地考察这些败退的运动是完全停止了，还是仍在继续抵抗，可却被压制住了。因为在我们这里，物体无论就整体，还是就部分来说，是没有真实的静止而仅有表面的静止的。这个表面的静止不外乎有两种原因：或是由于平衡，或是由于某些运动占有绝对优势；前者像天秤两端的重量相等，则天秤就会保持不动；后者如带有小孔的水罐，由于连接运动占优之故，其中的水便会保持静止而不外流。所应考察的是，我已说过，这些退让中的运动的抵抗到了什么程度。譬如说，一个人一旦被打翻在地，捆住了手脚，或以其他方法将其绑紧，而他却竭尽全力想要挣扎着站起，这时他的抵抗虽不成功，可抵抗却并没有稍减。我想这件事的真实情况，虽然隐蔽在各种运动的冲突当中，或可在各种运动的会聚当中显露出来。有一个例子，可借放炮来进行试验。我们先看一门炮可以将一个炮弹平射出多远；然后再试着向上发射时的射击力是否要比向下发射时弱，因为向下发射时，引力运动与这一发射路径是同方向的。

最后，我们还应当把所见到的有关优胜的一些定则收集到一起。举例来说，但凡所追求的利益越普遍，运动就越强而有力，这就是一条定则。例如，涉及全宇宙共享的连接运动就比仅涉及厚重物体的引力运动要强。又譬如，除非是在较少的数量下，凡是目的在于私利的倾向都很难胜过目的在于公利的倾向。附带提一句，这些规律我愿它也能适用于政治当中。

暗示的事例：这种事例足以暗示或指出什么才是对人类有用的。众所周知，仅有权力或仅有知识固然可以提高人性，但并不能赐福于它。因此我们还必须在全体事物当中搜集那些对人生最有用的事物。但要论及这些事物，要等我论究到实践上的应用时才是更适当的地方。此外，就在每一个特定对象的解释当中，我也必须留一些解释给有关人生的方面。要知道有着明智的愿望正与提出明智的问题一样，都是知识的一部分。

多方有用的或是被广泛应用的事例：这种事例与多种多样的情节都有所牵涉，并且是经常出现的；因而它使人们能够节省下很多力量，避免重新论证的烦琐。若要述说工具与设计等内容，要等到我论及实践与实验的方式时再进行讨论。而有些已被发现及已被应用的工具和设计，并将在对个别技术的特定历史的描述中进行讨论。这里，我只对少数几个要点进行一些描述，仅仅作为这种普遍适用性的例子罢了。

人们对自然物体产生影响，除了简单地将它们或分或合之外，主要有七种方式：一是排除一切能对它们产生阻碍及扰乱的东西；二是加以压缩、延展及类似动作；三是用加热或降温的方式；四是使它们持续存留在一个较为适宜的地位；五是遏止与限制它们的运动；六是利用特殊的交感作用；七是适时及适当地将上述这些办法或至少其中的某些办法轮番使用或接续使用。

先说第 1 种方式，无处不在的空气及各种天体所发出的光线是会产生很多扰乱作用的东西。因此凡是有助于排除它们的事物，就都有理由算在被广泛应用的事物之列。譬如我们在对物体施加运动时，用来以盛放物体的器皿的质地及厚度，又如借凝化作用和化学家们所说的封泥来将器皿完全封闭的办法，都可列到这一项下。把液体倾注到质体的浮面来将它掩盖住，这也是大有用处的事；例如，人们将油倒在酒上或植物汁液上，它就犹如一个盖子一样铺在这些液体表面，极好地护住它们，使它们避免遭受空气的侵害。还有粉状物也是很好的东西；它们内部虽然掺入一部分空气，却仍然能排拒周围气体的力量；我们常见将葡萄或其他果品保存在沙粒或谷粉之中，就是其中的常见例子。如果用蜡、蜜、松脂或类似的黏性物体敷在物体上面，借以将物体覆盖得更加严密，而与空气、光线相隔绝，那也是很好的办法。我曾将一个器皿或其他某些物体放置在水银之中，尝试着观察其效果，水银是液体当中密度最大的一种。还有洞穴和坑井，在阻隔太阳的热力和阻挡外界空气方面，都有很大的用处，德国北部的人们就用它们来作为谷仓。将物体浸在水中，也有同样的效果；我记得曾听说，有人曾将几瓶酒缒入深井当中去浸凉，因疏忽之故而放置了若干年后才取出，而在取出后，那酒不但没有变酸或变淡，反而越发醇美；这看起来是由于其分子有了更加细密的混合之故。此外，如果需要把物体安放到水底，比如安放在河底或是海底，既不要与水接触，又不要再封闭到被完全封闭的器具之内，同时要求周围只有空气；那么，有一种用于在水底对沉没船只进行清理工作的工具就非常有用处了，它使得入水的人可以在水底停留较长的一段时间，可以呼吸到空气。这机器是金属制成的一种中空的钟形物体，把它与水面平行地沉下去，它就能将所含的空气都带到水下。它被架在三条腿上面（犹如一个三脚架），其高度略低于人体；入水的人感到呼吸困难时就可将头伸到钟的中空部分，呼吸一下空气，再继续进行工作。我还听说有一种机器或一种船只，可以把人带到水底航行相当一段距离。既是这样，那么在这机器下边当然什么物体也必定能轻易地悬浮；正是为了这一点我才会提到这一个实验。

仔细而彻底地将物体封闭，这不仅仅能防止外面的空气进入（这一点我已说过了），而且还能在我们对物体进行改造时尽量保持其原有状态。但凡要对自然物体进行试验，必须能够确知其质量：这就是说，必须会做到没有东西能够从物体当中蒸发或流失出去。一方面自然地防止了任何分子的损失，这样，而且仅有这样，才算在物体当中进行了深刻的改变。在这一点上，人们当中还盛行着一种非常错误的见解，那如果是真的话，就会使我们对于完整地保存物体而无减损的愿望陷入绝望。这种见解就是，物体的分子以及经高热而被稀化了的空气，都无法被保留在密闭的器皿内，而会从特别细微的孔罅中散发出去。引导人们形成这种见解的是这样两个很常见的实验：在一只杯子里点上了一段蜡烛或点燃一张纸，把它倒置水上，结果它就能将水吸起；同样，把一只玻璃器皿在火上烘热，扣在肌肉上，结果就会把肌肉拔起。人们在这两个实验结果的基础上提出，稀化了的空气逃走了，空气的量就此减少了，于是水或肌肉才能够借助连接运动而取代它的位置。可这其实完全是误解，要知道空气并非在量上有所减少，而是在空间上被收缩了；而且水的上升运动也并非在火焰熄灭空气冷却之后才开始的；并且正因为如此，所以医生们为了让吸血器①拔得更好，还把凉水浸过的海绵蒙到上面。这样讲来，人们实在并无理由要担心空气会容易逃出去。再说，即使最坚实的物体也存在微小的孔罅是真的，空气或分子也并不会轻易从这个极其细微的路线散发出来，正如水也拒绝从极小的裂口当中流出一样。

说到第 2 种方式，应当特别指出的是，压紧、延展等方法可以将物体的性质完全改变。例如一切生命，甚至火焰，都可借助压力来加以消灭，正如同任何机器都会被压力所破坏和扰乱一样。对于暗藏在物体内部的一些性质，压力也同样能起到毁坏作用。例如，一朵完整的花被捣碎之后，颜色就与此前不同；又如一块琥珀，完整时的颜色与被粉碎后颜色也不相同。滋味方面也是这样：譬如一个生硬的梨与一个被挤软了的梨滋味就不同，这显然是经过挤软过程而聚拢了梨的滋味。可是说到要对内部结构一致的物体造成什么较为显著的转化和变易，这类方法就没用了；这类物体并不因此而获得一种常态化的与稳定的新的性质，而只能获得一种过渡性的性质，并且老是挣扎着要恢复原本的性质。至于说到在内部结构只是近乎一致的物体（如空气、水、油等）当中，凭借这类方法而引起的缩聚或稀化，究竟能否成为常态化和固定化的一种性质，这却必须做些详细的实验来弄个清楚：这个试验，在我用重锤和加压机来压缩铁球中所装的水，直到水从球身渗出为止的时候，早就可以很容易地做出来了（只

①吸血器：当时的医生认为放血疗法是非常有效的治病方式，为了更好更快地放出大量血液，采用了类似中国拔罐的方法，区别在于会先在皮肤上制造伤口，然后用吸血器吸出血液。

要当时我曾想到）。当时我应该将砸扁了的铁球听其自然地放置几天后再把水倒出，那样我就会看出水是否会马上恢复此前的体积。如果它没有恢复原有体积，无论是立刻或是过了不久后，那么我们就能够断定聚缩是常态化的；倘若它恢复了原有体积，则压缩是过渡性的。

第 3 种方式无论是对自然现象，还是对人们的行为来说都拥有举足轻重的作用，就是使用热和冷。应当指出，在这两者当中，人类的选择与使用显然是有所偏颇的。在热的方面，我们有火，那比接触我们的太阳的热量或比动物躯体的热都更加强烈。而在冷这一方面，除了在冬季所得的，或在洞穴中所得的，或借冰雪而得的之外，我们就几乎无法得到和利用冷了；而这类的冷对于人类来说，能够利用的余地非常小，因为这类的热和冷都是动物可以在短时间内所承受的。但是它们都不能与熊熊火焰的热同日而语。

冷的作用主要在于凝聚，除了能够在触觉上引起冷感的东西以外，还有一些具有冷力的东西，也会产生凝聚作用。但这类东西似乎只对动物的身体起作用；很少对其他物体起作用。这在药物与膏药方面有许多事例，其中还有一些是能够促使肌肉和可触分子凝聚的，如收摄性与凝敛性的药剂都是这种；另一些是促使精神凝聚的，如催眠剂最为显著。催眠剂凝聚精神可以有两条途径：一是使它们的运动变得镇静下来，一是逼迫它们加速奔跑。例如，紫罗兰、莴苣、干玫瑰叶及与之类似的催眠药剂，借其温存而柔和的清凉香气，能够安神定志，并将其急促无休止的运动平息下来。再如当人骤然昏厥时，以玫瑰水涂抹在鼻孔周围，也会使发散的及过于松弛的精神恢复起来，仿佛是在扶助它们似的。但类似鸦片及其同类药剂等，则是借其凶恶而有敌意的性质，来驱赶精神快速运作，最终凝聚起来。

此外，关于如何调整各种物体，使它们便于接受冷冻的问题，我们也可略过不谈。这有许多种情况可说，我只提一点：微温的水要比非常冷的水更容易结冰。

还要说到，既然自然可以供给的冷是如此稀少，我们就必须仿效制药者的方法：他们在得不到某种药料时，就会采用所谓的代用品。例如，以沉香脂来替代某种香树汁液，以玉桂来替代肉桂。同样，我们也应当四面观察一下，看看有没有什么可以代替冷的作用的事物，这也就是说，要看看除冷拥有引起凝聚这一职能之外，是否还有其他可以使物体凝聚。以迄今所见而论，这类凝聚方法看来共有四种。第一种正是借单纯的压缩引发凝聚。但这种办法是无法持久的，因为物体是有恢复原有状态的倾向的，可作为辅助的办法。第二种是借物体中较精细的分子于较粗糙的分子中逃出之后，发生收缩而引起凝聚，正如在物体遇火变硬的过程当中，在金属多次经受骤冷的过程中，以及在类似的其他过程中，都会发生这种现象。第三种方法就是，物体中有些最坚实的同质分子原本是分散存在着，并与其他不是很坚实的分子混合在一起，后来一再经集拢，就产生凝聚现象。例如，将升华在粉末当中的水银恢复成纯粹的水银，它就凝聚起来，而不再占据过大的空间；又如，在一切提纯金属渣滓的过程也都是这样。第四种就是通过交感作用，借助一些物质的某种隐秘力量来获得凝聚。这种交感或感应作用现在还非常罕见。有关动物身体方面，的确有许多药物，无论是内服的或是外敷的，仿佛都可以借助感应作用而引起凝聚，可是对于非动物的物质，这种情况就很罕见了。有些记载和一般传说中都有着一个故事，说泰西拉或加纳雷群岛（具体地点已经记不清了）的一个岛上有一棵树总是在裂口处滴着水，水量很大，竟然能在相当程度上满足当地人的用水需要。还有，巴拉西萨斯曾说过有一种名为“日露”的草，当中午时分，周围一切其他草类都呈现出干燥状态的时候，它竟然能满含着露水。不过这两个故事在我看来都属于无案可考的市井传闻。如果真有其事，那么这种事例确实非常有用，也是值得深究的了。至于那种五月时候，在橡树叶上所看见的甘露，人们称之为神浆，我也不认为是借助橡叶当中蕴含什么特质而凝成的，那不过是露水在光顾一切树叶的同时，只有在那结构严密而不像其余树叶那样绵软多孔的橡叶上能够更长久地留存而已。

至于说到热，人们的文明几乎是完全在热的力量的基础上建立起来的，人们对强烈的热力作用及其利用方面已经有了丰富的认识，但对于较柔和的热力的作用——那是最吻合自然界热力的方式——所知甚少。因此，我们对于较柔和的热力还需要进行更进一步的探索。那样的话，人们才能按照自然的榜样，模仿着太阳的工作，来利用温和的热力来改变我们的生活。要知道在自然界的规律中，柔和的热力的步骤是循序渐进的，其安排也要致密与繁复得多。只有当我们能够借助人工热力与其他动作力量将自然的工作在法式上表现出来，当我们能够真正认识到这其中的规律并加以有效利用时，我们才算看到人类真正有了发展。

可是首要的问题还在，我们如果用逐渐、有序而固定间歇的方式，以适当的距离远近和时间长短，来控制热力的增加和散失，其效果和作用将会怎样，这是最早应当加以研究和寻求的。因为这种有秩序的不平均状态实在正是一切问题的本源；须知从那种急遽而倏忽来去的热力当中是不能指望得到收获的。这样一点在植物当中最为明显；在动物的子宫中，随着孕妇的或动，或卧，或进食，或动情欲，热就大不相同；最后，在大地的子宫当中——我的意思是指金属与化石的产生地——这种不平均的状态也有其地位和力量。有些改良派的炼金家曾设想：将火保持恒定温度，借其稳定不变的温热就可以达到他们的目的；由上述的这一点看来，就更显得他们的笨拙了。关于热的运动与效果，我就说到这里为止。当事物的法式与物体的结构还没有获得进一步的探究与揭示之前，要将热的那些问题彻底加以研究，条件也是不成熟的。只有在认清条件之后，那时我们才能寻求、使用乃至调整我们的工具。

第 4 种方法是依赖持续，它好比自然的管家。我所说的持续，就是说把物体听其自然地放上相当一段时间，同时要保证它不受到一切外来的力量的影响，因为只有失去了外来力量的影响，内在的运动才会展露与完善。现在来看，时间的工作比起火的工作要更多。譬如酒，若借火来醇化它，就不如借时间做得好。又如由火所产生的灰烬，就不如借岁月来消解而成的各种物质的微尘那样精细。同样的，凡借火力催追而骤然形成的混合物总远次于那些借时间而形成的东西。另外，凡物体借持续作用而变异的结构，就正如腐坏状态，又会被火或任何强力的热所消灭。这里还应当指出，当物体运动受到限制时，其中就带有一些强力的东西。这就是说，这种禁闭会阻碍物体的自发运动。正因为如此，故而我们看到，持续如果是在敞开的器皿当中进行，便最适宜分解；如果是在密闭的器皿中来进行，便最适合混合；若是在部分封闭而仍能有少量空气进入的器皿中来进行，就最适合腐坏。总而言之，凡是足以显示出持续的效果与作用的事例，我们都应当从各个方面仔细地进行搜集。

谈到第5种方式，即对于运动的限制，用处是非常大的。对于运动的限制，我的意思是说，一个物体与另一物体接触时就会受到阻碍、遏退或容许，导引该物体的自发运动。这个作用大部分存在于器具的形状与位置之中，譬如蒸馏器当中的圆锥体可以帮助蒸气凝聚；容纳器中倒置着的圆锥体可以帮助将糖质中的糟粕分离出来，有时需要一种螺旋形的器具，有时还需要一个宽窄相间形制的器具，有时则又需要其他各种形状的东西。要知道凡是过滤器皿都是要放过被过滤物的一部分而封锁住另一部分。还要知道，过滤或其他限制物体运动的事也不限于从外面来进行，也可以由一个物体进入另一物体内部去进行。例如，把石头投入水中去收拢水中的尘浊分子；又如用蛋白能够澄清糖浆，其作用就是把其中较粗的分子给粘住，进而将它们除掉。

谈到第6种动作方式，即借感应性或背反性而进行的动作，是往往深藏不露的。事物间比较广泛与比较普遍的感应性相对而言不是那样隐晦难知。所以我现在就从它们说起。它们之间首要的分歧是在于：有些物体在密度方面差别很大，而在结构方面基本一致，另一些物体则在密度方面一致，而在结构方面差别很大。化学家们在其所谓的三性则的第一性则中指出硫黄与水银遍布整个宇宙，这是比较先进的理论。（至于他们又加入盐这一项，却是荒谬的，那只是为了要将土性的、干燥的与固定的物体包含在内罢了。）从这二者之中，我们无疑能观察到自然当中诸种最普遍的感应性中的一个。在硫黄、油液及油脂蒸气、火焰及星体这四者之间就存在感应性。同样，在水银、水及水蒸气、空气这四者之间也存在感应性。

世界上最普遍的感应性存在于物质与其保养者之间，因此，我们必须探究各种不同的金属是在何种环境下，何种土壤中，与何种深度下逐渐形成的；同样，关于宝石，我们也要探究它是产生于岩石之上还是产于矿穴之中；我们还要再探究各类不同的树木、灌木与杂草又是在何种土壤当中生发得最好；此外，我们还要探究何种肥料，是各类粪便，还是白垩土，还是海沙，或是焦灰等，最为有用，能够帮助作物更好地生长，并要联系到土壤的不同，来探究它们哪一种最适宜、有效。还有，树木与草木的嫁接与栽培的原理，也是有赖于交感作用。关于这一项，我听说近来曾有人尝试用林木进行移接（这种实践迄今只限于果木的范围内），结果叶子和果子都明显变粗壮，这正是一个非常好的实验。同样，关于动物的生存条件，也应依照一般分类加以考察，并且还要联系到其反面。譬如肉食类的动物就无法吃草求生，所以佛依兰教派的戒律[①]（虽然人类比其他动物更能利用意志来控制肉体）在经过尝试后，由于这种戒律实在不是人性所能忍受的，因此最终还是几乎消失了。此外也发生腐坏的各种不同物质（微小生物也是因此而产生的）也是我们应当进行考察的。

此外，还可以增加一种感应性，那就是感官对其对象的感应性。这种感应性，因为它最为明显，并且已得到充分的注意并经过精细审查，是对探索其他极隐秘的感应性很有益处的。

但是关于物体间内在的感应性和背反性，或者可以称之为内在的友性和敌性（我厌恶交感与反感的字样，因为它们带有若干迷信和虚妄的色彩），人们却总是将它们与虚妄的事混淆在一起，或是因为观察不足而根本很少触及。譬如，人们发现葡萄与甘蓝种得很靠近时，二者生长得都不旺盛，就认为它们之间存在敌性；其实这种现象的内在原因是很明显的：这两种植物都是多汁而需要大量耗费肥料的，于是就在彼此的竞争中互相削弱，最终都没能生长好。又如人们因为发现玉蜀黍、莠与野罂粟三者都必须在经过犁耕的土地上才能生长，就说它们之间存有感应性与友好性；其实倒不如说它们之间存在敌性，因为后两者是借玉蜀黍所排在地上的汁液才得以生长出来的，所以在地里播种玉蜀黍就能够为后两者准备生长条件。诸如此类的错误解说是很多的。至于说到无稽的故事，那更应当铲除殆尽。现在实在只有着少数感应性是能够被精确的实验所证实的，如磁石与铁、金与银等。在针对金属的化学实验当中，也有一些感应性值得我们去注意考察。至于相对来说数量最多的感应性还是存在于药物之中，

---

① 佛依兰教派的戒律：1562年，一位牧师掌管佛依兰的息斯特教堂，他在这里推行一种非常严苛的生活规则，这里的信徒要接受类似苦行僧般的生活，吃饭时要跪在地板上，有些人甚至习惯用头盖骨盛水喝。他们不吃蛋、鱼、牛油、油甚至是盐，只喝清水、野菜汤及最差的、连野兽都不愿意吃的黑面包。过于严苛的生活方式，导致这一教派的信徒普遍身体情况极糟，甚至一周之内就有14名教徒死亡。教皇最终出面干涉，为这个教派订立了章程加以管制，并对他们过于严苛的生活方式进行了限制。

它们借着隐秘的特性无论对肢体，或是对体液，或是对疾病，或是有时对于个别性质，都有所影响。此外，月亮的运行和变化与月下物体的感受之间也存在某些感应性，譬如在农业方面、航海方面、医药方面，以及其他科学方面的实验当中，经过严格认真的审查来搜索与认定的一些事例，我们也不可忽视。重要的是，关于比较秘密的感应性的事例越是稀少，我们就应当以更大的辛勤去加以探索；这需要借助诚信与忠实的传说与叙述，只要这不是出自轻心或轻信，而是出自于一种急切与抱有怀疑的探索之心。最后，还会有一种物体间的感应性，在用途上有着多面性，我们也不能把它略去，而应当予以审慎的查究。我们经常发现这种情况，有些物体可以非常容易地混合与合并起来，而另一些物体则很难做到这一点。例如，粉末最容易与水混合，灰烬和石灰最容易与油混合，以此类推。我们还不应当只是搜集有关物体在混合这一方面有所差异的事例，其他方面，例如有关物质在混合当中的配置与分列情况的事例，最后还有有关它们在混合完成之后孰占优势的事例，也都是我们应当予以搜集的。

最后还要讨论一下第 7 种动作方式，即轮番使用前 6 种方式的方法。可是，在我们对于前 6 种方式还没有逐一专研到一定程度之前，想要就这样讨论第 7 种方式，并举出什么例子，那是不恰当的。现在所要指出的是，这种适应着某一些特定结果而将各种方式进行一系列或一连串轮替使用的方式，是最难发现，同时也是运用起来最富成效的事。而人们虽然渴望能够有所发现，却在探究与实践这两方面都缺少耐性，因此这种方式在短期内很难真正运用起来。

最后，请广大读者记住，在我的这本《新工具论》中，我是在处理逻辑问题，而不是在处理哲学问题。可由于我的逻辑对理解力的教导，宗旨并非在于使它以心灵的纤弱去攫取一些抽象概念（像普通的逻辑学那样），而在于使它可以真正地剖解自然，能够真正地发现物体的性质、特点和活动规律，连同它在物质中被规定下来的法则，所以这个科学的源头就不仅仅源自心灵的性质，而也与事物的性质紧密相关；因而本书当中随处都点缀着对于自然的揣测和实验，以作为我解释这门技术的例子，那也就不足为奇了。

现在，我要进一步论究归纳法的一些支柱及精义，然后进一步探讨具体的东西，随后更进一步要对隐秘的过程、隐秘的结构进行探索。这样一来，我就可以（像一个忠实诚笃的监守者）那样，将人们的产业交付给他们，这时他们的理解力已经被解放，心智上也已经成熟起来了；由此而来的后果便只能是人类地位的改善及人类对自然权力的扩大。人类一旦堕落就同时丧失了他们的天真状态及对自然万物的绝对统治权。可是这两种损失就是在此生中也是能够得到某种程度的补救：前者需要依靠宗教和信仰，后者则依靠技术及科学。要知道自然万物并不是故意违逆、躲避人类，它只是在人类的知识与技术还不充足的情况下静静等候在那里，等待人们去发现他，现在终于被各种各样的劳动（当然不是被那些空口争论或一些无聊的幻术仪式，而是被各种各样的劳动与探索）在一定的程度上触及，最终被征服，并对人类生活起到好的作用。

培根随笔集

新大西岛

《新大西岛》由培根的遗稿管理人在培根去世一年后公开发表。本书约写于 1623 年，正是培根政治失势后开始将精力转移到著书立说的时期。这是一篇描绘理想国家的蓝图的残稿，这篇残稿篇幅不长，但却极为鲜明生动地展现出培根的政治理想与抱负。这个岛屿上的居民慷慨而开明，高尚而又堪称顶天立地，虔敬而富有公共精神，代表了一国国民的理想品质，政治家培根对这些品质的神往，更高于他对本国人特性的希冀。而在描绘这个神奇的地方的科技力量时，我们可以看到身为科学家的培根沉湎于自己先知般的天马行空的想象力，想象着人类科技未来发展的图景。其中很多的科学预想与现代实际科研成果的相似度极高，读者只要或多或少了解现代科学的探索历程及其相关成果，无不为之惊叹。经由培根设计并构造的那所了不起的学院，为现代科学研究型大学奠定了雏形；无论是在纯科学还是应用科学领域，他都预见到了数量惊人的最新科学发现及技术发明。

《新大西岛》体现了典型的培根自身的风格。尽管培根为了追求真理而拟定的蓝图显得热切积极、大气磅礴，但他始终着眼于科学的实际效用。在他心中，自己孜孜以求的科学进步其实是一条通途，使人类对自然的主宰能达到顶峰；科学进步也是一种手段，使人们可以享受到舒适便利的生活。清楚地显示了培根对实用科学的偏爱。

我们从秘鲁出发，途经太平洋向中国与日本航行，航行持续了整整一年的时间，随船带着的给养应该是够用的。

开始的五个多月遇上了柔顺的东风，可谓是一帆风顺。但是好景不长，风向后来出现了变化，转为西风，持续了许多天，船只的行进变得极为困难，甚至是寸步难移。有时我们有意调转方向向其他方向行驶。接着又刮起了强劲的偏东南风。尽管我们已经做了最大努力，船还是被迫向北驶去，这样到后来，即使我们拼命节省食物与淡水，给养最终还是耗尽了。此时我们置身于茫茫大海中，没有食物，大家认为生存已经无望，只好闭目等死。但是，我们还是真心实意地高声朝上帝祈祷：希望上帝能够让奇迹出现在汪洋大海中，求他大发慈悲，犹如创造天地之初他将全世界的海水都集中在一起，让大地显露出来一样，现在能帮助我们找到一块陆地，让我们在他的指引下登陆，免遭灭顶之灾。

祈祷果然灵验，第二天傍晚时分，我们发现在前方偏北处，有黑压压的一大片东西，状如黑云层，使我们顿生几分希望，希望那边会是一块陆地。我们知道北太平洋一带完全是世人所不熟悉的地方，或许真的有海岛或是大陆的存在，是目前还没有人知晓的。因此，我们调整航向朝那个方向行进，整整行驶了一夜，在第二日黎明时分，我们可以清楚地辨认出那是一块与我们视线平行的广大陆地，因为长满了灌木丛，所以显得黑压压的。

又航行了一个半小时之后，我们进入了一块非常好的锚泊地，那是一个规模颇为可观的城市的港口。地方不大，但建得非常不错，从海上看上去非常赏心悦目。

长期以来，我们无时无刻都渴望着来到陆地，现在终于要靠岸了，但是我们看到正前方有几个人手拿棍棒，摆出的姿态是禁止我们登陆，没有喊叫，不露凶相，仅是示意我们要停止前进。

我们并没有因此而觉得窘迫，而是为自己打气，做我们认为应该去做的事。

就在这期间，一条小船朝我们驶来，船上有八个人，其中一个人手中拿着一根两头尖的棍子，棍子两端均涂着蓝色。他上了我们的船，并没有显露出不信任的样子。当他看到我们之中的船长走上前来，他拿出一小卷羊皮纸（其颜色显得要比我们的纸黄一些，闪闪发亮，就像是贴着的金属薄片，但又非常柔软灵巧），把它递交给我们的船长。

那纸卷上用古希腊文、古希伯来文、正宗的拉丁文以及西班牙文写着这样的一段话："任何人不允许上岸，限期在十六天内离开本地，另获准许的另当别论；其间，如果你们需要淡水、食物，或病员需要救护的，船只需要帮助修理的，请开列出清单，出于仁慈的考虑，你们将会得到所需之物。"

这一公文的画押是天使的翅膀，但奇怪的是翅膀并没有张开，而是下垂的，卷上还有一个十字架。

交出公文后，那个官员就回去了，只留下一个仆从在这里等待我们的答复。

此后我们进行了商量，感到迷惑不解：不准我们上岸，急于让我们离岸，这非常让我们为难；而在另一方面，这里的人与我们语言相通，且又充满着人道主义精神，也使我们深感安慰。尤其是那个公文上面有十字标记，对我们来说是一大鼓舞，也是一个好兆头。

我们用西班牙语进行了回答："我们的船，如今完好无损，尽管遭遇过逆风，但没有遇到风暴。至于病人，数量非常多，且病得不轻，如果他们无法获准上岸，将有生命之虞。"

我们在其他方面的各类需求，逐一开列，还加上下面的这句话：“我们携带了数量不多的商品，如果你们愿意做交易，则可用来交换我们所需之物，不会向他们额外要钱。”

我们要送一些皮斯托尔[①]交给这位仆从，并请他将一块猩红色的丝绒转交给那位长官，但这位仆从一概拒收，连看都不看一眼，就这样离我们而去，乘上派来接他的另一艘小船回去交差。

大约在我们进行答复的三小时后，一个看上去很有地位的人来到我们中间。他穿着一件宽袖的羚羊皮外袍，是非常好看的天蓝色，光泽要比我们的皮袄好得多。他的裤子与帽子都是绿色的，帽子也是绿色，做工极为考究，样子很像头巾式女帽，不过没有土耳其女帽那样宽大，他那卷曲的长发直接垂到帽檐的下方。只要看上一眼就知道他是一位值得尊敬的大人物。

他乘着一条大船驶过来，船体的某些部位还镀着金，船上除他之外，只有四个人，而在该船的后面，还跟着另一条大船，船上大约有二十人左右。当他离我们的船还有一箭之地时，他们发出信号让我们派人到水上迎接他。

我们立即照办，放出一条小船，由我们当中的第二号人物带着四名随员前去迎接。我们的船离他们的船还有六码时，他们让我们停住，我们遵命停下。

紧接着，我在前面描述过的那一位就站立起来，用西班牙语高声问我们：“你们是基督教信徒吗？”

我们回答：“是的。”

我们并没有感到畏惧，因为先前在对方送来的公文上面是带有十字标记的。

听了我们的回答，那人举起右手拇指指向天上，又慢慢地放下来停到嘴边（这是他们用来向上帝表示感谢的动作），接着对我们说：“如果你们当中的每一个人，都能以救世主的功绩名义起誓，你们并非海盗，而且在最近的四十天中，不论合法还是非法，都没有流出过鲜血，那么你们能够获得上岸的许可。”

于是我们说：“我们每个人都愿意立即起誓。”

接着，他们中间的一个人，看上去好像是一名公证员，进行了记录，记完之后，

① 皮斯托尔：西班牙旧金币。

那位大人物的另一位随员（也与他在同一条船上）在听了他的上司对他的一阵耳语之后，便高声对我们宣布："我们老爷让我转告你们，他不上你们的船并非傲慢，也不是自大，而是因为你们在复函当中说你们有很多病人，本城的卫生督监告诫他最好还是与你们保持一定距离为好。"

我们朝他鞠了一躬，回答："我们是他忠诚的仆人，他对我们所做的一切，我们诚惶诚恐，铭感五内，认为这是我们的无上荣光与极为罕见的人道主义，但愿我们中的病人患的不是传染病。"

于是他回去了，过了一会儿，那位公证员来到了我们的船上，一只手中拿着他们国家出产的一种特殊水果，形状像橙子，颜色介于赭黄和猩红之间，此果散发出一种极为馥香的气息。我们觉得他是将此果作为一种消毒剂来使用。

他教给我们当地的誓词是："以耶稣及其功绩的名义。"他还告诉我们，次日的早晨六点钟，他们会派人将我们接到"异乡客栈"（他用的就是这个词）去，在那里，我们将会获得必要的衣食住等方面的必需品，有为身体健康的人准备的，也有为患病者准备的。

说完他就准备离开我们，我们主动赠送给他一些金币，他笑着说："公务不需要拿两份钱。"我认为这句话的意思是，他的国家已经为他的效劳支付过足够的报酬了，因此他们将官员得到馈赠称为拿两份钱（这是我后来才了解到的）。

次日凌晨，那位手拿文明杖早先曾来过我们这里的官员，早早来到了我们的身边，对我们说："我是来带你们去异乡客栈的。"并解释说他来得这么早，是因为这样的话，他就可以有一整天时间与我们一起办事。他又说："如果你们乐于听我的劝告，先来几个人与我一起去看看那地方，考虑一下怎样将住所搞得对你们更方便一些，然后再来将准备上岸的病人及其他人接去。"

于是我们有六个人跟随他上岸，上了岸后，他走在最前面，并回过头来告诉我们：他只不过是我们的仆从，为我们当向导而已。

他带着我们穿越三条不错的街道，一路上街两边都聚集了很多人，穿戴得整整齐齐，态度又非常友好，好像他们不是出于好奇而在围观，而是正在列队欢迎我们。当我们从他们身旁经过时，他们当中的一些人便稍稍举臂向前，他们用这种姿态在向我们表示欢迎。

异乡客栈显得漂亮而宽敞，是砖瓦结构的房屋，他们的砖要比我们的砖颜色更深一些，窗户非常雅观，有些还装有玻璃，也有一些是用麻纱细漆布糊着的。

他先带我们到楼上的客厅当中落座，问我们一共有多少人，其中有多少病号。

我们回答："我们总共有五十一人，其中病号为十七人。"

他要我们再耐心等一会儿，待在原地直到他回来。

我们等待了约有半个小时，他来把我们领去查看住宿的房间，给我们住的房间共有十九间。看样子他们已经考虑得非常周到，十九间当中有四间的条件比其他几间要好一些，是用来接待我们这一行人之中的四位头领的，让他们每人都住一个单间，而其余的十五间给我们剩下的三十人居住，每间住两人。

住房漂亮、舒适，家具摆设也非常实用。

接着他带我们来到一个长廊中，样子犹如寺院中的卧室，他指点我们看长廊一边的一个个小间，共有十七间，每间都非常清爽，各间之间以杉木板隔开，而长廊的另一边只有墙与窗。这条长廊及其斗室（共有四十间，远超我们所需的数量）是为患病者而设的诊所。同时，他还告诉我们，病号当中谁如果康复了，就可以离开这里，住进普通的客房，为此除上面提到的那些房间之外，他们还额外预备了十间客房。

此后他带我们返回客厅，稍微举高他手里的文明杖（这是他们提要求、发指令时的习惯动作）对我们说："你们要切记本国的习俗，今明两天（这两天会留给你们用来转移船上的人员）不算，你们必须在前三天内足不出户。不必为此烦恼，也别以为你们遭到了软禁，这是为了能让你们好好休息调养。你们需要的物品一律不会短少，我们还指定了六个人供你们差遣，帮你们搬运东西。"

我们十分动情且满怀敬意向他深表感谢，激动地对他说："上帝在这片土地上显灵了。"

我们要送给他二十枚金币，但他仅仅是微笑着说："什么？两份报酬吗！"说完这话，他就离开了我们。

不久，午餐被送上来了，菜肴丰盛，有面包，还有肉类，比我们欧洲大学食堂当中的伙食都好。还为我们提供了三种不同的饮料，都是有助于健康的：一种是葡萄酒；一种粮食酿制的酒，有些类似于我们的浓啤酒，但比较清冽；

还有一种是苹果酒，是用他们本地的苹果制成的，开胃清心，好喝极了。此外，他们还给我们送来了大量的猩红色橙子，供我们的病号食用，据他们说，这种水果在治疗在航海过程中得的病有特效。他们还给我们一大盒灰色中带有一些白色的小药丸，希望我们的病号能够服用，每夜睡前服一粒，（他们说）这有助于早日康复。

次日，在一番劳累搬运之后，人员与货物都被从船上转移到了岸上，安置好之后，我认为有必要将大伙召集到一起来谈一谈。

集合好之后，我对大家说："亲爱的各位朋友们，我们心中都明白，大家都清楚我们如今的处境。我们是流落到这个岛上的人，就像乔纳斯从鲸鱼的肚子当中逃出来，我们差一点儿就要葬身在大海中了。现在我们尽管脚踏陆地，但是依旧生死未卜，因为我们既远离欧洲旧大陆，也远离了美洲的新大陆。我们能否返回欧洲只有天知道。我们能来到这个地方完完全全是一个奇迹，只有出现更大的奇迹，我们才有可能到达彼岸。因此，考虑到我们这一次的得救及眼前，乃至今后所要面临的危险，让我们真心信仰上帝，每个人都要检点自己的言行。此外，在我们周围的这些人都属于虔诚信仰基督的伟大民族，充满真心实意，满怀人道主义精神。我们千万不可以同自己的脸面过不去，绝不该在他们面前显露出任何的邪念或不屑之举。还有，他们已要求（尽管话说得非常客气）我们在三天之内要足不出户，谁知道他们这么做是否是要看我们的举止、心态到底如何？如果他们发现我们表现得不好，也许会立刻驱逐我们；如果表现得好，他们或许会给我们更多的时间。这些留下照看我们的人，可能也是在监视我们。因而，为了表达对上帝的热爱，我们应当爱惜自己的灵魂与肉体，让我们大家都好自为之，只要我们对得起上帝，我们在这地方的人们眼中就是好样的。"

我们这群人异口同声地对我所做出的善意警告表示感谢，决心头脑要保持清醒，和平友好地在此度日，决不胆大妄为。所以这三天当中，我们过得痛痛快快，等待着要看看三天之后，他们会怎样对待我们。

在这三天当中，我们的病号的病情时刻都在好转，他们以为自己置身在某种神圣的康复池中，身体恢复得又好又快。

到了第四天的上午，一个我们从未见过的人来到我们的住处，他同先前来的那个人一样，穿着蓝色服装，所不同的是他所戴的宽边帽子是白色的，而且帽子上有一个不大的红十字。他穿着一件用上等布料制成的无袖罩衫。他进房时对着我们略微鞠了一躬，并且张开他的双臂。而我们呢，则极为郑重其事，而又恭顺谦逊地朝他表示欢迎致意，因为自忖此人将会对我们的未来做出裁决。

他只想同我们中间的一小部分人进行交谈，因此我们只留下六个人，其余的人都离开了这个房间。

他对我们说："论职务，我是这间异乡客栈的总管；而论职业，我是一位基督教神甫。我此番来看望你们是想帮你们处理一些事，你们是来自异邦的客人，更主要的是你们也是基督教徒。我先想告诉你们一些事情，你们一定会有兴趣的。我国已批准你们在这里居住六个星期，你们也不用担心，我们会视你们的具体情况，在必要时延长你们的逗留时间，我们的法律在这方面是非常灵活的，这一点我是绝对肯定的，我本人就可以替你们争取到更久的时间，只要这样是对你们有利的。我还想让你们了解到，这所异乡客栈眼下非常富足，因为已经有三十七年的财政预算都累积下来了，因为这些年一直没有外来客，你们不要犯愁，你们在此住多长时间，国家都会为你们支付各类费用。我们也不会为节省费用而让你们提前离开。至于你们船上带来的各种货物，会好好地加以利用的，我们能够以货物作为交换，也可以付给你们金或银，反正对我们来说，这些支付手段都是一样的。而如果你们还有其他的要求，就直说吧，我们的答复不会让你们感到难堪的。只有一点我必须要明白地告诉你们：如无特别许可，你们谁也不能走出城外超过一'克伦'的距离（按他们的度量衡计量，大约相当于我们的 2.4 千米路程）。"

我们几个人用眼神交流了一下意见后，极其赞赏这种慷慨大方，犹如慈父般的安排方式，然后回答："我们不知道应该说些什么才好，我们无法用言辞来充分表达我们的谢意；他那崇高的、无偿的救援已极为周到，我们别无他求。在我们看来，摆在我们面前的是一幅在天堂当中得到拯救的画面，因为我们刚被从死亡的边缘拉了回来，现在我们所处的环境带给我们的完全是宽慰。至于对我们所提出的各类要求，我们一定恪守无误，尽管我们燃烧得火热的心极度渴望在这个幸福而神圣国土上漫游一番。"我们又补充说，我们一定要在内心当中默默地祈祷，我们忘不了这位极为值得尊敬的神甫，也忘不了这个伟大的国家。我们也以最恭顺的态度请求他接受我们作为他的奴仆，并随时匍匐在此，全身心地拜倒在其脚下，这是我们地球上所有人类的正当权利。他说他是一位神甫，只希望获得属于神甫的应有奖赏——那就是我们兄弟般的友爱，还有我们能够拥有身心的健康。于是他眼眶中饱含着热泪离开了我们，同时也使我们陷入欢乐之中，甚至内心慰藉到了不知所措的地步，纷纷喃喃自语，说我们真的是进入了天使之国。而天使也的确降临在我们的身旁，给我们带来从没有想到、更不敢奢望的种种舒适生活。

第二天约十时左右，总管又来到了我们的住处，经过一阵寒暄，他热情地告诉我们，他是来看望我们的，并找了把椅子坐下来。我们在场的约有十个人（其余人的级别较低或是已经外出）也逐一坐下。我们落座之后，他说了如下的一段开场白："我们这个本萨莱姆岛（本地人是这样称呼这个地方的）是这样的一种情况：由于我们地处孤岛，也由于我们对旅行者实旅的保密法规还很少有机会接待境外来客，我们对世界上有人类居住的地方大多颇为了解，而外界对我们则并不熟悉。因此，知道得最少的人理应提出各类问题；另一重要原因便是为了能够让时间过得愉快，还是你们向我提问要比我问你们更为合适。"

我们回答时先对他表示衷心的感谢，感谢他给予我们这么好的一个自由发问的机会，再者便是觉得在地球上没有别的什么地方，要比可以在这个国家居住更幸福，更值得来深入了解。不过，我们最想说的是，既然我们天各一方，却能有缘相会，我们最希望的是我们大家能有朝一日到天国相聚（因为我们双方都是基督教徒），考虑到这个岛国是如此遥远，与救世主所在的大陆隔着世人一无所知的汪洋大海，到底哪一位先贤最先来到那个国家传教？这个国家又是怎样开始信奉上帝的呢？

从他的脸部表情可以看出，他对我们所提出的首个问题是非常满意的，于是他说：

"你首先提出这个问题便让我的心与你们的心完全交织在一起了，你们首先想到的是天国，我非常高兴可以率先回答这个问题。据传说，大约在我主耶稣返回天堂之后二十年，伦弗萨（我们这个岛上东海岸的一个城市）的人民在一个风平浪静而又多云的夜晚，看到离岛数千米的海面上升起一个巨大的光柱，并非尖顶的，而是石柱状的，或者可以说是圆锥形的，腾空而起，升到高空当中，其顶部有着一个非常巨大的十字光环，比光柱的其他部位更加光亮，也更加辉煌。面对如此奇异的一种景象，该城民众迅速聚集到海滩之上，满怀惊诧之情，随后便纷纷乘上一只只小船朝海上那异景靠拢。当船只驶到距离光柱大约六十码时，他们发现船只已经连成一体，无法前进，也就是说船停在海面上能够左右活动，但再也无法向光柱靠近分毫。于是所有船只都停下来观看这个奇景，好像在剧院当中观看表演一样，心里都觉得这是上天显灵。到后来，有一条船上的萨罗门研究院（该院汇聚了这个王国的精英）的一个聪明人，他全神贯注、满怀虔诚之心，对这个光柱与十字架观察了许久，并认真地思考着，此时似有顿悟，于是首先全身匍匐在地，再抬起上身跪着，举手朝向上天，做了如下的祈祷：

"天神与地神，请赐福给我们，明示这造化之物及其奥秘，请辨别这究竟是神的奇迹、自然的造物或是艺术的巅峰创作，还是骗人的把戏或是其他任何类型的幻象（这一切都关系着人类的千秋万代）。我当着我国人民之面在此承诺并作证：我们眼前所看到的景象是您的一个手指，也是一个真正的奇迹。而据我们在书本当中得到的知识是您从来不去创造奇迹，除非是为了某种神圣性质的善举（因为造物主的规律就是您的法则，而若不是为了高尚的事业，你不会去逾越它们），因此我们最最谦恭地请求您让这一奇景向我们做出启示，发发慈悲让我们明白其含义及用处，您既然用它对我们做了展示，暗地里您是在向我们做出了某种诱导。

"当他说完这一段祷文马上便觉察到他所乘的船能够航行了，不再受束缚，而其他船只仍旧动弹不得。他相信这肯定是神明给予他行动的自由，于是轻轻荡起小船，默默地驶向光柱，但在他距离光柱还有一段距离时，光柱与十字光环就解体了，光线照射到他的船上，犹如天空中的繁星降落，而且很快便消失了，剩下能看得见、摸得着的就是一叶小方舟，或者应该说是一块杉木，完全是干燥的，沾水不湿，可以在水中漂游。在这块杉木的前端，面朝着船的这一端长出了一个绿色的小棕榈枝。当聪明人极为郑重地把它取到船上时，它自动舒展开来，里面有一本书与一封信，都是写在羊皮纸上面，用细麻绳扎好的。此书的内容是完整的基督教经典——《新约》与《旧约》，同你们的版本内容完全相同（因为我们对你们教堂当中所用的版本很熟悉），还有《启示录》，此外还有《新约》一书当中当时所没有的一些内容，在这本书中也涵盖在内。至于那封信，内容如下：

“‘我，巴塞洛缪，是至高无上者（上帝）的仆役，是耶稣·基督的使徒，曾有天使驾着光环来告知我，我应当将这一方舟推入洪水中，任其漂洋过海。因而我在这里作证并宣告：此舟在主的意志引导下到达陆地之时，那里的人民必定会在同日获得救赎与和平，并带给你们天父及我主基督的善意。’

“这两个文字材料、书及信中还藏有一大奇迹，同信徒之言相符合，谁都可以看懂，这封信的内容可以根据阅读人而变化所显示出来的文字类型，因为那个时候，我们这个岛国上除了本地原住民以外，还居住着希伯来人、波斯人与印度人。任谁捧读这本天书与神信，其所显现的都是他自己所用的文字。至此，这个国度便结束了没有信仰的历史，是方舟救了我们，就像旧大陆依靠挪亚方舟才免遭毁灭一样。我们没有了信仰的危机依靠的便是圣·巴塞洛缪信徒传来的这神奇无比的福音。”

谈到此时，他停顿了一下。这时进来一位信使把他叫走了。那一天会面谈话的内容便是这些。

次日，同一位总管吃过午饭就来到我们这里，先表示歉意：“昨天我因为一些事务而被突然叫走，现在来和大家多进行一些交流，如果我在你们这里不会让你们感到不快的话，我可以在这里多逗留一会儿。”

我们回答说，我们为能与他相聚甚感欢愉及宽心，听他侃侃而谈，我们既忘记了曾经历过的危险，也没有了对未来的隐忧。我们还觉得与他一起相处一小时，胜过此前数年的生活经历。

他向我们深鞠一躬，在我们大家逐一落座之后说：“那么还是由你们来进行提问吧。”

停了一小会儿后，我们当中的一位说，有一件事我们既怕问，但又非常想问，感到颇为冒昧。由于他对我们的接待如此合乎人情与宽厚大度（我们不过是流落异地的外国人，是他不折不扣的仆人而已），我们深受鼓舞，我们希望厚着脸皮将这个问题提出来，同时谦卑地请求他先予以原谅，如果他认为这个问题不适宜作出答复就可以拒绝回答。我们说，他先前告诉我们的，我们都全部记在心里了，我们知道我们眼下身处的这一方乐土的确鲜为外人所知，而他们对世界上大多数国家却非常熟悉，这一点从他们通晓欧洲大陆的多种语言，又对我们的国情与事务又那样熟悉而可想而知；但是，我们在欧洲（尽管这个世纪以来，欧洲人开始远航天涯海角，也有诸多发现）从来对这个岛屿既没有机会目睹，也没有丝毫耳闻……

“大约在一千九百年前，统治这个岛的国王，他的记忆力非常好，深受我们的崇拜，我们对他并不是盲目尊崇，他不是神而是人，但他的记忆力确实是神圣的工具，他名叫萨罗门纳，我们极度尊敬着他，因为他使这个国家变得有法可循。这位国王心胸博大，永远令人难以预料，而他一心一意要让他的王国与臣民的生活过得更幸福，因而他考虑到要有多少土地才足够确保本国在没有外援帮助的条件下，可以生活得好；国土周长为 8046 千米，大部分土地极为肥沃；交通运输也要十分便利，不论捕鱼或是港口与港口之间的交通，以及同在国王统治之下，距离本岛不太远的小岛的水上往来都要便捷许多；他还考虑到本国当时正处在美好、兴盛的重要时期，将来也许有千百种坏局面的出现，却极少有变得更好的条件。对于他的这些崇高而充满英雄主义与仁慈之心的愿望，唯一要做的事便是让业已建构起来的乐土能够得以长治久安，因而他在为王国所制定的各种基本法规当中，就包含着禁止外国人入境的相关规定，而在当时（在美洲的灾难出现以后），外国人的往来颇为频繁，对其行为表现得新奇与复杂颇为怀疑。不错，禁止没得到许可的外国人入境的类似法规在中国的古代法律中早已有之，而且一直沿用至今；但是，这样做并非好事，其结果是将自己变成了奇特、无知而又可怕的愚蠢国家。但我们的立法者所制定的法规是另一种倾向。首先，他保持着一切人道主义的做法，在救助陷入危机的外国人方面，既同他们做买卖，又免费供应食物，这一点你们已经有所体会了。”

听他讲到这些，我们全体起立，向其鞠躬致意。

他继续讲下去：“那位国王希望将人道主义与政策结合起来加以考虑，认为不考虑外国人的意愿而禁止他们入境是与人道主义相违背的，也考虑到他们最终要返回本国去，会发现这个国家的情况，他订出了如今正在执行的一种做法。他规定，被准许登陆的外国人，在任何时候，不论有多少人，只要他们希望回去，就让他们返回，但同时也规定不论多少人，只要他们愿意在这里定居，我们应当为他们提供较好的条件，让他们乐而忘返。如他所预见的，规定出台至今已有千年，据我们所知，没有一条外国船来到这里而最终选择返回本国的，但是，总共有 13 个人，分成数次，选择搭乘我们的货船返回本国。这些人回去之后究竟说了一些什么，我无从知晓。不过，你们也不难想象，他们所做的叙述在他们的国度中会被当作天方夜谭。至于我国的居民要到世界其他地方进行旅行，我们的立法者认为还是禁止为好。这同中国的情况完全不同。中国人并不反对本国人去外国；而他们却禁止外国人入境，这样做无疑是胆小与怯懦的。不过我们的限制有一种例外的情况，这是非常有益的，能获得同外国人交往的好处，而又避免受害，我把这一点向你们坦言。我先说几句题外话，慢慢你们会发现这些话其实是很有必要的。亲爱的朋友们，你们一定要知道，在我们那位国王的所有英明决策当中有一条是至关重要的，那就是要建立与管好一个机构，我们称之为‘萨罗门院’，我们公认，在地球上所出现过的全部组织中，这是最为崇高的一个基金会，是我们这个王国的航标与灯塔。它的宗旨是致力于对上帝所创造的业绩及对人类的研究。有的人认为，这个机构以创始人的姓氏为名使人感到腐败的气息，似乎应该命名为‘所罗门院’。但根据记载，本来的读音是萨罗门。所以窃以为那是用希伯来国王来命名的，这个人物你们都很熟悉，我们也并不陌生；他的著作中的一部分，你们那里业已失传，而我们依旧保存着，那是论述所有植物的博物史，从利巴纳斯的杉木到墙上生长的青苔都包括在内，凡有生命与能运动的东西都包含在内。因此，我想到我们国王在诸多方面只是想与那位希伯来国王象征性联系在一起，这是其中一个方面而已，那位希伯来国王尽管生活在比他早很多的年代里，我们国王仍选择以他的名字来为这个机构命名，以此表达对前者的尊敬。我也很赞成这样一种说法：这个机构有时也被称作‘所罗门院’，有时还被称为‘六天创造学院’，我曾在一些古籍当中看到有关记载。因此，我颇为满意地认为我们那位贤君从《希伯来书》[①]当中知道上帝在六天当中创造了这个世界以及世间万物，正因为如此他创建了这个研究院，来探索万物的本质属性，让上帝可以给万物增添一些辉煌，也让人类可以更多地享用大自然所赐予的丰富资源。这也就是第二个院名的由来吧。不过，现在我们依旧言归正传。国王一面禁止本国船只航行到自己的领海之外去，一面又颁布了另一项法令：每隔十二年从本国派出两条船进行数次远航；每船由萨罗门院的三名院士组成一个特殊使团，出使海外专门到有关国家了解情况并搜集材料，特别是世界各地的科学、艺术、生产、发明方面的新成果与新进展；给我们带来各种各样的书籍、工具、模型等。这些船将院士送到目的地后就会立即返航，院士则留在异域等待新的使命。这些船一般不会装载别的东西，主要是食物及留给院士的大量财物，给他们用来购买以上提到那些方面的资料及物品，还有他们在社交方面的活动经费。至于这些前往国外的人如何伪装自己，使自己在异国他乡不会被识破，他们如何冒用其他国家的人的名义上岸登记，下一趟的使命是什么，走的是怎样的路线，及其他有关做法，现在我在这里就无可奉告了，这也不是你们应当知道的事。但是，你们已经能够了解，我们同外界有着一种交易，不为金银珠宝，不为绸缎，不为香料，也不为其他物质商品，只是为了上帝的最初创造——知识，为了掌握各类知识，为了了解世界各地的发展情况。

过了三天，那位使者又来到我们的居所，对我们说："你们真是非常幸福的人，萨罗门院的长老听说你们来了，要我来告诉你们，他准备接见你们全体人员，并与你们选出的一位代表进行一番私晤，时间就定在后天，因为他要向你们表达祝福，又选择午前接见。"

我们按时前去赴约，我本人又被同胞们推荐为私晤的代表。

我们见面的房间很漂亮，顶上挂着琳琅满目的饰物，脚下铺着地毯，但没有显出任何一点高高在上的姿态。他的座椅不高，装潢却很华丽，头顶上装饰有绣花蓝缎的帐幔。他没有随从，只有两名仪仗兵，一边一个站在他身旁，服

①《希伯来书》：基督教《圣经·新约》中的一卷。

装为白色制服。他的衣服同上次我们所见的那位乘车官员属于同一类，所不同的是他没有穿着长袍，而是穿着一件带斗篷的披风，颜色是黑的，质地相当不错，用一根腰带束着。我们事先被告知，进屋时应当弯腰俯首，我们一一遵命而行。当我们走近他的座椅时，他起立，脱下手套，举手向我们表示祝福。

我们每个人都屈身去吻他披风的下摆。

仪式完毕，其他人都退了出去，只有我一人留下。接着，他示意仪仗兵也出去，让我在他身旁坐下，开始用西班牙语同我侃侃而谈：

"上帝保佑你，孩子。我要将自己所拥有的最大珍宝奉献给你。为了上帝与人类的爱，我要将萨罗门院的真实情况告诉你，我会按照以下顺序来向你介绍：首先，我要向你介绍建院的目的；第二，谈谈我们建院的准备工作及相关手段；第三，院士们所担负的使命与所起的作用；第四，我们所遵循的条令及惯例。

"我们建院的目的是为了寻根溯源，了解事物的运动秘密；扩大人类王国的知识范围，尽可能多地实现人类的理想。

"准备工作及研究手段如下：我们有几种不同深度的大而深的洞穴，最深的可以达到 6000 嚼（约合 1.1 千米），其中一些挖在大山的深处；这样，如果人们同时测量山高与洞深，就会发现有些洞穴的深度已经超过了 4.8 千米。我们发现山的高度及从地平面算起的洞的深度是一样的，两者离太阳与天上的光柱，以及离旷野的空间距离是相等的。我们把这些洞穴称为低洼地区，我们把它们用作凝结、硬化、冷冻，也用来储存尸体，我们还利用这些洞穴来模拟矿藏，将存放多年的物资进行合成，造出新的人工金属。我们有时也用这些深洞来治疗某些疾病（这一点可能让你们觉得很不可思议），延续人的生命。还有一些隐居者自愿入住深洞，在那边准备各种必需生活用品，这样有助于长寿，我们从这些长寿者那里学到很多东西。

"我们有几个洞穴是专门用来埋葬死者的，加入一些木头泥土来加以构筑，就像中国人筑窑来烧瓷器那样，不过我们构筑的式样更为多样，有些构筑得更为美观。我们还有多种多样的堆肥与土壤，使土地变得更加肥沃、更加高产。

"我们也修建了高台，最高的有 0.8 千米高，有些台被建在高山上，这样山的高度加上台高，最高的至少达到 4.8 千米。我们把这些地方称为高耸区域。

高耸区与低洼区的中间地带，我们称之为中央区域。根据几个高台的不同高度及所处位置，我们用它们来隔离、冰冻、储存及观察一些天象变化，如风、雨、雪、雹等，还用来观察小行星的燃烧、陨落。在这些高台中的某些地方也同样有人隐居，我们每隔一段时间就会去看望他们，指示他们如何观察相应的现象。

“我们有着水域广大的湖泊，有咸水与淡水两种，用来饲养鱼类及禽类。我们也利用这些湖泊来埋葬一些动物的尸体。我们发现将东西埋葬到土层中、地下的空气中与水中，三者的结果是颇为不同的。我们也有一些池塘，在一些池水中，我们从咸水当中过滤出淡水，也在别的一些池中用人工方法将淡水转变成咸水。我们在海洋的中央有一些岩石嶙峋的岛屿，还有一些海湾，我们在海岸上建设有工场，从海水当中提取空气与蒸气。我们还有急流与飞瀑，我们利用它们进行多种运动；我们有专门机器用来成倍增强风力，以便驱动一些机械。

“我们也拥有人造水井与泉水，模仿天然矿泉以便沐浴，泉水中含有多种矿物质，如矾、硫、铜、铅、硝等；我们还有超小型水井用于多方面的水流输送，这些井中的水要比普通的容器（如盆、缸）中的水流速度更快、水质也更好。其中有一处水源，被称为‘天堂之泉’，特别有益健康，有延年益寿的特效。

“我们修建有面积极大的房屋，用于模拟与演示大气层中的现象，如雪、雹、雨等，还有不附带雷电的人工降雨设施；还有在空中制造出其他自然现象的设施，造出青蛙、苍蝇及其他动物。

“我们也有一些小房间，称之为康复室，我们将这些房间内的空气利用特殊装置加以处理，使其适合治疗各种疾病及用于维护健康。

“我们还有漂亮的大浴盆，是以复合材料制作而成，用来治疗各类疾病，也用来使人体消除疲劳、恢复体力，另有一些浴盆拥有特殊功能，使人健体固本，血脉通畅。

“我们还有多种多样的大型果园与花园，主要不是用来进行美景欣赏的，而是试验不同土质与土壤，摸清其适合种植的树木与药材的种类；另有一些特大型果园，用来种植树木与浆果，还可以制作各种饮料及酒类。在这些地方，我们还可以进行嫁接、移植等多种试验，还将野生树木当作果树来进行栽培，这些都取得了很好的效果。也在这些果园和花园中，我们运用各种人工手段使得树木与花草提前或是推迟开花结果，或者使它们缩短生长期。运用人工手段，我们还能让树木或果实长得比天然的更大；果味更甜，或使果实在色、香、味、形等各个方面与天然的有所不同。我们还使其中的很多果实经人工栽培之后更具药用价值。

“我们还有办法使多种植物不依靠种子就可以在混合土壤中生长，培育出新的植物品种，使一种树木或是植物变成另外的树木花草。

“我们有许多公园及圈养各种野生动物、鸟类的地方，我们养它们不只是为了观赏与保护珍稀品种，而且还用于进行解剖和试验，以便间接用于探索人体奥秘。从中我们发现了许多奇妙的效果：如有些人类认为至关重要的器官已经失去了作用，我们就能使其再生，使生命得以延续，又如有些器官看上去似乎已死亡，但事实上却能复苏等。我们还在动物的身上试验各种毒药与其他药物，也试验了外科手术。使用人工手段，我们使它们比正常的品种更大或是更小，也可以让它们变得侏儒化或生长停滞；可以使它们比普通品种更多地生育、繁衍，或使它们失去繁衍功能，无法传宗接代；我们也可让它们在颜色、外形、活动及其他各个方面出现变异。我们找出了不同种类的动物的混居与杂交的手段，由此产生新的物种，而新物种又可以繁衍后代，这与传统看法是完全相悖的。我们造出了数量众多的蛇类、虫类、蝇类、鱼类等动物，其中的一些（事实上）已进化到高等级的生物（如兽类与鸟类），能够交媾、繁殖。我们并非偶然或是依靠侥幸来获得成功，而是事先做好安排，预料到可以获得什么结果，知道能够造出什么样的杂交物种或是何种新生物将会降临于世。

“我们也有专门的水池，用来进行鱼类的实验，就像上面所说的做兽类及鸟类的实验一样。

“我们也有专门地方用于培育及繁殖对人类有着特殊用途的几种虫类及蝇类，就像你们养蚕与育蜂那样。

“我们不想占用你们太多的时间一一叙述我们的酒坊、烤房、厨房了，在这些地方，我们制造出稀有的，有着特殊风味的饮料、面包与肉食。我们酿造葡萄酒，有其他种类的果酒果汁，有用粮食酿出的酒，也有以植物根块制作出来的酒，也有搭配蜜、糖、甘露、干果蜜饯的饮料，还有搭配树脂琼浆及甘蔗汁的饮料。而这些饮料与酒类能够储存几个世纪之久，有些是本世纪制造出来的，有些则是上个世纪制造的，少说也有四五十年的历史了。我们还在一些饮料的酿造过程当中加入数味草药、草根及香料；还有加入几种肉类的，白色的肉，这样酿造出来的饮料还带有肉味与酒味，所以有些人，特别是上了年纪的人，很喜欢以这种特殊饮料为日常食物，不吃或是很少吃肉与面包。特别值得一提的是，我们千方百计酿造出非常有渗透力的，能进入机体的酒类，同时又保持醇度、爽口以及不苦不涩的口感优点，如你将这种酒滴几滴到手背上，它便会很快地穿透肌肤，到达你的手心里，而这样的酒口感极为柔和。我们还有一些泉水，我们以一种特别的方法进行储存，会变熟起来，富有养分，到后来实际上是非常好的饮料，许多人喝了这种水后就不想喝别的了。关于面包，我们有用多种粮食、根块、核仁制作的；还有与肉、鱼干搭配的；还有加入多种辅料与作料的。这样，有些面包善于开胃，有些富含营养，所以有些人光吃面包、不食肉类也可以得享长寿。至于肉类，我们有时会将它捣烂，搞得非常鲜嫩，但丝毫也不会腐败变质，到了人的胃里，很快就会变成容易吸收的养分，当然也可以用高温进行煮食。我们还有一些肉类、面包与饮料，一经食用，极为耐饥，食者可以很长时间都不食不饮。还有另外的一些肉类、面包、饮料等，可以让享用者身体肌肉特别结实、坚韧，力量倍增。

“我们有医务所与药房。你们很容易想见，既然我们有如此多种类的植物与动物，（就我们对你们的了解而言）比你们欧洲的还多，那我们这种类型的单味草药、药材及制药的原料的种类肯定也要比你们那边更多。我们的药有属于不同年代的，有些是经过了长期的发酵。至于药物的制作，我们不但有各种各样精巧的蒸馏、分离技术，特别是文火加温及用不同的滤器进行渗滤；而且更有精确高超的合成技巧，因此我们造出来的复方药物几乎与自然的单味药同样完整划一。

“我们也有多种机械设施，是你们所缺少的：我们有用这些机械制造出来的好东西，如纸张、麻纱、丝绸、薄绢，甚至还有完美光泽的羽绒织物、高级染料及其他类别的东西，还有各种店铺，有出售我们日常用品的店铺，也有专卖非普通用途的精品店。因为你们一定知道，在还没有被列举出来的物品当中，许多东西已在本王国当中流行使用，而一些物品根本就是在我们这里发明创造，随后流传到外界去的，我们也要借此换回一些新鲜事物或资金。

“我们也有很多种类的熔炉，它们能维持各式各样的热度，有快速处理的超高温炉，有持续加温的高热炉，有逐渐升温的文火炉，有爆发式的，有无噪音的，有干的，有湿的等。但是，最要紧的是我们有模拟太阳及其他星球所发出的各类热能。我们利用这类能量会产生非常好的锻造效果。此外，我们还利用人和动物的排泄物来生成热能，利用他们的血液与身体产生热能，使用湿草堆放起来通过发酵产生热能，利用燃烧的生石灰产生热能等方法。还有仅靠运动可以生成热能的工具。再者，还有隔热性能非常好的地方。还有在地底下产生热能的地方，其中有天然的，也包括人工的。我们便根据不同类型操作的需要，选择各类不同的热能。

“我们也有透视楼，我们在那里演示各类光线及其辐射，其颜色五彩斑斓；我们可将无色的、透明的东西变出诸多颜色展示给你看，不是像宝石或是棱镜中那样呈现出彩虹样式的混合七色，而是分解成一个个的单色。我们也能将光线积聚起来，传送出很远的距离而且每一缕光线都清晰可辨，显现出小点与线条。我们还掌握了光线的着色法：在形态、数量、运动、颜色上足以以假乱真，令人目不暇接；还可演示各类影子。我们还发现了你们至今还没有发现的技术，从不同天体的星座那里制造出光线来。我们能有办法看到非常遥远的地方的物体，如空中及遥远地方的东西；能将距离搞成真真假假、虚虚实实的影像，即使近处物品看上去也像是在远处，或让远处的物体看上去犹如近在眼前。我们还有比大家正在使用的远视、近视眼镜更好的辅助设备。我们有专门的眼镜可以看得见极为细微的东西，且显得完满清晰，例如可以看清小蝇、小虫、谷粒与宝石中的瑕疵，这些都是常人的肉眼所无法看清的；还可以对小便和血液进行观察。我们制造出人工彩虹、月晕及光环。我们能把物体可视的光线进行各类反射、折射与增聚。

“我们有各式各样的宝石，其中许多是非常美的，是你们前所未见的；还有水晶及不同种类的玻璃，除了你们现有的那种玻璃之外，还有进行玻璃化处理的金属与用其他物质制成的玻璃。还有一些你们所没有的化石与形成过程并不完整的矿物。也有具有多种特性的天然磁石及其他稀有矿物，有天然的，也有人工制造的。

“我们也有音响馆，我们在那里练习与演奏各种音乐，这方面的设备之精良、效果之和谐是你们所不能企及的。多种乐器也是你们所根本没有的，能奏出要比你们更加动听的声音。我们可以演奏多种低沉圆浑以及高亢洪亮的声音；纤细而尖锐的声音；犹如雷鸣、鸟啼般的声音。音域宽广，音色齐全。我们还能模拟出各种动物的吼叫声及鸟雀的鸣叫声。我们还有多种助听设施，让人听到非常遥远处的声音；制造出多种令人惊奇的回响，让声音如浪涛汹涌，让声音折返回来显得比之前更响亮、更尖锐或是更深沉。另有设备可以接收到的声音在咬字吐声上面出现变化。我们还有各种设备让声音通过音箱或是管道传播到远处。

“我们也有香料房，在那里进行调味类的试验。我们让气味成倍地增加浓度，让人嗅到奇异的味道。我们能进行香味的人工合成，使之与自然界的芳香所差无几，人造香料给人以假乱真的绝妙感觉。在这种香料房当中有制造糖果与蜜饯的车间，生产各种糖果，有干的、有湿的，还有多种口味的酒、奶、汤、色拉，其品种之多同样是你们望尘莫及的。

“我们还有引擎房，在那里可以制造出多种动力机械及仪表。有一些机械的运转效率之高是你们所不及的；我们能用转轮、轴承或别的手段很容易地大量生产这类机械，我们的武器也非常先进，超过你们的大炮与蛇怪[①]。我们也演习各类兵器与军械，拥有新型的合成火药，可以在水中燃烧，能发出无法扑灭的火焰，有各种烟花爆竹可供赏玩，也有着实际用途。我们也能模仿鸟类进行飞行，能够在空中停留一段时间。我们拥有各种船只，可在水底下行驶，也可以在水面游弋，有帮助游泳的环形物与支撑物。我们有多种异样的时钟，以及其他可以永久摆动的物体。我们的机械也能模仿多种生物的外形与运动方式，有人形的、兽形的、鸟形的、鱼形的以及蛇形的。我们还有其他大批的活动机械，巧妙精细，无与伦比。

① 蛇怪：传说中出没于非洲的沙漠之中的怪物，其目光或是呼出的气息均足以使人丧命。

“我们还拥有数学馆，在那里展示各类制作精巧的几何与天文仪器。

“我们还有专门用于提供多种假象的陈列馆，展示各种魔术奇迹、幽灵、骗术与幻觉假象。当然你们不难想象，我们既然可以造出这么多值得钦慕的真正实在的优秀事物，肯定也可以在各种明细事物方面制造出假象，堪称巧夺天工，足以以假乱真。但是我们确实憎恨欺骗与说谎，我们严厉禁止我们同胞之间有尔虞我诈的行为，违者必遭身败名裂与巨额罚款，以至于大家对天然珍品不敢进行修饰雕琢，而以其天然本色示人。

“孩子，这些就是萨罗门院的财富。

“为了我院各部门、各办公室的具体需要，我们选派了十二人以其他国家的名义（我们有意不显露真实面目）远航前往外国，他们会带回各种书籍、摘要或是实验设计，涵盖世界各地的智慧结晶。我们把他们称为‘智慧的掮客’。

“我们派出三个人专门去搜集书本当中谈到的各种实验，我们称他们为‘掠夺者’。

“我们派出三个人去搜集机械制造技术、理论还有尚未投入实际应用的各种实验成果。我们把这些人称为‘神秘的人’。

“我们有三个人专门负责新试验。他们认为合适的就能够进行试验。我们称他们为‘开拓者’或是‘采矿人’。

“我们另外委派三个人将前面所提到的四组人员所进行的实验结果冠以标题、制成图表，以便从中得出原理并更好地应用于试验与观测。我们称其为‘编辑’。我们指派三个人专门伏案研究同事们已经进行过的试验，筹划如何将其成果运用到实际生活当中，并去改善人们的生活，提高其知识水准；他们也要研究事物因果，找到预测自然现象的手段，揭开人体的特性与结构。我们称其为‘捐赠者’或是‘守护者’。

“然后经过全体成员的多次会议与讨论，研究各方面已取得的劳动成果及整理出来的资料，我们再委派三个人去筹划进行更高层次的新试验，要求对之前的试验进行更深入地探索。我们称其为‘智慧的源泉’。

“我们还有另外三个人作为上述新试验的操作者，并负责报告试验的结果。我们称他们为‘接种人’。

“最后，我们还委派三个人以实验为手段，将此前提到的各组人员得出的发现进一步提高，得出观察结论，制作出格言、警语或是公式、图标等。我们称这些人为‘大自然的诠释者’。

“你们一定会想到，为了保证以上各种人的工作能够一环扣一环地顺利进行，他们除了有大批男女侍从人员予以协助之外，我们还给他们派了助手与学徒。我们也负责以下的这些事：商讨我们已发现的新经历与创造发明当中哪一些应予以出版，哪些不应当出版；对于我们认为应当保密的，大家要发誓做到缄口不言，而其中一些内容等以后合适的时机出现时，我们会向全国公布，而另外的一些则仍旧要保密。

“我们有两个漂亮的长廊专门用于展示我们已经取得的研究成果，并对有贡献的有关人员表达敬意：在一个长廊（展厅）当中，我们将那些难得的、杰出的创造发明的种种样品摆出来予以展览；在另一展厅中，我们布置了各种重要发明家的塑像。在那里有发现西印度群岛的哥伦布，有商铺的创始人，有发明兵器与火药的蒙克，有音乐的发明人，有文字的创造者，有印刷术的发明人，有天文观察的创始人，有开金属加工先河的发明家，有玻璃的发明人，有第一个用蚕纺织丝绸的发明人，有第一个酿酒的人，有第一个面包的制作者，有糖的提炼者，以及其他许许多多我们这里独有，而你们那边没有的各种传统习俗的开先河者。再者，我们还有好多好东西的发明人，这些东西既然你没能看到，要描述给你听就太过费时，而且你不一定可以正确理解，而是容易出错，对于每一种有价值的发明，我们都把其发明者的像塑起来，给予其巨额奖励与荣誉。这些人的像，有钢铸的，也有用大理石雕刻的，有试金石琢成的，有杉木或是其他特殊木材凿成，并加以镀金及其他装饰的，还有用铁、银及金制造出来的像。

“我们还有一些赞美诗与祈祷文，每天颂唱，赞美上帝并感谢他赋予我们的各种杰作。还有其他的祈祷仪式，有请求上帝予以帮助的，乞求上帝给予祝福的，让我们的劳动有柳暗花明的境界，获得累累的硕果。

“最后，我们有来自本王国各主要城市的各种巡回访问团。他们所到之处我们会公布一些我们认为非常合适而又有利可图的新发明。我们还向公众昭告自然界出现的种种灾难：疾病，瘟疫、虫害、旱情、暴雨、地震、洪水等；也报告一年当中温度的变化，和其他许多事情；同时我们还要出谋划策，告诉人们怎样防灾、救灾。”

他说完这些之后就站起身来，而我在洗耳恭听之后，就跪在地上。

他将右手放在我的头上并对我表示：“上帝祝福你，我的孩子，上帝为你我之间建立的关系而真诚祝福。我授权于你，为了别国的利益，你可以将我所说的话广为传播，因为我们这里是上帝的心脏所在，是外人所不熟悉的神秘国度。”

他给我与我的同胞们慷慨地留下约两千达卡银币[①]，便这样与我告辞了。遇上了好时机，他们出手是非常大方的。[②]

① 达卡银币：过去在全欧洲都通用的货币。

② 该书稿还未能完成，培根就去世了，因此没有后文。

培根大事年表

1561 年 1 月 22 日 弗朗西斯・培根出生于伦敦市斯特朗大街，泰晤士河畔的约克大厦（即掌玺大臣官邸）。父亲尼古拉・培根是女王伊丽莎白一世的掌玺大臣。母亲是其父亲的第二任夫人安妮・库克。培根是家中最小的儿子。安妮对新教有着极为虔诚的信仰，并通晓多国语言，是当时闻名遐迩的才女，据说培根幼年时受到母亲的影响很大。尼古拉・培根与其首位夫人生有两子，与安妮夫人共生下两个儿子。

1573 年 4 月 5 日 十二岁又三个月的培根，跟随兄长安东尼・培根一起进入剑桥大学的三一学院学习。指导教师是日后的坎特伯雷大主教赫伊特基夫特。10 月 10 日，培根获得正式的入学许可。

1575 年 3 月 与安东尼均在没有获得学位的情况下就离开了剑桥大学。

1576 年 6 月 27 日培根进入格雷法学院。这是英国自进入中世纪以来的四大法学院之一。在英国如果想成为律师或法官，就必须首先成为该院法学会的会员，培根一生都与格雷法学院有着极为密切的关系，其校园的建筑也出自培根的设计。11 月 27 日，他成为该学院的核心会员之一。9 月，作为驻法大使爱米亚斯・包莱爵士的随员，前往法国进行外交活动。

1579 年 2 月 20 日 父亲尼古拉·培根猝然离世。他返回英国，在格雷法学院任职，父亲的遗书当中没有给培根留下丝毫遗产。

1580 年 向姨父伯莱公爵请求介绍工作，未果。

1582 年 6 月 在葛莱律师公会获取初级律师资格。

1584 年 1 月 23 日 当选为莫卡姆·里吉斯地区议员。从此以后，直到 1618 年他成为贵族院议员为止，他曾在许多选区当选为议员。

1585 年 执笔撰写《时间所诞生的》（致伊丽莎白女王的建议书）。

1586 年 成为葛莱律师公会成员。10 月 29 日，在特恩顿地区当选议员。

1587 年 2 月 8 日 苏格兰女王玛丽在伦敦塔中被处死。

1588 年 成为格雷法学院讲师，在利物浦当选为议员。8 月，英军击败西班牙的无敌舰队。

1589 年 2 月 2 日 在利物浦当选议员。10 月 29 日，获得最高法院书记官候补权（二十年后得以成功登位）。

1590 年 以匿名（弗兰西斯·渥尔希卡姆）撰写书简，表示赞成女王关于拥护英国国教会的措施。

1591 年 从这一时期开始，与女王的宠臣艾塞克斯伯爵来往密切。

1593 年 在中瑟克斯地区当选为议员。在议会的演说当中，因对女王的捐献金钱问题，与贵族院的意见相左，招致女王的不满。

1594 年 1 月 25 日 培根作为律师开始出庭。艾塞克斯伯爵尽管推荐他担任检察官及司法务部次长，但未能如愿。7 月 27 日，剑桥大学颁给培根文学硕士学位。

1595 年 艾塞克斯伯爵为帮助培根，将托维克那姆·巴库的土地赠送给培根。

1596 年 可能在这一年，培根成为特命的王室法律顾问。

1597 年 1 月 30 日 出版《随笔集》《神圣的沉思》《关于善与恶》。开始撰写《法学原理》，后于 1602 年出版。培根打算与富有的哈登夫人结婚，未成。10 月 24 日，在索山普顿地区当选为议员。

1598 年 培根执笔撰写《关于人类的生活》一书。[illegible]0 月 [illegible] 日，因债务问题被捕。不久被释放。

1599 年 3 月 27 日，艾塞克斯伯爵远征爱尔兰，大败，于 9 月 28 日突然回国，女王对他极为不满。培根就这个问题，多次写信向伯爵提出相应的忠告。

1600 年 成为格雷法学院双重领导者。6 月 5 日，参加在约克大厦对艾塞克斯伯爵的庭审。据说培根此时考虑到自己对女王的立场，因此采取了极为严苛的态度。但是艾塞克斯伯爵在六周后得到了释放。

1601 年 2 月 8 日，艾塞克斯伯爵企图发动武装政变，失败被捕。19 日，艾塞克斯伯爵出席索山普顿伯爵的审问。25 日，艾塞克斯伯爵被处以死刑。培根负责起草《艾塞克斯伯爵罗伯特叛乱之计划及执行的相关报告》。5 月，哥哥安东尼·培根去世。10 月 27 日，以亚尔宾郡议员的身份，参加伊丽莎白一世召开的最后议会会议。

1603 年 3 月 24 日，伊丽莎白女王去世。7 月，苏格兰国王詹姆士六世即位，成为英格兰国王，称为詹姆士一世。7 月 23 日，培根与其他 300 人一起被封为爵士。开始执笔撰写《学术的进步》。出版《英格兰与苏格兰两王国的幸福婚姻》一书。随后开始执笔撰写《解释大自然秩序》。

1604 年 3 月 以亚尔宾郡选出的议员身份，参与了詹姆士一世召开的第一次议会。为英格兰与苏格兰的合并问题开展活动，开始执笔撰写《关于英格兰与苏格兰两王国合并的论证及相关研究》《关于对已故艾塞克斯伯爵的指责——培根的解释》《关于英国国教会更进一步融和的研究》(1640 年出版)。8 月 18 日，出任国王法律顾问，年薪 60 英镑。

1605 年 10 月 出版《学术的进步》。

1606 年 5 月 10 日 与艾丽丝·巴南喜结连理。

1607 年 6 月 25 日 出任司法务部次官。年薪 1000 英镑。很可能在这一年执笔撰写《反省与思索》(1653 年出版)。

1608 年 7 月 16 日 出任最高法院书记官。将《关于英国的真正伟大性》一书献给国王。

1609 年 1 月 1 日 将《爱尔兰殖民论》献给国王。出版《论古人的智慧》。

1610 年 8 月 母亲安妮·培根去世。

1611 年 主持出版《钦定英译圣经》。

1612 年《随笔集》第二版出版。5 月，培根的堂弟兼主要竞争对手索亚兹贝里伯爵去世。没有竞争者后，培根开始在政界变得异常活跃。参与禁城法院的设立，并成为法官。组织财政委员会，并成为其中一员。

1613 年 10 月 20 日 出任法务部长。

1614 年 成为亚尔宾郡及剑桥大学所选举的议员。

1616 年 6 月 9 日 成为枢密院大臣。开始执笔撰写《向国王陛下建议有关英国法律之编纂修改》。

1617 年 3 月 7 日 出任掌玺大臣。

1618 年 1 月 7 日 成为大法官。7 月 9 日，被封男爵。

1620 年 10 月 12 日 出版了《新工具论》一书。

1621 年 1 月 22 日 在约克大厦举行了极为盛大的生日宴会。27 日，被晋封为子爵。30 日，在詹姆士王朝第三次议会当中，以受贿嫌疑遭到起诉。3 月 17 日，在贵族院接受调查，5 月 1 日，被剥夺掌玺大臣职位。5 月 3 日，贵族院判决其犯有渎职罪。6 月，被幽禁在伦敦塔中，两个月后得到释放。10 月，隐退后居住在伦敦郊区。

1622 年 出版《亨利七世传》《自然及实验史》。开始执笔撰写《生命与死亡的历史》。

1623 年 执笔撰写《生命与死亡的历史》。出版拉丁语版《学术的进步》《亨利八世传》。

1624 年 开始执笔撰写《与西班牙战争之研究》(后于 1629 年出版)《译诗选》《格言集》《新大西岛》。

1625 年 3 月 詹姆士一世去世。查理一世即位。《随笔集》第三版出版。

1626 年 3 月底 培根在下雪天在伦敦北郊的海格特做冷冻试验时受寒致病，于 4 月 9 日去世，埋葬在圣迈考尔教堂的他母亲的墓旁。

培根其他主要作品简介

《学术的进展》：共两卷，题词上提及献给国王（指詹姆士一世）。书的第一卷主要论述“学问及知识的功效，还有增长知识的价值及荣耀”。第二卷的目的在于调查学问的发展情况，“完成一个概括的、可靠的知识巡礼，了解学问的哪些部分依然是未开垦的荒芜之地，还没能得到人类的耕耘。”全书在内容上堪称包罗万象，而且旁征博引，对于开拓眼界有很大帮助。

《论古人的智慧》：上古时期的智慧要么伟大，要么幸运。创作之人如果可以明白自身的所作所为，且创作的目的是为了掩饰，那么就称得上是伟大；他们如果只是漫无目的，仅在无意当中碰到某个素材，激发其卓越的思想，那么就称得上是幸运。深入解析古人的伟大智慧，分析其内在思想的无穷魅力。

《亨利七世传》：亨利七世是英格兰都铎王朝的开创者，对英国历史的发展有着重要的影响，有贤王之称。培根所处的时代正是都铎王朝末期，对于这位贤君有着由衷的钦佩，故而为其立传，将其跌宕起伏的一生全景展示出来。

《各家哲学的批判》：哲学是各类科学的根基，直接影响人类文明的发展与进步，各个哲学流派各有千秋，也各有不足，培根打破了中古时代的思想禁锢，以全新的视角审视各派哲学的功过是非。